JN440352

웃음은 인생을 춤추게 한다

웃음은 인생을 춤추게 한다

펴낸날 | 2016년 5월 25일 초판 1쇄 발행
지은이 | 오혜열
펴낸이 | 박동주
펴낸곳 | 도서출판 멘토
등 록 | 1997년 11월 25일 제12-219호
주 소 | 서울시 양천구 월정로48길 11 대림타운 502호
전화 2608-0797 팩스 2608-0798
e-mail : pubmentor@hanmail.net

ISBN 978-89-88152-56-0 (03810) printed in Korea

* 책값은 뒤표지에 있습니다.

치유, 희망, 행복을 찾아가는 하하의 웃음이야기

웃음은 인생을 춤추게 한다

오혜열 지음

멘토

웃음은 인생을 춤추게 한다

"어떻게 죽어야 하나? 나의 선택은 하나밖에 없었다. 이런 불치병으로 남은 인생을 살 수는 없었다. 파킨슨병을 앓으며 백방의 노력을 했으나 모두 소용없었다. 하하웃음행복센터를 알게 되고 처음에는 나의 기막힌 현실의 벽 앞에 웃을 수도 없었다. 그러나 한 주, 두 주 지나고 두 달 만에 나의 파킨슨 증세는 사라졌다. 기적과 같은 일이 일어난 것이다. 돈도 안 들고, 웃기만 했는데…?" (민○식, 여 80세)

"유방암으로 나의 인생은 꺼져가는 촛불처럼 점점 희망을 잃어갔다. 암 치료 중 낙상으로 허리 골절, 치료 후유증으로 탈모, 변비, 림프부종, 위장 출혈, 면역력 저하로 대상포진 등 말할 수 없는 아픔과 고통이 밀려왔다. 에너지는 바닥으로 떨어져 책장 넘길 힘도 없었고 매일 한 주먹씩 먹는 약은 삶의 의욕을 잃게 만들었다. 하하웃음행복센터 간판을 발견한 순간 혹시 웃음이 나에게 한 줄기 희망을 주지 않을까

해서 문을 두드렸다. 정말로 웃다보니 희망이 솟아나기 시작했다. 약을 줄여가며 3개월이 지나자 약을 먹지 않게 되었고 무기력 속에 소진된 에너지도 차츰 생겨나기 시작했다. 그 후 18번의 유전자 표적치료도 거뜬히 이겨내고 지금까지 7년째 암 정밀검사도 무사통과 하였다. 그런데 꿈에도 생각지 못했던 일들이 일어났다. 내가 배우고 실천한 웃음을 나 같은 암 환우나 여러 가지 질병으로 고통 속에 있는 이들에게 나누어 주게 된 것이다. 강의 요청이 너무 많아 몸에 무리가 올까봐 걱정이다. 웃음이 나 같은 개인을 살리고 가정을 살리고 사회를 바꾸는 강력한 힘이 있음을 절감한다." (조○정, 여 68세)

2009년 4월 첫 주 시작한 하하웃음행복센터가 금년으로 7년을 넘었다. 그간 수천 명이 센터를 방문하였고 160명이 넘는 이들이 웃음치유사 자격을 획득하여 봉사의 삶을 살고 있고 이중 50여 명이 강사로 활동하고 있다.

위의 웃음 체험과 같이 각종 암, 각종 통증, 뇌혈관 질환, 심장 질환, 우울증, 당뇨합병증, 방광염, 각종 소화기 질환, 불면증, 파킨슨병, 아토피… 등 기적 같은 많은 치유의 역사도 일어났다.

또한 마음의 깊은 상처로 삶을 힘겹게 버텨온 이들이 긍정과 희망을 찾고 인생을 새 출발하는 일도 많이 나왔다.

행복을 모르고 살던 이들이 웃음으로 행복을 재발견하고 자존감과 감사로 새로운 삶을 살게 되었고 고독과 외로움으로 갇혀 있던 이들이 웃다가 다른 이들과 소통하는 기쁨을 찾기도 하였다.

어찌 보면 웃는다는 것은 사소한 습관의 변화이지만 그 결과와 영향력은 우리가 상상하지 못했던 엄청난 효과가 나타나는 것을 보고 스스로 놀란다.

"그대 마음을 웃음과 기쁨으로 감싸라. 그러면 천 가지 해로움을 막아 주고 생명을 연장시켜 줄 것이다."

400여 년 전에 이미 윌리엄 셰익스피어가 웃음의 효과에 대해 이렇게 이야기했다.

하하웃음행복센터를 통해 웃음은 정말로 만병통치약임을 확인하게 되었고 행복의 집으로 들어가는 문의 열쇠임을 다시 한 번 느끼게 되었다.

내가 웃으면 이 우주 속에 한 송이 꽃이 피어나고 이 세상 속 당신과 나 사이에 다리가 놓아지며 더 밝고 맑고 아름다운 빛이 세상을 비취게 될 것이다.

2016년 아름다운 봄에

하하 오혜열

차례

제3부 치유

제4부 웃음

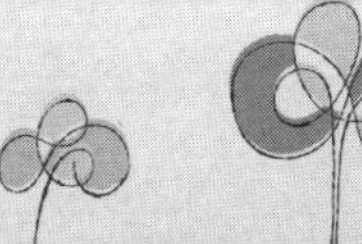

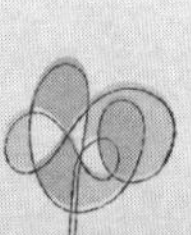

부록 체험담 275

제1부

희망

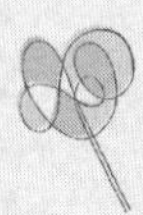
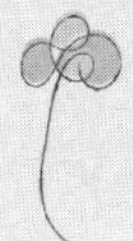

| 체험담 |

웃다 보니 강사가 되다

염 ○ 숙(여, 65세)

나는 여러 가지 스트레스를 받고 살아온 것 같다. 내 생각을 나 자신과 일치시켜 내 생각 속에서 일어나는 스트레스를 나 자신이 스트레스를 받는 것으로 혼동하고 살았다. 그러나 웃음이 내 생각을 변화시키고, 내 생각을 흘려보내기에 얼마나 좋은 것인지 새삼 깨닫게 되었다.

웃음에 인색하였던 나는 고지혈증으로 '리피토'를 한 알씩 3년 정도 먹었다. 그러나 웃으면서 약을 1/2로 줄여서 먹다가 작년부터는 병원에서 안 먹어도 된다는 진단을 받았다.

웃음을 만나지 않았더라면 여러 가지 합병증에 시달렸을 텐데, 시간과 장소에 구애받지 않고 또 돈도 들지 않는 웃음약 때문에 건강을 유지하게 되어 얼마나 감사한지 모른다.

5년 전부터는 노인대학을 비롯하여 몇 군데 가서 웃음에 대한 강의를 하니 나 자신이 건강을 위해 호탕하게 웃는 시간도 되고 남들에게도 웃음에 대한 행복 바이러스를 전할 수 있어 더욱 기쁘고 보람을 느낀다.

여러 군데 다니면서 웃음 치유에 관한 공부를 많이 하였지만 특히 하하웃음센터의 오혜열 원장님께서 인체, 면역학까지 연구하시어 다른 데서는 들을 수 없는 강의를 하실 때는 몰입될 수밖에 없었다.

요즘 파랗게 올라온 새싹들을 보면서도 웃음꽃을 피운다.

웃음에 희망을 거시는 원장님께 열심히 배우겠습니다.

1

결단의 힘

1155년경 중앙아시아 몽골 초원은 내전으로 대혼란 시기였다. '예수게이' 라는 부족장이 아들을 낳았는데 그는 아들에게 자신이 죽인 다른 부족장 이름을 따서 '테무친' 이란 이름을 붙였다. 예수게이는 몽골의 부족들을 통일하려 하였으나 뜻을 이루지 못하고 독살을 당했다.

어린 테무친은 엄청난 시련 속에 도망자의 신세가 되어 끊임없이 생명의 위협을 받으며 조금씩 자신의 힘을 키워 나갔다. 그리고 아버지가 못다 한 몽골 부족들을 하나로 통일하려는 결심을 하였다. 그는 들쥐를 잡아먹으며 연명했고 교육받을 기회가 없어 자신의 이름도 쓸 줄 몰랐다. 여러 번 포로가 되어 죽을 고비도 넘기며 탈출했고 뺨에 화살을 맞고도 살아났다.

그는 위기 속에서 현명해지는 법을 배웠고 다른 이의 지혜를 빌려서라도 바른 판단을 하는 리더십을 발휘했다. 어떤 상황에서도 자신과 부족의 미래에 관해서 희망적으로 생각했고 그대로 이루어지도록 온 노력을 다 바쳤다.

그는 아버지의 큰 뜻을 이루고는 더 큰 세계의 통일을 하려고 결심했다. 그래서 동으로는 태평양 연안에서 서로는 동유럽까지, 남으로는 걸프만에서 북으로는 시베리아까지 역사상 유례없는 방대한 글로벌 제국을 건설했다. 이것은 알렉산더, 나폴레옹, 히틀러가 정복했던 땅을 모두 합친 것보다도 넓었다. 그것도 20년 만에 이루어 낸 것이어서 놀랍고 병력이 적의 100분의 1이나 200분의 1의 적은 규모이었음에도 혁혁한 승리를 했다는 것이 더욱 놀랍다.

그의 진군 속도는 말 달리는 속도였고 가장 최소한의 조직과 인력만으로 그 방대한 제국을 통치하고, 160년 넘게 지속되었다는 것은 더욱 경이로운 것이다. 그는 철저히 전장을 둘러보고 직접 판단을 내렸으며 어정쩡한 태도나 걱정근심을 하지 않고 과감한 결단을 내렸다.

그는 적의 허를 찌르면서 과감한 공격을 감행하는 결단력에 의해 늘 승리할 수 있었다. 그는 항상 사지를 헤매는 환경이었지만 그런 환경을 자신의 결단으로 돌파하고 운명을 스스로 개척한 사람이다. 그의 결단은 세계 역사를 바꾸는 결과로 나타났다.

800년 후, 1955년 미국 앨라배마 주 몽고메리 시 어느 버스 안에 흑인 여인 한 사람이 앉아 있었다. 그녀의 이름은 로자 파크스였다. 그때 백인 한 사람이 다가와 자리를 양보할 것을 요구했다. 당시 앨라배마 주의 법은 버스 안에서 흑인이 백인에게 자리를 양보하게 되어 있었다.

그러나 그녀는 그의 요구를 거부했고 이 조그만 사건은 거센 논쟁의 불씨가 되었고 후에 상징적인 사건으로 비화했다. 그녀의 이 작은 행동이 1960년대 거세게 불었던 흑인민권운동의 의식을 깨우는 도화선이 된 것이다.

당시 몽고메리 시 침례교회 목사로 재직하던 마틴 루터킹은 시내버스의 흑인 차별대우에 반대해서 5만여 명의 흑인 시민들과 함께 "몽고메리 버스 보이콧 투쟁"을 벌였다.

그 후 앨라배마 주의 흑인 분리법의 위헌 결정을 이끌어 냈고 다른 주로 흑인민권운동을 확산시켰으며 1963년 노예해방 100주년 기념 평화행진에 참가해 "나에게는 꿈이 있습니다"라는 제목으로 미국 국민들의 마음을 움직인 연설을 하였다.

로자 파크스는 버스 안에서 자리를 양보하지 않았을 때 그녀는 이것이 장차 흑인민권운동으로 사회 구조를 크게 변화시키리라고는 생각하지 못했을 것이다.

그러나 그녀는 적어도 자신의 삶의 기준을 더 높게 가지고 살아야겠다는 결단을 한 것이며, 그녀의 이 결단이 엄청난 사회 변혁을 일으키는 대단한 결과로 나타난 것이다.

결단은 자신을 변화시키고 사회를 개혁시키고 세계 역사를 바꾸는 놀라운 일로 발전한다. 진정으로 결단을 내리면 우리는 무엇이든 원하는 것을 할 수 있다. 결단은 내 속에 있는 거대한 능력을 깨우는 시발점이다. 누구든 인생을 바꿀 수 있는 결단을 지금 당장 할 수 있다.

지금까지 피우던 담배를 당장 끊겠다는 결단을 지금 할 수 있고, 과식하는 습관을 바꾸어 종전의 70%만 먹겠다는 결단을 지금 당장 할 수 있다. 잘 연락을 못하는 부모나 친구들에게 전화하겠다는 결단을 지금 당장 할 수 있고, 좀 더 높은 수준의 인생을 살겠다는 결단을 지금 당장 할 수 있다. 매일 긍정적으로 희망적으로 살겠다는 결단을 지금 당장 할 수 있고, 더 즐겁고 기쁘고 평화롭게 살겠다는 결단도 지금 할 수 있다. 더욱 자신감을 가지고 봉사하는 삶을 살겠다고도 지금 당장 결단할 수 있다.

이왕 결단을 할 바에는 가장 손쉬운 웃겠다는 결단부터 시작하는 것이 어떨까? 행복하기로 결단할 때 웃는 것부터 시작하는 것이 좋다. 웃음의 결단은 자신을 행복하고 긍정적이고 새로운 활력이 넘치는 방향으로 나아가게 할 것이다.

인생은 새롭고 올바른 결단을 내리는 순간 변화한다. 내 인생은 환경에 의해 좌우되는 것이 아니라 바로 나의 결단에 의해 정해지는 것이다. 결단을 내리는 순간 이미 나의 운명은 결정되는 것이다.

사랑의 기적

보스턴의 한 보호소에 앤이라는 소녀가 있었다. 앤의 아빠는 알코올 중독자였고 엄마는 죽었다. 보호소에 함께 온 동생마저 죽자 앤은 충격으로 미쳤다. 자살을 시도하고 수시로 괴성을 질러댔으며 결국은 실명이 되었다. 앤은 회복 불가능의 판정을 받고 정신병원 폐쇄병동 지하 독방에 수용되었다. 그녀의 삶은 아무런 희망도 없이 그렇게 사라지려 했다. 그런데 홀로 쓸쓸히 내팽개쳐져 있던 앤을 돌보겠다고 자청하는 간호사가 나타났다. 그 병원에서 가장 나이 많은 로라라고 하는 간호사였다.

로라는 그날부터 앤의 친구가 되어 주었다. 날마다 과자를 들고 가서 책을 읽어 주고 기도도 해 주었다. 한결같은 사랑을 매일 쏟았지만 앤은 얼음 덩어리처럼 아무런 변화가 없었고, 앤을 위해 가져간 음식에 손도 대지 않았다.

그러던 어느 날, 로라는 앤 앞에 놓아 준 초콜릿 접시에서 초콜릿 하나가 없어진 것을 발견했다. 얼음 덩어리가 조금씩 녹고 있음을 알아챈 로라는 변함없이 책을 읽어 주고 기도를 해 주었다. 앤은 조금씩 반응을 보이기 시작했다. 말을 하는 시간도 조금씩 늘어났다.

로라가 헌신적으로 돌본 지 2년 후 앤의 정신은 되돌아왔고 정상인 판단을 받게 되었다. 앤은 정신병원을 나와 시각장애인 학교에 입학하면서 희망의 밝은 웃음을 되찾았다.

희망의 등불이었던 로라가 세상을 떠나자 내면의 시련도 겪었지만 이를 이겨 내고 로라가 남겨 준 희망을 볼 수 있는 마음의 눈으로 노력해서 최우등생으로 학교를 졸업했다. 앤의 최우등 소식을 들은 한 병원과 신문사의 도움으로 개안수술을 받았고 성공했다. 광명을 되찾은 어느 날 앤은 신문기사를 읽었다.

"보지도 못하고, 듣지도 못하고, 말하지 못하는 아이를 돌볼 사람 구함."

앤에게 그 기사는 무언가 끌어당기는 힘이 있었고 그래서 그 아이에게 자신이 받은 사랑을 돌려주기로 결심했다. 보지도 못하고 듣지도 못하고 말도 할 수 없는 이 아이를 사람들은 모두 가르칠 수 없다고 하였다.

그러나 앤은 "저는 하나님의 사랑을 확신해요"라고 말하며 지극한 헌신과 사랑으로 결국, 그 아이를 20세기의 기적이라고 불리는 주인공으로 키워 냈다. 그 아이의 이름은 헬렌켈러이고 선생님의 이름은 앤 설리번이다.

로라는 앤에게 지극한 사랑을 쏟아 부어 정상인으로 변화시켰고 앤은 48년간이나 지극한 사랑으로 헬렌켈러를 만들어 냈다. 헬렌켈러가 하버드대학을 다닐 때 앤은 함께 다니며 모든 수업의 내용을 점자로 찍어 그녀의 손에 쥐어 주었고 하버드대학 브릭스 총장으로부터 졸업장을 받는 날 두 사람은 부둥켜안고 하염없는 감격의 눈물을 흘렸다.

"항상 사랑과 희망과 용기를 불어넣어 준 앤 설리번 선생님이 없었으면 저의 오늘은 상상할 수도 없었을 것입니다."

졸업식장의 모든 사람들은 설리번 선생님의 훌륭한 교육 방법과 헌신에 감동하여 모두 일어나 감사를 표하였으며 헬렌켈러의 뛰어난 천재성을 모두 찬양하였다. 앤 설리번 선생은 헬렌켈러에게 수없이 되풀이해서 다음과 같은 말로 교육을 시켰다고 한다.

"시작하고 또 실패하는 것을 계속하여라. 실패할 때마다 무언가를 성취할 것이다. 내가 원하는 것을 성취하지 못할지라도 무엇인가 가치 있는 것을 얻게 될 것이다. 시작하고 실패하는 것을 두려워하지 말아라. 모든 가능성을 다 시도해 보았다고 생각하지 말고 언제나 다시 시작하는 용기를 가져라. 그리고 절대로 포기하지 말아라."

헬렌켈러는 《3일간만 볼 수 있다면》이라는 글에서 "첫째날 제일 먼저 나는 친절과 겸손과 우정으로 내 삶을 가치 있게 해 준 설리번 선생님을 찾아가 이제껏 손끝으로 만져서만 알던 그녀의 얼굴을 몇 시간이고 바라보면서 그 모습을 내 마음속에 깊이 간직해 두겠습니다"라고 썼다. 로라와 앤과 헬렌켈러로 이어진 사랑과 헌신은 세상을 변화시키는 기적을 일으킨 것이다.

사랑은 다른 사람을 돕는 손을 가지고 있다. 사랑은 가난하고 어렵고 절망 속에 있는 사람들에게 서둘러 갈 수 있는 발을 가지고 있다.

사랑은 사람들의 슬픔과 탄식의 부르짖음을 들을 수 있는 귀를 가지고 있다. 사랑은 두려움과 공포를 발견하는 눈을 가지고 있다. 그래서 사랑은 세상을 바꿀 수 있다.

우리는 모두 사랑하기 위해 태어났다. 그리고 사랑은 감정보다 실천이다. 그래서 사랑은 사랑하기로 결심부터 해야 된다. 자신의 삶에서 정말로 살아 있는 순간은 누구를 사랑하며 무언가를 행한 순간인 것이다. 사랑으로 문을 열고 나가자. 하하하하 웃으면서…….

웃는 마음은 사랑하는 마음이다. 웃다 보면 사랑하는 마음이 생겨난다. 햇볕이 얼음 덩어리를 녹이듯 웃다 보면 사랑하는 마음으로 너와 나의 경계를 허문다. 이 세상에 사랑받을 자격이 없는 사람은 없다. 모든 사람을 사랑하도록 노력해야 한다.

마음을 담아 웃어 주는 일부터 시작하자. 사랑을 담아 웃어 주면 모든 죄를 덮어 주고 적대감을 증발시키고 오해와 불신을 날려 보낸다.

미소 짓는 얼굴로 자신을 껴안으며 "사랑합니다", "사랑합니다", "사랑합니다"를 스무 번만 외쳐 보라. 사랑의 웃음 앞에 녹아내리지 않는 것은 없을 것이다.

역경지수

일본의 세칭 최고 대학의 공대를 최우수 성적으로 졸업한 젊은이가 마쓰시다그룹의 신입사원채용 시험에 응시했다. 시험도 만족스럽게 치른 이 학생은 우수한 성적으로 합격했으리라고 생각했다. 그러나 뜻밖에도 합격자 명단에서 자신의 이름을 발견할 수 없었다. 몇 번이고 명단을 확인해 본 그 학생은 수치심과 분노로 마음이 혼란스러웠고 결국 그날 밤 다량의 수면제를 먹고 자살했다.

그다음 날 마쓰시다그룹 인사부로부터 그에게 전보 한 통이 도착했다. 그 학생이 수석 합격인데 전산의 문제가 생겨 이름이 누락됐다는 내용과 누락에 대해 사과하는 내용이었다. 그러나 때는 늦었다. 마쓰시다그룹의 임원들은 아까운 재원을 전산 장애로 놓친 것에 대해 안타까움과 분통한 마음을 가졌다.

이 소식은 그룹 총수 마쓰시다 고노스케에게 전해졌고 이에 대해 그의 평은 매우 의외였다.

"그가 젊은 나이에 세상을 떠나게 된 것은 참으로 애석한 일이고 미안한 마음을 금할 수 없습니다. 그러나 우리 회사의 입장에선 매우 다행한 일이라고 생각합니다. 그 정도의 좌절을 이겨 내지 못하고 하루도 못돼 목숨을 끊는 정신으로는 우리 회사의 중요한 일들을 감당할 수 없습니다. 만약 전산 장애가 없어 수석합격으로 입사했으면 분명 중요한 요직에 배치되었을 텐데 그런 중요한 자리에서 좌절을 만나게 될 경우 비극을 초래할 가능성이 크기 때문입니다."

마쓰시다 고노스케 회장은 개인의 지적능력보다 심리적 자질을 훨씬 더 중요하게 생각하였다.

70년대에 영화 슈퍼맨을 보지 않은 사람은 많지 않을 것이다. 190cm의 훤칠한 키에 푸른색 쫄타이즈, 가슴에 S자가 새겨진 스판덱스셔츠에 망토를 펄럭이며 주먹 쥔 팔을 쭉 뻗고 날아다니는 영웅 슈퍼맨. 그 주인공의 이름은 크리스토퍼 리브이다.

그는 영화배우이지만 영화감독, 극작가로서도 활약했고 만능 스포츠맨이었다. 그는 특히 모험심이 강해 경비행기 운전이나 요트 등의 스포츠를 즐겼다. 원래 말에 대해 알레르기가 있어 승마는 하지 않으려 했으나 영화를 위해 승마를 시작하고는 승마의 매력에 푹 빠졌다.

1995년 낙마 사고가 있던 날 그는 크로스 컨트리 종목의 경기에 출전했다. 난이도가 높은 후반부에 어떻게 해야 하나 하고 걱정하며 비교적 난이도가 낮은 초반 코스를 돌 때 사고가 일어났다. 세 번째 장애물은 높이 1m짜리 낮은 장애물이었다.

그러나 달리던 말이 그 앞에서 급히 멈추었고 크리스토퍼 리브는 말

앞쪽으로 날아가 장애물에 머리를 부딪쳤다. 목뼈가 부러지고 목 아래 온몸이 마비되어 움직이지 못하는 전신마비 장애인이 된 것이다.

그의 나이 42세였다. 대소변도 가릴 수 없고 산소호흡기 없이는 숨도 쉴 수 없는 무기력한 존재로 갑자기 추락해 버린 것이다. 너무도 절망적인 상황에 직면하자 그는 차라리 죽는 것이 낫다고 생각하고 호흡기를 빼달라고 요청하였다. 그러나 아내 데이나가 강하게 반대했다.

"온몸이 마비되었어도 두뇌가 살아 있는 한 당신은 여전히 당신이에요. 제발 살아만 있어 주세요."

아내의 간곡한 만류에 슈퍼맨은 새롭게 마음을 먹었다. 그 후 크리스토퍼 리브는 비영리 재단을 만들어 세계 척추장애인들을 위해 혼신의 노력을 기울였다. 2억 달러의 연구비를 조성하여 척추신경 재생에 관해 연구를 시작해 척추장애인뿐 아니라 다른 장애인들을 위한 희망을 던져 주고 있다. 그의 자서전 『Still Me(아직도 나는)』은 절망으로 인생을 포기하려는 수많은 사람들을 희망의 빛으로 이끌어 내고 있다.

우리가 살다 보면 역경은 언제나 찾아온다. 우리가 역경에 처할 때면 대체로 세 가지 유형의 반응을 보인다고 한다.

첫째는 힘든 문제만 닥치면 포기하고 도망가는 '도피형' 이고,

둘째는 포기도 도망도 가지는 않지만 그렇다고 문제를 해결하려는 노력도 하지 않고 주저앉아 현상이나 유지하자는 '안주형',

셋째는 역경에 부딪쳐도 포기하지 않고 모든 힘을 동원해 반드시 그 역경을 이겨 내고야 마는 '극복형' 이 있다.

이 극복하는 능력을 역경지수(AQ : Adversity Quotient)라 하고 이 역경지수가 높은 사람일수록 극복형 인간이 되는 것이다.

극복형 인간의 삶은 우리에게 희망이 된다. 2004년 10월 10일 크리스토퍼 리브는 심장마비로 세상을 떠났다. 많은 이들에게 희망을 심겨 놓은 채. 그의 부인 데이나는 장례식에서 이렇게 이야기했다.

"여러 해 동안 남편과 내 삶을 지탱하게 해 준 것은 희망이었습니다. 이제부터도 새로운 희망이 나에게 계속 살아갈 힘을 줄 것입니다."

웃음은 역경지수를 높여 주며 우리에게 희망을 가져다주는 매우 실천하기 쉬운 도구이다. 결심하고, 기억하고, 실천하면 된다.

오늘도 웃는 하루가 되어서 역경지수를 높여 보자.

새로운 희망이 나를 찾아오리니…….

우하하하.

북극성

밤하늘에서 북두칠성을 찾기는 그다지 어렵지 않다. 북두칠성의 국자 모양 끝 별에서 직선을 그으면 북극성을 쉽게 찾을 수 있고 그 직선을 따라 조금 더 가면 알파벳 W자 모양의 카시오페아 별자리를 쉽게 찾을 수 있다.

북극성은 정북의 방향을 잡아 주는 매우 중요한 별로 옛날 뱃사공들이 먼 바다를 항해할 때 이 별을 보고 항해의 방향을 가늠했었다. 또한 군사적으로도 지형과 방위를 판단하여 작전을 펼치는 데 매우 중요한 역할을 하는 별이다.

사하라 사막의 서쪽에 한 작은 마을이 있었다. 이 마을은 외부와 연락이 두절된 고립된 마을이었다. 마을 사람들은 한 번도 사막을 벗어난 경험이 없었다. 삭막한 마을을 떠나려고 여러 번 시도해 본적은 있었지만 한 번도 성공하지 못했다.

결국 사막을 떠돌다가 다시 마을로 돌아오고 말았다. 이곳에 낯선 탐험가가 들어왔다. 그는 마을 사람들이 외부로 나가려는 노력이 한 번도 성공하지 못했다는 이야기를 듣고 충격을 받았다.

그는 자신이 직접 실험해 보기로 했다. 북쪽을 향해 방향을 잡고 걸은 지 3일 만에 사막을 빠져나오는 데 성공을 했다. 다시 그 마을로 돌아온 탐험가는 이번에는 마을 청년 한 사람을 앞세우고 탈출을 시도했다. 그 청년이 가자는 대로 따라가 보았다. 열흘 동안 밤낮 없이 걸었지만 11일째 되는 날 다시 그 마을로 되돌아오고 말았다.

이 탐험가는 마을 사람들이 사막을 벗어나지 못하는 이유를 알았다. 그 마을 사람들은 아무도 북극성의 위치와 그 존재를 몰랐던 것이다.

이 탐험가가 이번에는 그 청년을 앞세우고 낮에는 그늘막을 만들어 휴식을 취하고 밤에는 북극성이 빛나는 방향으로 걸어갔다. 결국, 3일 만에 그 사막 경계 지역에 다다를 수 있었다. 다시 마을로 돌아온 그 청년은 이 사막을 벗어날 수 있는 유일한 사람이 되었고 마을의 리더가 되었다. 그리고 그 후 그 마을은 사막을 체험하는 관광지가 되어 많은 외부 사람들이 찾아오게 되었다.

그 청년이 세상을 떠난 후 그 마을에는 그의 동상이 세워졌고 그 동상에는 이런 글귀가 새겨져 있다.

"새로운 인생은 방향을 제대로 찾을 때 시작된다."

사람은 누구나 삶의 방향이 중요하다. 그것을 어떤 사람들은 삶의 비전이라고도 하고 꿈이라고도 한다. 이런 비전과 꿈이 없는 인생은 사막에서 헤매다 마을로 다시 돌아오고야 마는 쳇바퀴를 도는 삶에 불과한 것이다. 이런 비전과 꿈이 없는 이들에게는 인생 여정의 길잡이가 될 북극성이 필요하다. 꿈과 비전을 세우고 새로운 발을 내디딜 때 새로운 인생의 항해가 시작되는 것이다.

꿈과 비전을 나이가 많다고 접어 버리고 하루하루 의미 없는 사막만 빙빙 돌다가 다시 돌아오는 이들이 주위에는 참으로 많음을 보게 된다. 아무리 나이가 많고 삶의 여건이 어려울지라도 누구나 꿈과 비전은 가질 수 있다.

하하웃음행복센터는 몸과 마음의 치유를 위해 모인 공동체이지만 이런 꿈과 비전을 동시에 가지고 실현할 수 있는 발을 내딛게 해 준다. 꿈과 비전이 있는 이들은 치유의 속도도 더 빨라진다. 그리고 많은 이들이 새로운 꿈과 비전을 가지고 이웃을 위해 봉사하는 삶을 살고 삶의 큰 의미를 발견하게 된다.

오늘도 내 마음의 북극성을 향해 열심히 걸어가고 있는 하하웃음행복센터 공동체 회원들에게 힘찬 박수를 보낸다.

어느 신혼부부의 사랑 이야기

오 씨는 결혼 후 1년째부터 손 떨림이 심해져 글씨도 쓸 수 없었고, 휴대전화 버튼도 누를 수 없었고, 산책을 하다 한쪽으로 중심을 잃고 고꾸라지는 일도 계속 일어났다. 신경계통에 이상이 생겨 체중은 145kg까지 걷잡을 수 없이 늘어갔다.

오 씨는 "처음에는 손 떨림 때문에 무함마드 알리가 앓고 있는 파킨슨병으로 알았어요. 도저히 나을 수 없겠다 싶었죠. 그래서 뒷산에 올라가 극단적인 마음을 먹기도 했었죠."

오 씨는 서울아산병원에서 '윌슨병' 진단을 받았다. 온몸에 구리가 쌓여서 일어나는 병이라고 했다. 9년이라는 절망의 투병 기간 동안 그를 지탱해 준 이는 아내였다. 남편이 약해지자 아내는 강해졌다. 남편을 병원에 데려다주고 데려오기 위해 금세 운전면허를 따서 운전하였고, 밤 10시까지 일하고 오는 날에도 남편과 함께 땀 흘리며 비가 오나

눈이 오나 운동을 해서 6개월 만에 70kg으로 떨어뜨리는 데 성공했다. 그러나 문제는 오 씨에게 간 이식하는 것이었다. 오 씨 아버지는 연로했고 친인척 간에 같은 혈액형은 없었다. 아내는 같은 A형이었지만 남편에게 간을 이식할 수 있는 확률은 4%밖에 안 되었고, 또 아내에게는 지방간이 있어 수술할 수 없다는 결론이 내려졌다.

영양사인 아내는 이때부터 간 이식을 위해 기름기 있는 음식을 끊었고 매일 산에 오르며 13kg을 감량하며 지방간 수치를 낮추었다. 지성이면 감천이라 했는가? 아내의 지방간 수치는 이식을 해 줄 수 있을 정도로 급격히 떨어져 남편에게 성공적으로 이식해 줄 수 있게 되었다. 혈액형도 일치해야 하지만 이식하는 데 35세 이상이면 부적합한데 아내의 나이가 34세로 아직 젊어서 이식이 가능하게 된 것이다. 아내는 자신의 간 70%를 이식해 주는 데 성공했다.

오 씨는 말한다.

"신혼 초부터 윌슨병에 걸렸고 증상이 나타날 때부터 아내는 용감했지요. 자신을 모두 희생해서 나의 살을 빼며 감량시켜 소생할 용기를 주었습니다. 그리고 두 번째 고비에서도 아내가 나에게 간을 이식하는 기적 같은 일을 해 주어서 새로운 삶을 살아가게 되었습니다. 아내는 내 인생에 늘 희망을 주는 존재이며 나의 영원한 천사입니다."

아내는 말한다.

"처음 간을 줄 수 있다고 했을 때 이제 기나긴 남편의 병이 끝나겠구나 라고 생각했지요. 그런데 수술 후에 보니 회복이 더 중요한 것 같아요. 수술 후에 잘못되면 큰일난다고 하더라고요. 이제부터 새로운 회복된 삶이 시작되는데 더욱 신경 써서 간병을 해야겠지요?"

2013년 8월 10일 조선일보에 기사로 난 훈훈한 스토리였다. 사랑은 참으로 위대한 일을 가능케 한다. 기적의 일을 행한다.

웃음의 본질은 감사와 사랑이다. 그래서 하하웃음행복센터에서는 자신의 몸을 꼭 껴안고 늘 "감사합니다", "사랑합니다", "축복합니다"를 주문처럼 외우게 한다. 내면으로부터 회복과 치유를 일으키는 파워 에너지를 생성케 하는 것이다.

수술 후 서로를 바라보며 서로 사랑스럽게 쳐다보며 환히 웃는 오씨 부부의 사진 모습은 희망과 행복이 넘쳐 나는 맑고 밝은 웃음이다.

"아내의 사랑 덕분에 완치될 수 있는 희망으로 하루를 시작해요. 아내는 하늘이 나에게 내려 준 천사예요."

보물 발견

푸줏간에서 고기를 사려던 멘델스존은 깜짝 놀라 심장이 멎는 듯했다. 앞사람이 산 고기를 푸줏간 주인이 싸 주려는 순간 누렇게 변한 포장 종이가 눈에 확 띄었기 때문이었다. 그는 푸줏간 주인에게 부탁해서 그 포장지 다발을 구입했다. 그는 포장지 다발을 찬찬이 살펴보다가 "요한 제바스티안 바흐 작, 마태가 전한 수난곡"이란 문구를 확인했다.

영원히 묻혀버릴 뻔했던 《마태 수난곡》은 이렇게 멘델스존에 의해 우연히 발견되었다. 100년 동안이나 묻혀 있었던 곡이었다. 멘델스존은 집으로 가져와 악보를 하나하나 다시 옮겨 적었다. 그리고 직접 지휘하여 이 곡을 세상에 알렸다. 그는 경탄했다.

"이렇게 훌륭한 작곡가가 있다니……."

그는 각지에 흩어져 있는 바흐의 곡들을 찾아내서 정리하여 연주하기 시작했다. 이로 인해 바흐의 음악은 세상에 빛을 보기 시작했으며 종래에는 바흐를 "음악의 아버지"로 추앙받게 하였다. 아버지라는 호칭을 아무나 붙여주는 것이 아니다. 바흐는 서양 음악을 크게 발전시키는 시발점이 되었던 인물이기 때문에 이 이름이 걸맞는 인물이다.

바흐는 1685년 독일 중부에 있는 아이제나흐라는 곳에서 요한 암브로지우스의 여덟 번째 아들로 태어났다. 그는 집안은 16세기 중반부터 18세기까지 250년 동안 50여 명의 음악가를 배출한 음악 명문가였다.

바흐는 거리의 악사였던 아버지에게서 바이올린을 배우고 친척들의 연주를 들으며 음악에 묻혀 자랐다. 그러나 그에게 불행이 찾아왔다. 아홉 살 때 부모가 모두 세상을 떠난 것이다.

그는 큰형 집에서 살면서 눈칫밥을 먹었지만 음악 공부는 열심히 하였다. 열네 살 되던 해 그는 큰형 집에서 나와 한 교회의 합창단원으로 들어갔다. 합창단원이 되면 학비를 내지 않고도 학교에 다닐 수 있었기 때문이다. 1702년 바흐는 바이마르 궁정악단에 고용되어 오르간 주자로 활동을 시작하였다. 그는 여러 교회의 오르간 주자를 거쳐 1723년 라히프치히 성 토마스 교회의 음악 감독을 맡게 되었고 그 후 27년간 이곳에서 예배용 음악을 만들고 합주단 합창단을 지휘하는 일을 묵묵히 했다.

그는 200여 편의 교회 칸타타 음악을 작곡하였는데 그 전까지 형식적 틀에만 맞추어 음악성이 없었던 종교음악을 아름다운 예술로 승화시키는 위대한 업적을 이루어 낸 것이다. 그는 진지하고 신앙심이 깊어 지금 들어도 들을수록 깊은 영성에 잠기게 하는 주옥 같은 곡을 작곡하였다. 작곡할 때마다 항상 기도하는 마음으로 작곡에 임했다고 한다. 바흐의 음악은 깊은 영성과 본질적인 요소에 충실하며 단순한 진리와 아름다움을 잘 표현한 깔끔하고 담백한 것이 그의 작품의 특징이다.

바흐는 두 번 결혼했는데 첫 번째 아내는 사촌인 마리아 바르바라였고 가난하였지만 일곱 명의 자녀를 낳아 기르다 결혼 13년 만에 병으로 세상을 떠났다. 바흐가 여행 중 떠났기 때문에 임종을 지키지 못해 그의 슬픔은 더욱 컸다.

이듬해 그는 열여섯 살 연하인 안나 막달레나 빔켄과 재혼해서 열세 명의 아이를 더 낳아 스무 명의 자녀를 두게 되었다. 안나는 스무 명의 아이들을 잘 돌보며 음악가로 키웠고 남편의 악보를 잘 정리하는 일까지 훌륭히 해냈다. 바흐는 1750년 66세로 세상을 떠났다.

그가 살아 있을 때에는 그의 음악은 세상에 그다지 인기가 없었다. 당대의 취향에 맞지 않아 제대로 대접을 받지 못했던 것이다. 그의 곡들은 그의 죽음과 함께 이곳 저곳으로 흩어지는 신세가 되었다. 얼마 지나지 않아 바흐라는 음악가가 있었다는 존재 사실 조차도 희미한 기억 속으로 사라져 버리고 말았다.

그런 그를 음악의 아버지로 만든 이가 멘델스존이다. 그의 사후 100년 만에 멘델스존에 의해 재평가가 이루어졌고 그의 숨은 악보들을 찾아내어 세상에 알리는 중요한 일을 한 것이다. 만일 멘델스존이 바흐의 음악 가치를 알아보지 못했다면 역사상 가장 위대한 음악가요, 인류의 위대한 보물로 손꼽히는 바흐의 음악도 영영 사라져 버리지 않았을까?

누구나 보물은 다 가지고 있고 우리 주변에 상존하고 있다. 그러나 보물을 알아보는 눈은 누구나 다 가지고 있는 것은 아니다.

웃음은 그 가치나 효능 면에서 신이 우리에게 주신 보물이다. 그러나 웃음을 보물로 알아보는 사람은 매우 적다. 웃음이 보물인 것을 발견하고 연구하며 실천한 이가 '웃음의 아버지'라고 불리는 노먼 커즌스이다. 보물을 발견하는 눈을 가지라. 그리고 이 보물을 나와 이웃을 위해 사용하라.

세상에서 가장 나쁜 것과 좋은 것

어느 나라의 왕이 신하에게 명령을 하였다.

"너는 나가서 전 세계에서 가장 나쁜 것 하나를 골라 가져오너라."

신하는 얼마 후 빈손으로 돌아왔다. 왕이 물었다.

"아무것도 가져온 것이 없지 않느냐?"

"왕이시여, 여기 가져왔습니다"라고 말하며 신하는 자신의 혀를 내밀었다. 왕은 어리둥절하며 무슨 뜻이냐고 묻자 신하가 대답했다.

"이 혀가 세상에서 가장 나쁜 것입니다. 혀는 마치 칼과 같아서 휘두르는 대로 마음에 상처를 입힙니다. 악독한 말도 하고 거짓말도 잘 합니다. 또 식탐도 잘 해서 욕심이 끝이 없고 많은 병도 일으킵니다. 그래서 혀가 가장 나쁜 것입니다."

왕은 고개를 끄덕이더니 다시 명령을 내렸다.

"이번에는 세상에서 가장 좋은 것을 가져오너라."

얼마 후 신하는 역시 빈손으로 돌아왔다.

왕은 의아해하며 물었다.

"이 세상에서 가장 좋은 것을 가져오랬더니 왜 빈손으로 왔느냐?"

"왕이시여, 여기 가지고 왔습니다."

신하가 말한 후 또다시 혀를 내밀었다.

"전에 가장 나쁜 것으로 혀를 가져오지 않았느냐?"

왕이 묻자 신하는 다시 말했다.

"세상에서 혀가 가장 좋은 것입니다. 혀는 미각을 가지고 있어 우리 몸에 좋은 영양분을 가진 음식을 공급합니다. 혀는 사랑을 이야기하여 상처 입은 마음을 회복시켜 주고, 아름다운 시를 표현합니다. 친절한 마음도 표현하고 감사하는 마음도 혀로 표현할 수 있고, 또 높으신 신의 이름을 부르고 경배할 수 있게 하기 때문에 혀는 세상에서 가장 좋은 것입니다."

에디슨은 어린 시절 '주의력결핍장애'를 가지고 있었다. 학교의 여선생님은 많은 학생들 앞에서 에디슨을 이렇게 표현했다.

"에디슨 머리는 뒤죽박죽이야"라고 말하며 에디슨을 무시했고 선생으로 하지 말아야 하는 말을 했다. 그 뒤로 에디슨의 별명은 '뒤죽박죽'이 되었고 많은 아이들이 이 부정적인 닉네임을 부르며 놀리게 되었다. 에디슨은 학교를 다닐 수 없게 되었다.

에디슨 어머니는 학교를 보내는 대신 집에서 아이를 교육하면서 항상 그의 용기를 북돋워 주었다. 그녀는 아들의 천재성을 보았고 그것을 늘 아들에게 일깨워 주었다. "넌 큰사람이 될 거야", "너는 남보다 잘 할 수 있어"라고 격려해 주었다.

에디슨은 어머니의 전폭적인 믿음과 격려 덕분에 성공할 수 있었고, 늘 어머니에게 고마운 마음을 가지고 있었다. 그래서 그의 생애를 마감하면서 어머니의 격려 덕분에 자기가 있었다고 술회하였다.

G.E 그룹의 회장이었던 잭 웰치는 어릴 때 심한 말더듬증으로 항상 친구들의 놀림감이 되었다. 그러나 그의 어머니는 항상 그를 격려하며 "네가 말을 더듬는 것이 아니라 네 생각을 말이 못 따라오기 때문에 그런 거란다"라고 말했다.

혀는 정말 그 사용 방법에 따라 독이 되기도 하고 좋은 약이 되기도 한다.

솔로몬 왕은 "죽음과 삶은 혀의 힘 안에 있다"라고 했다. 미국의 유명작가이며 훌륭한 교사상 수상자인 할 어반Hal Urban은 "말은 당신의 첫 번째 향기이자 당신에 대한 마지막 기억이다"라고 말했다.

우리가 내뱉는 말은 상대방에게 흘러들어가 웃음을 주기도 하고 기쁨을 주기도 한다. 하지만 그에게 아픔을 주기도 하고 상처를 주기도 한다. 사람을 변화시키고 상처를 치유하고 영혼을 감동케 하는 사랑의 말, 칭찬의 말, 용서의 말, 감사의 말, 응원과 지지의 말을 웃으면서 나누면 세상이 달라질 것이다. 천사와 악마의 차이는 그의 모습이 아니라 그가 하는 말에서 구별된다.

우리가 절망할 때 힘을 주고, 가슴 따뜻하게 해 주고, 웃음을 주는 천사의 말을 습관화하자.

보이는 것이 전부는 아니다

나이 든 천사와 젊은 천사가 인간으로 변신하여 여행을 하게 되었다. 그날 밤 그들은 으리으리한 부잣집에 찾아갔다. 하룻밤만 묵고 갈 것을 청하였지만 부자는 매정하게 거절을 하였다. 그들은 떠나지 않고 거듭해서 묵어 가게 해 줄 것을 애원했다. 부자는 귀찮았는지 허름한 헛간에서 지낼 것을 허락했다. 그 집에는 빈방이 많았지만 추운 헛간에서 머물게 했던 것이다. 그들이 자려고 할 때 나이 든 천사가 벽에 구멍이 뚫린 것을 발견하고는 일어나 그 구멍을 메워 주었다.

젊은 천사가 불만스러운 표정으로 나이 든 천사에게 이렇게 물었다.

"이렇게 홀대를 받고 또 불친절한데 천사님은 왜 친절하게도 그 구멍을 메워 주셨습니까?"

"보이는 것이 전부는 아니란다."

다음 날 일찍 조반도 얻어먹지 못하고 천사들은 쫓겨났다. 하루 종일 여기저기 돌아다니느라 피곤한 몸을 이끌고 두 천사는 어느 허름한 집을 찾아갔다.

가난하지만 친절한 농부의 집이었다. 하룻밤 묵기를 청했더니 부잣집과는 달리 친절한 부부는 음식을 정성껏 대접하고 자신들의 잠자리를 두 천사에게 내주었다. 천사들은 아주 편하게 잠을 잘 수 있었다.

다음 날 아침 일어나 보니 농부 부부는 서럽게 울고 있었다. 연유를 들어보니 농부가 아끼던 암소가 들판에서 죽었다는 것이다. 그 암소에서 나오는 우유가 유일한 생계수단이었는데 그 소를 잃게 된 것이다.

젊은 천사는 나이 든 천사에게 따졌다.

"천사님은 알고 계셨지요? 어째서 이런 일이 일어나도록 놔두셨습니까? 모든 것을 가진 부잣집에서는 푸대접을 받았는데도 그 집 헛간 구멍을 메워 주는 친절을 베풀고, 가난한 농부 부부는 넉넉지 않은 가운데서도 우리에게 매우 친절했는데 그들의 암소가 죽도록 내버려 두시다니 너무하시는 것 아닙니까?"

나이 든 천사가 다시 대답했다.

"보이는 것이 전부는 아니란다."

젊은 천사는 이해를 할 수 없었다. 하루 종일 다니다가 다시 물었다.

"보이는 것이 전부는 아니라는 말씀이 무엇을 뜻하지요?"

나이 든 천사가 대답했다.

"보이는 것이 늘 전부는 아니란다. 부잣집 헛간에 있을 때 헛간 벽에는 금덩어리가 박혀 있었다네, 그것이 그 구멍 속에서 아주 조금 보였었네. 부자 부부는 제 욕심만 채우는 탐욕스러운 사람들이었기에 그 구멍을 메워 금덩어리를 발견하지 못하게 했다네. 지난밤 착한 농부

집에서 일어난 일도 알고 있었다네. 지난밤 잘 때 죽음의 천사가 농부의 아내에게 찾아와 데려가려고 했다네. 그래서 내가 나서서 자비를 베풀어 달라고 간청했네. 죽음의 천사는 내 간청을 듣고 대신 암소를 데려갔네. 그래서 보이는 것이 언제나 전부는 아닌 것이야."

우리는 세상을 살면서 악한 사람이 잘되는 것 같고 착한 사람이 더욱 고통 받고 있는 것을 자주 목격한다. 그러나 이렇게 보이는 것이 전부는 아니다. 우주에는 질서가 있고 우리 삶을 지배하는 순리의 법칙이 존재한다. 그래서 악한 사람이 잘되는 것 같으나 부정적, 절망적 결과를 나타내고, 착한 사람이 고통을 받는 것 같으나 이것이 계속해서 지속되는 방향으로 역사는 흘러가지 않는다.

당대에 이루어지지 않더라도 역사는 항상 악에 대한 선의 승리로 이어져 오고 있다. 지금 보이는 것이 전부가 아니라는 진리를 우리가 알고 있다면 우리에게 부딪치는 문제들을 올바른 방향에서 바라볼 수 있다. 그리고 늘 희망적이고 긍정적인 방향으로 이끌어 나갈 수 있다.

우리는 지금 나에게 닥친 작은 일에서 헤어나서 더 큰 그림을 볼 필요가 있다. 역사는 언제나 나를 치유하고 빛을 비추며 더 큰 사랑 가운데로 이끌어간다. 힘들 때, 고통스러울 때, 억울할 때 그럼에도 불구하고 웃자. 우리에겐 더 큰 희망의 날이 있음을 알기 때문이다.

고통에는 반드시 숨겨진 메시지가 있다. 그 메시지의 결과는 언제나 사랑으로 이어진다. 고통 뒤에 있는 축복을 발견하는 것은 나의 몫이다. 그럼에도 불구하고 웃는 습관을 들이면 이룰 수 있다.

웃음은 희망의 최후 무기이다. 보이는 것이 전부가 아니라는 것은 진리이며 그래서 희망을 바라볼 수 있는 것이다.

삶의 의지를 불러일으키는 기대

"그날 나는 거의 눈물을 흘릴 정도의 극심한 통증을 겪으며 긴 행렬에 끼어서 수용소에서 작업장까지 몇 킬로미터를 절뚝거리며 걷고 있었다. 날은 추웠고 살을 에는 듯한 바람이 우리를 사정없이 내리쳤다. 나는 우리의 비참한 생활과 연관된 자질구레한 문제들을 끊임없이 생각하고 있었다. 오늘 저녁에는 무엇을 먹게 될까? 만약 특별 배급으로 소시지가 나온다면 그것을 빵과 바꾸어 먹을까? 2주일 전에 상으로 받았던 담배 한 개비를 수프와 바꾸어 먹을까? 한쪽 신발 끈이 끊어졌는데 끈을 대신할 철사를 어디서 구하지? 시간 안에 작업장에 가서 평소에 내가 일하던 작업반에 낄 수 있을까? 그렇지 않고 다른 작업반에 들어갔다가 거기서 고약한 감독을 만나면 어떻게 하지?…….

그러다가 매일 같이 그런 하찮은 일만 생각하도록 몰아가는 상황이 너무 역겹게 느껴졌다. 나는 생각을 다른 주제로 돌리기로 했다. 미래에 내가 기대하는 것에 대한 생각을 하기로 했다. 갑자기 나는 불이 환히 켜진 따뜻하고 쾌적한 강의실의 강단에 서 있었다. 내 앞에는 청중들이 푹신한 의자에 앉아 내 강의를 경청하고 있었다. 나는 강제수용소에서의 심리상태에 대한 연구결과들을 강의하고 있었던 것이다.

그 순간 나를 짓누르던 모든 것들이 객관적으로 변하고 일정한 거리를 둔 과학적 관점에서 그것을 보고 설명할 수 있게 되었다. 이런 방법을 통해 나는 내가 처한 상황과 고통을 이길 수 있었고, 현실의 일들을 마치 과거에 일어난 일처럼 관찰할 수 있었다. 이 죽음의 수용소 안에서 일어나는 나와 관련된 모든 문제는 모두 내가 주도하는 흥미진진한 정신과학의 연구대상으로 바뀌게 되었다."

이상의 글은 빅터 플랭클이 죽음의 수용소에서 어떻게 삶의 의지를 불러일으켰는지 생생한 체험담을 기록한 것이다. 그는 이 경험을 통해 인간의 존재가 가장 어려운 순간에 있을 때 그를 구원해 주는 것이 바로 "미래에 대한 기대"라고 이야기한다.

수용소에서 미래에 대한 기대와 믿음을 잃어버리면 곧 정신력을 상실하고 만다. 자신을 퇴화시키고 정신적으로나 육체적으로 퇴락의 길을 걷는다. 그리고 죽음의 길로 들어선다.

빅터 플랭클은 미래에 대한 믿음의 상실로 죽음에 이른 사람의 이야기를 계속한다.

"수용소 우리 작업반의 고참인 그는 전에 꽤 유명한 작곡가이자 작사가였다. 그가 어느 날 나에게 고백했다. '의사 선생님, 선생께 말씀드릴 게 있습니다. 이상한 꿈을 꾸었어요. 꿈에서 어떤 목소리가 내 소원을 말하라는 거예요. 내가 알고 싶은 것을 모두 대답해 주겠다는 거예요. 그래서 내가 무엇을 물어보았는지 아십니까? 나를 위해 이 전쟁이 언제 끝날 거냐고 물어보았지요. 무슨 말인지 아시겠소, 의사 양반? 나를 위해서 말이오. 언제 내가 이 수용소에서 해방될 것인지, 우리 고통이 언제 끝날 것인지 알고 싶었소!', '그래, 꿈속의 목소리가 뭐라고 대답하던가요?' 그가 내 귀에다 대고 나직하게 속삭였다. '3월 30일이래요.' 그는 희망에 차 있었고 꿈속의 목소리가 하는 말이 맞는다고 확신하고 있는 듯했다.

하지만 약속의 날이 임박했을 때 어떤 소식도 없고 전혀 자유의 몸이 될 가망성이 없어 보였다. 3월 29일 그는 갑자기 심하게 아프기 시작했고 열이 아주 심하게 났다. 3월 30일 그 예언자가 말해 주었던 것처럼 그에게서 전쟁과 고통이 떠나갔다. 그가 의식을 잃은 것이다. 그리고 3월 31일 그는 죽었다. 사망의 직접적 원인은 발진티푸스였다."

미래에 대한 기대와 희망을 잃은 인간은 육체의 면역력이 현저히 감소하며, 치명적인 결과를 초래하기도 한다. 그는 기대했던 해방의 날이 오지 않자 몹시 절망했고 발진티푸스균에 저항하던 면역력이 갑자기 떨어졌다. 미래에 대한 기대와 믿음의 상실이 삶의 의지를 박탈한 것이다. 그래서 그의 몸은 병마의 희생양이 된 것이다.

죽음의 수용소에서 사망 숫자가 가장 증가하는 기간은 성탄절에서 새해 첫날 사이의 일주일이라고 한다. 대부분의 수감자들이 성탄절에는 집에 갈 수 있으리라는 막연한 희망을 품고 있다가 희망적인 소식이 없자 절망감이 그들을 덮쳤던 것이다. 그들은 저항력을 잃고 사망에 이르게 되는 것이다.

미래에 대한 기대는 삶의 의지를 불러일으키고 미래에 대한 기대 상실은 죽음을 부르는 것이다. 어둡고 부정적인 생각에서 벗어나 밝고 긍정적인 미래의 목표를 설정하자.

웃음은 밝고 긍정적인 미래로 나아가게 한다. 미래에 대한 기대가 있는 사람은 웃을 수 있다. 그리고 웃을 수 있는 사람은 삶의 의지가 있는 사람이다.

베토벤의 자존감

베토벤의 일생을 살펴보면 그는 매우 불행한 환경에서도 이에 굴하지 않고 자신의 삶을 꿋꿋하게 지켜가고 이로 인해 더욱 위대한 음악가로 인정받는 사람임을 알 수 있다.

그는 어린 시절부터 늘 불우했다. 그의 아버지는 비정한 사람으로 자기 아들의 천재적 소질을 자랑하고 사람들로부터 칭찬받는 것을 즐기기 위해 베토벤이 네 살도 되기 전에 혹독한 연습을 시키고 조금이라도 연습 효과가 양에 안 차면 심한 폭력으로 그를 다스렸다. 유일하게 어머니에게 모든 것을 의지하고 살았지만 어머니도 열일곱 살 때 돌아가셔서 정신적으로 의지할 대상을 잃어버렸다.

청년 시절 백작의 딸인 줄리엣을 사랑하게 되었는데 그녀의 아버지는 베토벤의 신분이 낮다는 이유로 결혼을 반대했으며 결국은 다른 백작에게로 시집을 보냈다.

이때 줄리엣을 위해 작곡한 곡이 '월광 소나타'이다. 그러나 더 큰 시련이 그를 찾아왔다. 귀가 들리지 않게 된 것이다. 베토벤은 귀를 치료하기 위해 백방으로 뛰어다녔지만 소용이 없었다. 실망한 나머지 낙향을 결심하고 시골 마을로 이사해서 2년 동안 요양을 했다. 그러나 그의 귀는 점점 악화가 되어 건너편에 있던 교회의 종소리도 듣지 못할 정도로 병세가 나빠졌다. 베토벤은 몇 번이나 자살을 생각했다. 그러나 그의 음악 인생을 포기할 수는 없었다. 그는 새롭게 결심했다.

"나는 운명의 목을 틀어막을 것이다. 운명이 절대 나를 무너뜨리지 못하게 할 거야."

그는 피아노 연주자의 길을 포기하고 남은 삶을 작곡에만 전념하기로 결심한 것이다. 그리고 자신만의 독특한 색채를 나타내는 위대한 곡을 써내기 시작했다.

그 첫 번째 곡이 바로 심포니 3번 "영웅"이다. 이 곡은 원래 나폴레옹에게 헌정하기 위해 만들었다. 그래서 곡의 앞에 "위대한 나폴레옹을 기념하기 위해 작곡함"이라는 헌사를 쓰려 했는데 나폴레옹이 스스로 황제가 되었다는 소식을 듣고 실망하여 "위대한 한 인물을 기념하기 위해 작곡함"으로 바꾸어 쓰게 되었다.

오스트리아 빈의 모든 상류층들은 프랑스군의 눈치를 보며 그들에게 잘 보이기 위해 귀중품을 헌상하고 프랑스 군인들을 위한 파티를 자주 열었다.

베토벤이 기거하던 집의 주인 공작이 베토벤을 불러 프랑스 군인들을 위한 파티에서 그들을 위한 피아노 연주를 해 줄 것을 강요하자 베토벤은 그에게 의자를 집어던지고 기거하던 그 집에서 나와 버렸다.

나올 때 공작에게 이런 쪽지를 남겼다.

"공작, 당신이 공작이 된 것은 우연히 부모를 잘 만나서 된 것이지만 내가 오늘날의 베토벤이 된 것은 순전히 스스로 노력 때문이오. 공작은 여러 명이지만 베토벤은 오직 나 한 사람뿐이라는 것을 알아 주시오."

그의 자존감이 매우 높았던 것을 보여 주는 대목이다. 그는 귀족과 황족 앞에서도 당당히 자존감을 지키며 허리를 굽히지 않았다.

54세에 "제9번 교향곡(합창)"을 작곡하고 6년에 걸쳐 보완과 수정을 하였다. 1824년 5월 7일 빈에서 처음으로 "제9번 교향곡"이 연주될 때 직접 지휘를 하였는데 악보도 안 보고 아무 소리도 들을 수 없었지만 연주가 끝나고 무려 5번이나 앙코르를 받는 박수와 함성이 쏟아졌다.

일생을 통해 어렵지 않은 날이 없을 정도로 불우한 환경에 시달려온 베토벤을 이렇게 일으켜 세울 수 있었던 것은 자아위로 기능이 매우 높았기 때문이다.

자아위로 기능은 자신의 불우한 환경이나 심한 스트레스를 오히려 자기 발전의 에너지로 전환시킨다. 극심한 고통을 자기 예술의 승화로 변환시키는 것이다. 자아위로 기능이 높은 이들은 실패와 좌절을 오히려 성공의 기회로 삼고, 자신을 끊임없이 단련하는 강한 의지를 소유한 사람들이다.

베토벤은 실패와 좌절 속에서도 음악을 통해 마음의 평정을 되찾았다. 신분이 비천함에도 귀족들 앞에 비굴하지 않았다. 이런 것이 그의 음악에 그대로 녹아 있다. 자아위로 기능이 강한 그의 성격이 그를 위대하게 만든 것이다.

열심히 잘 웃는 사람은 자아위로 기능이 높은 사람들이다. 또 자아위로 기능이 높아질수록 여유 있고 자신감이 충만한 웃음을 지을 수 있다. 자존감이 매우 높아지는 것이다.

매일 열심히 웃으면 자아위로 기능이 높은 사람으로 인생이 바뀐다.

패배 의식을 패배시켜라

세계 제2차 대전이 발발하자 히틀러의 독일군은 파죽지세로 유럽의 나라들을 침공하여 몇 달 만에 유럽 대륙은 나치 독일의 손으로 들어갔다. 이제 남은 곳은 영국뿐이었고 영국도 나치 독일의 손으로 떨어지는 것은 시간 문제처럼 보였다. 독일군은 매일 수백 대의 폭격기를 동원해서 비를 뿌리듯 영국 본토를 폭격했다.

"과연 영국은 얼마나 더 오래 살아남을 수 있을까?" 세계 사람들은 물론 영국 사람들조차 절망 속에 같은 질문을 하고 있었다. 그들은 벌써 패배 의식에 빠져들어 갔다.

이런 절망 가운데 영국의 수상 윈스턴 처칠은 라디오를 통해 대국민 연설을 하였다.

"도대체 무슨 말인가요? 살아남다니? 저는 그런 목표를 한 번도 세워본 적이 없습니다. 영국의 목표는 겨우 살아남는 것이 아닙니다."

사자후를 토하는 그의 연설은 영국 국민들 가슴에 불을 지피기 시작했다.

"지금은 우리가 불리한 입장에 있다는 것은 저도 인정합니다. 그러나 우리는 무도한 저 나치 독일의 위협에 결코 굴하지 않을 것입니다. 우리는 하늘에서, 땅에서, 바다에서, 바닷속에서, 사막에서 최후의 한 사람 영국인이 남을 때까지 싸우고 또 싸울 것입니다. 나치 독일의 히틀러가 완전히 우리 앞에 무릎 꿇는 그날까지 우리는 결코 물러서지 않을 것입니다. 우리 목표는 살아남는 것이 아니라 승리하는 것입니다. 이를 위해 내가 바칠 수 있는 것은 피와 땀과 눈물뿐입니다."

이 연설은 불안과 패배 의식에 젖어 있던 영국 국민들의 마음을 단번에 바꾸어 놓았다. 그리고 영국은 미국의 도움으로 승리하였다.

1970년대 들어서면서 세계 권투계 헤비급은 조지 포먼George Foreman의 시대로 들어섰다. 그는 탱크같이 저돌적으로 밀어 붙이는 인파이터 챔피언 프레이저를 핵주먹 한방에 쓰러뜨렸다. 프레이저는 그 유명한 무함마드 알리를 15회 판정으로 이기고 새로 챔피언에 등극한 사람이었다. 40전 40승의 조지 포먼에게 더 이상 적수는 없는 듯했다.

1974년 10월 30일, 재기한 무함마드 알리와 조지 포먼은 세계의 이목을 집중시키며 '캔자스의 혈투'라는 빅매치 명승부를 펼쳤다. 시합 전 복싱 전문가나 도박사들은 10대 1정도로 포먼의 우세를 전망했다. 시합이 시작되고 7회까지는 예상이 맞는 듯했다. 로프에 몸을 기대며 일방적으로 알리가 얻어맞았기 때문이다.

그러나 8회에 들어서면서 알리는 전광석화 같은 강펀치를 작렬시키면서 극적인 KO승을 거두었다. 포먼의 패배는 의외였다.

그러나 그 후의 보도는 패배의 원인이 포먼 자신에게 있었음을 말해 주었다. 포먼은 40전 전승이 모두 KO승이었기 때문에 자신의 주먹을 과신하였고 연습을 게을리하였을 뿐 아니라 사생활도 문란해 스스로 무너졌다는 것이다.

알리에게 패하고 난 후 포먼의 삶은 더욱 문란해졌고 한 번도 져 본 적이 없던 사람의 심리적 자존심은 더 크게 상처 입고 단 한 번의 패배로 땅바닥에 떨어져 뒹굴었다.

이런 과정에서 다시 지미 영과 시합을 하였는데 심한 부상을 입고 죽음의 문턱까지 이르게 되었고 복싱계를 떠날 수밖에 없는 처지가 되었다. 비참한 패배자, 인생의 실패자, 밑바닥 인생으로 다시 살 수밖에 없었다.

이때부터 포먼은 완전히 새사람으로 변하기 시작했다. 중학교를 중퇴하고 네 번이나 이혼했던 그는 철저히 회심하였고 새로운 인생의 드라마를 쓰기 시작했다. 그는 새롭게 도전하여 목사가 되었다. 그리고 이웃을 돌보며 봉사하는 삶을 살았다. 그러면서도 꾸준히 운동을 계속했다.

1977년에 은퇴하였는데 1994년 45세의 나이에 다시 세계 헤비급 챔피언에 도전을 하였다. 사람들은 너무 늙어서 몇 회 버티지 못하고 쓰러질 것이라고 모두 전망했다. 그리고 퇴물 권투 선수라고 비웃었다.

그러나 그는 그 많은 비난 속에서도 묵묵히 웃기만 했다. 그리고 당시 챔피언 마이클 무어러를 KO로 이기고 역대 최고령 WBA·IBF통합 챔피언에 등극했다.

"인생에서 얻어맞고 쓰러지더라도 다시 당당히 일어서세요. 제가 그랬습니다."

그는 40전 40KO 승리, 자만 때문에 무너졌고 그 무너진 밑바닥 인생에서 다시 승리자가 된 것이다. 무너졌기 때문에 진실된 인생을 배워 역전의 삶을 살게 된 것이다.

조지 포먼의 인생 드라마는 승리로 자만할 때나 패배로 절망할 때 어떻게 해야 하는지 좋은 답을 우리에게 주고 있다. 패배를 패배시킨 멋진 인생을 이룬 포먼에게서 훌륭한 승자의 모습을 볼 수 있다.

패배 가운데 있는 이들이여!

한바탕 웃음으로 그 패배 의식을 털어버리고 새롭게 시작하자. 반드시 기회는 온다. 준비가 기회를 만나는 것이 성공과 행운이다. 늘 웃으면서 준비하자. 웃음은 부정과 패배 의식에서 긍정과 희망과 승리를 향한 삶으로 방향을 전환시킨다.

칭찬과 사랑의 격려

방송국 MBC에서 아나운서들에게 두 개씩 비커를 나누어 주었다. 그 속에는 하얀 쌀밥이 들어 있었다. 그리고 아나운서들에게 미션이 떨어졌다.

"사랑해"라고 써서 붙인 비커에 대해서는 사랑해, 고마워, 감사해 등등의 칭찬과 감사와 사랑의 긍정적 언어를 말하게 했고, "짜증나"라고 적힌 비커 속의 밥을 향해서는 계속 "짜증나"라는 부정적인 언어로 말을 하게 했다.

4주간의 실험이 끝난 후 그 결과는 놀라웠다. "사랑해"를 외친 비커 속의 밥은 하얀 색깔의 누룩처럼 보기도 좋고 썩지 않은 상태로 있었다. 그러나 "짜증나"라고 외쳐댔던 비커 속의 밥은 시퍼렇고 까만 형태의 썩은 곰팡이가 된 밥으로 변해 확실한 대조를 이루고 있었다.

인터넷에서 매일매일 변해 가는 양파 실험도 있었다.

즉, 양파 두 개를 물에 담그고 한쪽 양파 앞에서는 계속 욕을 하고 다른 쪽 양파에게는 칭찬과 사랑으로 격려하는 말만 하였다.

결과는 칭찬과 사랑의 말을 들었던 양파가 욕을 먹었던 양파보다 훨씬 더 빨리 뿌리를 내리고 더 왕성하게 커 나갔다.

열 살쯤 돼 보이는 소년이 나폴리 어느 공장에서 일하고 있었다. 학교를 다니며 공부해야 했지만 집안 형편상 기계공장에서 일을 할 수밖에 없었다. 그러나 그 소년에게는 꿈이 있었다. 성악가가 되려는 꿈이었다. 주위에서 노래를 잘한다는 평을 듣기도 하였다. 10세 때 처음으로 꽤 유명한 선생님을 만나 테스트를 받아 보기로 했다. 그 소년의 노래를 들은 선생님은 이렇게 말했다.

"너 따위 목소리로 성악가가 되겠다니 참으로 우스운 일이구나. 네 목소리는 마치 덧문이 바람에 흔들리는 것 같은 목소리야!"

그 자리에 있던 다른 아이들은 이 소년을 비웃었고 소년은 낙담하였다. 그러나 가난한 농촌 부인이었던 그의 어머니는 그를 끌어안고 온화하며 애정 어린 말로 격려했다.

"네 목소리나 음악적 소질은 나도 알고 많은 사람이 알고 있는데 그것을 무시하다니 말도 안 된다. 그 선생이 유명하기는 하다만 너를 지도할 자격은 없는 사람이구나. 엄마는 알고 있어. 너는 꼭 훌륭한 성악가가 될 거야. 그 증거로 네 노래는 점점 더 좋아지고 있잖니?"

어머니는 얼굴이 새까맣게 타도록 열심히 일을 해서 아들에게 음악 공부를 시켜 주었다. 어머니의 칭찬과 격려 속에 그 소년은 훌륭하게 성장하여 세계적으로도 당대 가장 유명한 테너 성악가가 되었다. 그의 이름은 카루소Enrico caruso이다.

런던에 작가를 지망하는 젊은이가 있었다. 그는 학교를 4년밖에 다니지 못했고 아버지는 빚 때문에 교도소로 갔다. 돈이 없이 끼니를 거르는 일도 수없이 반복되는 최악의 조건이었다. 그러던 중 그에게 일자리가 하나 생겼다. 쥐구멍 같은 창고 속에서 구두약 용기에 상표를 붙이는 일이었다. 밤에는 으슥한 골방에서 빈민가 부랑아들과 함께 잤다. 그러나 그의 작가에 대한 열망은 식지 않았다.

틈틈이 써둔 작품들을 잡지사에 보내는 일을 계속하였지만 보내는 작품마다 인정을 받지 못하고 되돌아오곤 했다. 그는 끊임없이 노력하며 계속해서 작품들을 잡지사에 보냈다.

어느 날 잡지사에서 연락이 왔다. 원고료를 줄 수 있는 작품은 아니지만 그래도 독자들에게 평가를 받아볼 만한 작품이니 잡지에 실어보겠다는 것이었다. 그리고 희망이 보이니 더욱 열심히 도전해 보라는 격려의 말도 있었다. 그 젊은이는 이 격려와 칭찬에 감격했다. 눈물을 흘리며 거리를 돌아다녔다.

자신의 작품이 활자화되어 세상에 나온다는 사실만으로도 기쁨이 넘쳤고 이 일은 그의 생애에 커다란 변화를 가져왔다. 그 후로 더욱 열심히 작품을 써서 세계적으로 유명한 작가가 되었다. 그의 이름은 찰스 디킨스이다.

긍정과 칭찬, 사랑과 믿음의 말들은 성공의 자양분이다. 이들은 인간에게 뿐만 아니라, 다른 생물이나 무생물에게도 강력한 영향을 끼친다. 무엇이든지 칭찬하면 그만큼 성장한다.

낙관적이고 희망적인 말 한마디, 사랑과 배려의 말, 당신은 할 수 있다는 격려의 말은 인생을 변화시킨다.

인간 본성의 가장 깊은 곳에 있는 욕구는 인정받고 사랑받고 싶은 욕구이기 때문이다. 그리고 웃음은 바로 그 희망과 사랑과 격려의 표시이며 증거이다. 칭찬과 사랑의 격려를 할 때 인상 쓰며 하는 사람은 없다. 모두 자연스레 웃으며 하게 되는 것이다. 그런데 중요한 것은 먼저 웃게 되면 칭찬과 사랑이 담긴 격려의 말이 나온다는 사실이다.

약점을 강점으로

"에이미! 아니 며칠 사이에 키가 갑자기 그리 컸어?"

모델들이 모인 어느 스탠딩 파티에서 모델 에이미의 친구가 깜짝 놀라며 이렇게 물었다. 에이미 멀린스Aimee Mullins는 웃으면서 이렇게 대답했다.

"그래, 키를 키웠지. 전에 사용했던 다리보다 8cm나 긴 다리를 착용했으니까."

그의 친구 모델은 진심으로 부러워하면서 이렇게 말했다.

"오 하나님! 이건 너무나 불공평한 일이군요."

그녀의 친구가 이야기한 것은 농담이 아니라 진심이었다. 멀린스는 다리가 없다는 사실을 장애가 아니라 친구들이 부러워할 정도로 독특한 자신만의 장점으로 전환시켜 버린 것이다.

에이미 멀린스는 1976년 미국 펜실베이니아에서 태어났다. 그녀는 선천적 기형으로 태어날 때부터 종아리뼈가 없어서 한 살 때 종아리를 절단해서 무릎 아래 두 다리가 없는 장애인이다.

그러나 멀린스는 자신이 장애가 있다고 생각하지 않았다. 남들에 비해 뭔가 부족한 사람이 아니라 독특한 특징과 새로운 가능성을 가진 사람이라고 생각하며 자신만의 강점을 키워 나가기 시작했다.

그녀는 조지타운대학에 입학한 후 장애인 올림픽에 미국 대표로 출전했다. 1996년 의족을 끼고 100m 15초 77, 200m 34초 60, 멀리뛰기 3.5m를 기록해 세계 신기록을 수립했다. 그리고 1991년 영국의 유명한 패션디자이너 알렉산더 맥퀸에 의해 패션모델로 데뷔했다. 이 데뷔 무대에서 수공예로 만든 구두 일체형 인공다리를 착용하고 멋지게 런웨이를 걸어서 깊은 인상을 남겼다.

그 후로 그녀는 2002년 영화배우로, 또 광고모델로, TV쇼 모델로 왕성한 활동을 펼치고 있다. 그리고 책을 저술하고 강연 활동을 하며 동기부여 강연가로도 활동하고 있다. 그녀는 장애에도 불구하고 성공하였다기보다 장애 덕분에 인체의 다양한 아름다움을 창조해 냈고 이 부분에서 새로운 경지를 개척해 나간다는 자부심을 가지고 있기도 하다. 그녀는 12족의 멋진 의족을 가지고 있다. 자신의 여러 가지 모양의 인조다리가 첨단 과학기술과 전통적인 아름다움의 요소를 합친 걸작품이라고 자부심이 대단하며, 이런 예술적인 가치를 창조해 가는 일은 자신만이 할 수 있는 독특하고 매우 가치 있는 일이라고 생각하고 있는 것이다.

멀린스는 다리가 없는 장애를 그냥 극복한 정도가 아니라 자신의 장애를 발판으로 삼아 자신의 장애가 없었으면 불가능했던 일들을 창조해 나가고 있는 것이다.

2011년 그녀는 피플지가 선정한 세계에서 가장 아름다운 여성 50인에 선정되기도 하였다. 사람들은 누구나 자신이 약점이라고 생각되는 점들을 다 가지고 있다. 그러나 그 약점을 약점이라고 생각하지 않고 자신만의 독특한 특징이라고 생각해 보면 어떨까?

자신만의 독특한 점을 어떻게 활용하느냐에 따라서 오히려 그것이 자신의 큰 장점으로 활용될 수 있기 때문이다. 자신에게 있는 약점이나 자신에게 닥치는 역경을 더욱 강하게 튀어 오르는 스프링보드로 활용해서 더욱 위대한 업적을 이룰 수 있게 할 수 있다. 오늘의 아픔을 내일의 기쁨의 원천으로 삼을 수 있다.

짜증 많고 걱정과 근심에 부정적 생각으로 꽉차 있던 이가 어느 날 암진단을 받고 절망하였다. 희망을 잃고 삶의 종착역으로 달려가고 있었다. 그러나 웃음에 마지막 희망을 걸고 정말 열심히 웃었다. 그리고 삶의 희망을 가지게 되었다. 종래는 암도 완치 판정을 받고 많은 이들을 웃음으로 치유하는 웃음치유사로 활약하게 되었다. 그러면서 인생의 중요한 교훈을 깨닫게 된 것이다.

암에 걸리지 않았으면 평생을 짜증과 근심과 걱정 속에 살았을 텐데 암이라는 역경을 통해 삶이 상상할 수 없었던 방향으로 바뀌었고 그래서 암에 걸렸던 것에 늘 감사한 마음으로 살아간다고 한다. 암 덕분에 자신이 감히 꿈꾸지도 못했고 불가능했던 일을 이루어 나가며 꿈 같은 인생을 살게 되었다는 것이다.

웃다 보니 자신의 약점이 강점으로 변하게 된 것이다. 삶은 참으로 알 수 없다. 웃어서 인생을 바꾸어 보자.

14

소똥 한 더미

아잔 브라흐마 승려가 지은 『술 취한 코끼리 길들이기』 책에 소똥에 관한 예화가 있다. 어느 날 당신이 집으로 돌아왔을 때 현관문 앞에 한 트럭 분량의 소똥이 쏟아 부어져 있다고 가정하자. 이 소똥은 당신이 주문한 것이 아니다. 그러므로 이 소똥이 부어지게 된 것은 당신의 잘못이나 책임질 일이 아니다. 그리고 누가 이 소똥을 가져다 놓았는지 아무도 목격자가 없어 누구에게 치우라고 요구할 수도 없다. 그래서 당신은 어떻게 처리해야 할지 알 수가 없다. 그 소똥 냄새는 불쾌하고 보기에 불결하여 집안에서도 견디기 힘들 정도로 냄새가 풍겨져 들어온다.

이럴 때 당신은 두 가지 방식으로 대응한다. 하나는 소똥을 묻히고 다니는 것이다. 당신은 가는 곳마다 소똥 냄새를 풍기기 때문에 친구를 잃게 된다. 가장 친한 친구들조차 점점 거리를 멀리하며 가까이 있으려고 하지 않는다. 다른 하나는 손수레, 쇠스랑, 갈퀴 등의 도구를 이용해 부지런히 집 근처 정원에다 갔다 파묻는다. 한 트럭 분량을 치우는데 매우 지치고 힘들지만 며칠이 걸리더라도 소똥을 퍼 나른다. 소똥더미는 점점 줄어들다가 드디어 사라지게 된다. 그런데 퍼 나른 정원은 기름진 옥토가 되어 아름다운 꽃들이 풍성한 정원이 되고 꽃들의 향기가 온 마을을 뒤덮어 이웃들과 행인들 모두 기쁨 속에 미소를 짓는다. 정원 구석구석엔 과실수들이 주렁주렁 탐스런 열매를 맺고 그 열매들은 달디달고 그런 과일은 어디서도 살 수 없다. 수확한 열매는 이웃과 함께 나누며 많은 이들을 행복하게 만들어 준다.

이 비유에서 당신 집 앞에 쏟아 부은 한 트럭 분량의 소똥은 우리에게 쏟아 부어지는 불쾌한 경험들을 상징한다. 우리 삶에서 일어나는 불쾌한 경험들은 내가 주문하지 않은 것이다. "그런데 왜 하필 나에게 이런 일이 일어났는가?", "나의 잘못이 아닌데 왜 내가 책임져야 하나?"라고 생각되어진다. 그리고 우리는 이런 경험들을 어떻게 처리해야 할지 잘 모른다. 친구에게 가져가 전가시킬 수도 없고 그렇다고 이것을 일으킨 장본인을 찾아 헤맬 수도 없다. 이런 불쾌한 경험들은 우리의 행복을 파괴한다.

그래서 소똥 냄새를 몸에 밴 상태로 돌아다닌다. 부정적인 마음, 분노, 좌절, 근심 등에 절어 세상을 살아간다. 그러나 이렇게 사는 결과로 우리는 많은 친구들을 사귈 기회도 잃고, 있던 많은 친구들과도 멀어지게 된다. 너무 심한 걱정, 좌절, 부정적 사고에 젖어 있는 우리와 함께 친구들이 같이 있어 주는 것을 좋아하지 않는 것은 당연한 일이다. 그래서 우리는 힘들지만 소똥을 퍼 날라야 한다. 퍼 나르는 것은 그런 불쾌하고 부정적인 경험들을 삶을 위한 거름으로 환영해 받아들이는 것이다. 이것은 우리가 혼자 해야 하는 일이다. 아무도 우리를 도와줄 수 없다. 이것을 날마다 우리 가슴의 정원으로 퍼 나르면 고통의 더미는 점점 줄어들고, 언젠가 이 더미는 완전히 없어지고야 만다. 이 더미가 완전히 없어진 어느 날 우리 가슴속에서는 하나의 기적이 일어나게 된다. 가슴의 정원에 아름다운 꽃들이 만발하고 그 향기가 아름답게 퍼져나가 이웃이나 행인들에게 큰 기쁨을 선사한다. 그런가하면 삶의 본질에 대한 통찰력의 열매가 가득 매달려 이웃과 행인들에게 지혜와 삶의 의미를 느끼고 맛보게 해 준다.

우리가 비극적인 고통을 겪고, 그것이 가져다준 교훈을 배우고 그것으로 우리의 정원을 가꾸었을 때 우리는 깊은 비극 속에 있는 또 다른 사람을 우리의 두 팔로 껴안을 수 있게 된다.

오늘도 하하웃음행복센터에는 소똥을 치우는 사람, 그냥 망연자실 바라보고 있는 사람, 가슴의 정원에 밑거름을 주어 아름다운 꽃과 열매를 나누어 주는 사람들이 모여 희망과 기적의 공동체를 이루어 가고 있다. 소똥을 집 앞에 잔뜩 싸 놓고 근심과 절망과 좌절에 빠져 있는 이들은 오라. 그래서 소똥을 정원에 가져다 거름으로 만드는 방법을 배우라.

당신의 가슴에서 아름다운 꽃과 지혜의 열매가 맺힐 때까지……. 당신이 배우는 데는 무료이지만 당신 가슴속에서 피어나는 꽃과 열매의 가치는 도저히 값으로 따질 수 없는 엄청난 결실을 보게 될 것이다.

마지막 잎새

"난 정말 형편없는 아이였어. 저 마지막 잎새가 그것을 알려주었어. 죽고 싶어 하는 것은 죄를 짓는 것과 같아. 수프를 좀 갖다줘. 그리고 포도주를 탄 우유로… 아니 손거울을 먼저 갖다줘."

오 헨리의 단편소설 『마지막 잎새』에서 폐렴으로 삶의 희망의 끈을 놓고 죽어 가던 소녀가 떨어지지 않는 담쟁이의 마지막 한 잎을 보며 희망의 끈을 다시 붙잡고 일어서는 모습을 그린 대사이다.

이 소설의 이야기는 어느 빈민가 예술인촌 한 건물이 무대이다. 3층에는 화가 지망생 소녀 두 명이 세 들어 살고 있고, 1층에는 60대 할아버지가 살고 있다. 그 할아버지 이름은 베어먼이고 25년간이나 제대로 된 작품 하나 없었지만 자신은 걸작을 그릴 것이라고 늘 입버릇처럼 말하고 다녔다. 3층에 세 들어 사는 소녀들은 잔시와 수우라는 소녀로 폐렴이 빈민가를 덮칠 때 잔시가 폐렴에 걸리게 된다. 그리고 병세는 악화되고 잔시도 회복될 수 있다는 희망을 포기하게 된다. 창밖으로 보이는 담에 붙은 담쟁이 잎이 떨어지는 것을 보며 모든 잎이 다 떨어지는 순간 잔시도 죽을 것이라고 생각한다. 한잎 두잎 떨어지며 자신의 죽음 앞으로 걸어가고 있던 잔시는 마지막 남은 한 잎에 절망하게 된다.

그러나 거센 바람과 장대 같은 빗줄기에도 그 잎은 떨어지지 않고 꿋꿋하게 매달려 있었다. 그것을 유심히 바라보던 소녀는 질긴 생명력을 보여 주는 이 마지막 잎새를 통해 삶에 대한 희망의 끈을 다시 붙잡고 회복되기 시작한다.

3층에서 삶에 대한 희망이 살아날 때 1층에서는 반대 현상이 일어났다. 갑자기 폐렴에 걸려 병원으로 이송되던 베어먼 할아버지가 돌아가신 것이다. 비바람이 사납게 불던 밤 그는 떨어져 나간 마지막 잎새를 최선을 다해 벽에 그리고 그만 급성 폐렴에 걸려 죽어 간 것이다.

오 헨리 작품의 마지막 클라이맥스 대반전의 기교가 유감없이 이 작품에도 나타난 것이다. 평소에 걸작을 그릴 것이라고 늘 입버릇처럼 말했던 할아버지의 걸작은 엄청나게 비싸게 팔리는 유명한 그림이 아니었다. 절망 속에 빠져 삶의 끈을 놓아 가던 한 생명을 살리는 위대한 그림이었던 것이다. 평생 걸작을 그리지 못했던 그였지만 마지막 순간 자신의 생명을 담아 새로운 생명에게 희망을 주는 마지막 걸작을 남긴 것이다.

하하웃음행복센터에는 절박한 심정으로 희망의 끈을 붙잡기 위해 찾는 이들이 꽤 있다. 평생을 통해 함께한 화병火病 때문에, 자신도 모르게 찾아온 난치병 때문에, 인간관계에서 자신의 의지와는 관계없이 받은 깊은 상처들 때문에, 가족관계에서 일어난 고통 때문에…, 부딪치고 깨져서 이제는 포기하고 절망 속을 헤매는 이들이다. 그들이 계속 웃다 보면 웃음에서 희망을 찾고 상처가 회복되고 질병에서 건강을 회복하고 불행한 자신의 삶을 발전시켜 행복한 삶으로 변해 가는 모습을 자주 보게 된다.

웃음이 바로 마지막 잎새처럼 희망과 용기를 주게 되는 것이다. 그리고 그들이 찾은 희망과 용기는 또 다른 이들에게 마지막 잎새가 되어 새로운 희망과 용기를 전해 주고 있다. 그래서 한 줌의 누룩처럼 삶에 대한 희망과 용기와 꿈이 퍼져 나간다.

나는 깨닫는다. 하나님이 사람들에게 왜 그리 힘든 고통의 시간을 주셔서 웃음을 찾게 하셨는지……. 그래서 다시 한 번 이 귀한 소명에 최선을 다하리라 다짐해 본다. 우리 모두 오늘도 마지막 잎새를 그려 놓은 베어먼 할아버지의 걸작처럼 누군가에게 마지막 잎새를 그려 주는 삶이 되면 얼마나 좋을까?

헤일-밥 혜성

2009년 3월 26일, 이대암 영월 곤충박물관장은 디지털카메라와 90mm 천체망원경으로 촬영한 두 장의 천체사진을 검사하다가 청록색의 밝은 새로운 천체를 발견하고 흥분했다. 그는 곧 국제천문연맹IAU에 보고했고 확인을 거쳐 4월 8일 새로 발견된 혜성으로 정식 등록이 되었다. 대한민국 최초로 혜성 발견자가 등장한 것이다.

이틀 후 3월 28일, 미국 NASA에서 발사한 태양관측위성SOHO에 장착된 SWAN이라는 장비로 미국의 천문학자 로버트 맷슨이 이 혜성을 또 발견해서 보고했다. 이 혜성의 이름은 "Yi-SWAN"이라고 붙여졌다. 일주일 이내 발견자들은 공동 발견자로 간주해 모두의 이름을 붙여 주는 관례에 따른 것이다.

필자는 17년간 600회 이상의 야간 산행을 하고 있다. 야간 등산을 하면 자연히 하늘의 별자리에 관심을 가지게 된다. 오리온, 쌍둥이, 마차부, 황소, 견우성, 직녀성, 북두칠성, 북극성, 카시오페이아 등을 사계절을 통해 만난다. 가장 밝은 개밥바라기별로 불리는 금성은 우리가 산행을 시작하는 시간이면 벌써 서쪽 하늘 너머로 져버리고, 화성이 가장 밝은 형태를 뽐내고 있다.

1997년은 20세기에 가장 멋진 이벤트 중 하나인 헤일-밥 혜성이 지구를 스쳐 지나갔다. 헤일-밥은 발견자인 아마추어 천문가 앨런 헤일과 토머스 밥의 공동 이름으로 붙여진 것이다.

그해 봄부터 여름까지 야간 등산을 하며 육안으로 북쪽 하늘에서 헤일-밥을 확인할 수 있었고 이것이 야간 산행을 하는 또 다른 재미였다. 윤곽이 뚜렷하지는 않았지만 솜뭉치를 타원형으로 뭉쳐 놓은 듯한 모습으로 보통 별보다 크게 보였다.

산 친구들은 헤일-밥을 내 이름에다 붙여 혜열-밥이라고 불러 주었다. 이 헤일-밥은 4,000년 만에 지구를 찾아온 것이라고 한다.

혜성하면 가장 많이 들었고 잘 알고 있는 핼리 혜성이 있는데 헤일-밥은 핼리보다 100배나 더 크고 밝기도 2.7배 더 밝은 혜성이라 한다. 그런데 이 혜성 때문에 전 세계 사람이 경악할 만한 사건이 일어났는데 세월이 지나 지금쯤은 많은 이들 뇌리에 사라졌을 것이다.

이-스완 혜성이 발견되기 꼭 12년 전, 1997년 3월 26일, 미국 캘리포니아 주 샌디에이고 경찰은 한 시민의 신고 전화를 받고 출동했다.

샌디에이고 북부지역에 있는 한 고급 주택에 도착한 경찰은 나란히 누워 있는 39구의 시신을 발견했다. 모두 짙은 색 바지에 운동화를 신고 있었으며 2구를 뺀 37구의 시체는 모두 얼굴에 보라색 보자기가 씌워져 있었다. 그리고 이들의 옷 주머니 속에서는 자살 방법이 적힌 메모가 여러 장 발견되었다.

얼마 후 경찰의 수사 결과가 발표되었다. 이들은 '천국의 문'이라는 사이비 종교 신도들로서 자살하기 전 2명씩 짝을 지어 비디오카메라로 작별인사 장면을 녹화하였는데 "우리의 수업은 이제 끝났다. 우리는 이제 인간단계에서 졸업을 한다. 그 증거가 헤일-밥 혜성이다. 이제 UFO(미확인비행물체)를 타러 우리는 간다"라고 말하였고 그 녹화 테이프를 친지들에게 보냈다고 한다.

주모자는 마셜 애플화이트라는 인물로 미국 텍사스 주 휴스턴의 성 토마스 음대 교수로 재직했던 사람이다. 그는 22년 전부터 여류 점성가로부터 영향을 받았으며, 더 높은 인간진화단계로 올라가기 위해 UFO를 탑승해야 된다고 주장하며 '천국의 문'이라는 사이비 종교를 만들어 미국 서부지역을 돌며 사람들을 불러 모았다. 그리고 마침내 헤일-밥 혜성의 뒤를 따라오고 있는 UFO를 탑승하기 위해 또 인간단계를 졸업하기 위해 집단 자살이라는 극약 처방을 내려 덧없는 39명의 생명을 앗아가 버린 것이다.

우리나라도 이보다 훨씬 전 아가동산이라는 사이비 종교에 잘못 빠진 이들이 더 많이 희생된 일이 있었다. 과학이 첨단화된 시대에 이렇게 어처구니없고 무지몽매한 사건이 일어났는지 도무지 이해가 되지 않는다.

우리가 어떤 부정적인 생각에 너무 집착하게 되면, 일반적이고 객관적이고 상식적인 사고의 문이 닫히고 망상적인 생각의 길로 흘러가는 경험을 종종하게 된다. 그러다가 자신의 이성적 지각이 발동되어 그런 생각을 한 자신을 어리석다고 치부해 버린다.

그러나 앞의 사이비 종교 신도들은 이성적 사고의 문을 끝내 열지 못하고, 세상을 도피하며 그런 집착에 스스로 생명을 함몰시켜 버린 것이다. 우리는 인생을 일반적이고 객관적이고 상식적인 선에서 살아가는 것이 필요하다. 이를 위해서는 욕심과 집착을 버리는 것이 매우 중요하다.

웃음은 스트레스 호르몬을 중화시키고, 그 생산량을 감소시켜, 우리 마음을 평안하게 해 주며, 우리 마음을 긍정의 마음으로 바꾸어 준다. 그래서 욕심과 집착으로부터 어느 정도 자유함을 준다. 그리고 인생을 상식적으로 사고하게 한다.

천국의 문 사이비 종교 신도들은 웃음이 없었을 것이다. 그들은 막다른 골목에서 불안과 초조와 공포로 극심한 우울을 경험했을 것이다. 이런 것들이 극단적인 도피를 결정했고, 행복하기 위해 태어난 인생을 불행하게 마감하는 비극적 종말을 스스로 선택했던 것이다.

평소에 늘 웃는 습관은 평상시 우리의 사고를 일반적이고, 객관적이고, 상식적이고, 나아가 긍정적으로 하게 한다는 사실을 명심하자. 그래서 지금 또 한번 크게 웃자.

이-스완 혜성을 따라오는 UFO는 없고, 이런 어처구니없는 일이 일어나지 않기를 바란다.

가시철망병

제2차 세계대전 때 유럽 연합군 포로수용소에서 환자들을 진료하던 군의관들 사이에 새로운 질병명이 하나 지어졌다. 그것은 '가시철망병'이라는 것이다. 이 병의 증세는 매우 우울해지고, 먹어도 살이 찌지 않고, 무기력하게 심신이 쇠약해져서 누워만 있으려고 하는 증상이 나타났다.

이 가시철망병에 걸린 환자들은 하나같이 불평불만의 소리만 쏟아내고 온종일 투덜대며 안절부절하지 못하는 것이 특징이었다. 그들은 포로수용소의 가시철망 때문에 자신들이 희망을 잃어버리고 불행해졌다고 생각하며 늘 불평 속에 살았다.

그 후 포로에서 석방되어 자유의 몸이 되었는데도 여전히 불평과 불만이 가득 찬 생활을 하며 늘 남을 원망하는 삶을 살았다. 이 병은 원인도 불분명하고 그 치료 방법도 명확하지 않았다.

그들은 자신들이 수감되었던 포로수용소의 가시철망을 잊어버리지 못하고 가시철망병으로 삶을 불행하게 살아가야만 했다.

그러나 같은 수용소 안에서 똑같은 생활을 했음에도 이 병에 걸리지 않은 사람들이 있었다. 그들은 철조망 안에서도 철조망 너머의 푸른 하늘을 바라보면서 장차 언젠가 자유롭게 되는 날 사랑하는 사람과 만나 즐겁게 지내고 고향의 마을을 찾아 아름다운 추억을 되새기는 희망을 꿈꾸며 지냈던 사람들이었다. 이들은 끝까지 건강을 잃지 않고 잘 견디어 냈으며 새로 전개될 행복한 미래에 대한 희망을 버리지 않고 이겨 낸 사람들이며, 그 후 석방이 되어서도 자유의 몸으로 건강하게 그 삶을 살 수 있었다.

우리가 어떤 사건을 만났을 때 그것을 보는 시각이 희망과 긍정의 시각으로 보느냐, 아니면 부정과 절망의 시각으로 보느냐는 우리 인생에서 크게 다른 결과를 초래한다.

미국의 연로한 수녀 180명을 대상으로 장수에 대한 연구를 한 결과는 유명하다. 즉 희망과 긍정으로 산 수녀들 중 85세까지 산 사람은 90%나 되었으나 부정적인 성향이 많은 수녀들 중에는 34%만이 85세까지 살았다. 또 94세까지 산 사람 중에 긍정적으로 산 수녀는 54%였으나 부정적 성향의 수녀는 11%에 불과했다.

이들은 젊어서부터 쓴 일기를 조사해서 긍정적 성향과 부정적 성향을 구분했으며, 젊어서부터 긍정적인 감정을 가진 사람이 60년 후에도 건강할 확률이 높다는 것을 밝혀냈다.

또한 하버드대학의 건강심리학자 로라 쿠부잔스키 교수는 1,300명의 남성들을 10년 동안 조사한 결과 긍정적인 사람들의 심장병 발병률이 부정적인 사람보다 50%나 낮다는 사실을 밝혀냈다. 그리고 폐 기능도 훨씬 좋은 것으로 나타났다.

우리가 사람인 이상 불만과 부정적인 사고를 안 가질 수는 없다. 그런 예감이나 그런 사고에 빠질 때마다 빨리 벗어나 긍정의 사고로 바꾸는 것이 중요하다.

"그래서, … 이 정도면 됐어."

"이 세상에 안 그런 사람 몇이나 돼?"

"그래. 니들이 하면 더 잘 할 것 같아?"

항상 자신의 생각을 긍정으로 바꾸는 데는 NLP(신경 언어 프로그래밍)에서 사용하는 "앞으로 빨리 감기", "테크닉을 이용하면 머릿속 불안과 부정적인 생각을 버릴 수가 있다. Forward(앞으로 빨리 감기)를 할 때는 미소를 지으면서 하면 훨씬 효과가 좋다.

미소를 지으며 빠른 속도로 앞으로 돌려 불안과 부정을 마음속으로부터 몰아내자. 비디오에서 악당들을 빨리 앞으로 돌려 빠르게 움직여서 쫓아버리는 것처럼…….

잊으려고 애쓰는 것보다 훨씬 효과적으로 부정에서 벗어날 수 있게 될 것이다.

독 안에 든 쥐

쥐를 독 안에 넣고 캄캄하게 빛을 차단했더니 3분 안에 쥐는 죽었다. 똑같은 조건에서 한 가닥 빛을 비추어 주었더니 36시간이나 살았다. 무려 720배의 시간을 더 오래 산 것이다. 캄캄한 독 안에 있던 쥐는 왜 빨리 죽었을까? 체력을 다 소진해서 죽은 것이 아니라 절망해서 죽은 것이다. 절망은 우리의 생명을 앗아간다.

어떤 젊은 의사가 아무 연고자도 없는 노숙인에게 친절을 베풀었다. 그 노숙인은 말기암 환자였다. 이 노숙인이 수술을 받기 전에 이 젊은 의사에게 물었다.

수술을 받는 동안 그리고 끝나고 나올 때 수술실 앞에서 자기를 기다려 줄 수 있느냐는 엉뚱한 물음이었다. 젊은 의사는 스케줄을 확인하고 이렇게 대답했다.

"미안하지만 그 시간에 미팅이 있어 참석해야 되고, 바로 출장을 가야 한다"고… 그래서 기다려 줄 수 없다고 이야기했다.

그 노숙인은 수술 도중 저편 세상으로 건너갔다. 살아야 한다는 의지는 사라지고, 무력감과 절망으로 인해 삶을 포기한 것이다.

젊은 의사는 수십 년 전의 그 아픔을 아직도 잊지 못하고 환자들의 질환보다 먼저 마음으로 다가선다. 그때 내가 기다려 주겠다고… 희망을 끈을 계속 붙잡아 주어야 했었는데…….

희망, 사랑은 한 줄기 빛이다. 오늘 나에게 희망을 주는 사람, 사랑을 주는 사람이 단 한 사람만 있어도 나는 행복하다. 아니 오늘 내가 다른 이에게 희망을 주고 사랑을 줄 수 있는 한 사람이어서 더욱 행복하다. 절망 속에 생명의 끈을 놓아 가는 이들에겐 희망과 사랑을 줄 수 있는 단 한 사람이 필요하다.

웃음을 전하며 암환자들을 많이 만나게 된다. 그리고 상처 입고 회복하지 못해 가슴이 멍들어 있는 이들도 많이 만나게 된다. 이들은 많이 운다. 그리고 웃으면서 스스로 치유의 길을 찾아간다. 그들 옆에 있는 희망과 사랑을 발견하면서.

그런데 이상한 점을 발견하게 되었다. 남자 암환우의 경우 대부분 부부가 함께 와서 열심히 웃음 강의에 참여한다. 그러나 여자 암환우의 경우 남편들은 문 앞까지는 차로 데려다주는데 그 시간 자기는 다른 데 가서 시간을 소비한다. 같이 들어가자고 하면 대개 같은 소리 "내가 미쳤냐?" "나는 원래 웃지 못하는 사람이다"라고 손사래 치고 도망간다고 한다. 집에서 웃음라인을 긋고 웃음버튼을 눌러가며 웃으려고 해도 도무지 협조가 안 된다고 한다. 당신이 암환자이니까 당신만 웃으라고 한단다. 가족의 공감대가 없으면 웃음은 곧 사라진다.

이런 우화가 생각난다.

소와 사자가 사랑을 해서 결혼을 했다. 혼인서약에 서로 최선을 다하기로 서약을 했다. 소와 사자는 상대를 위해 정말 최선을 다했다. 소는 열심히 풀을 뜯어다 사자를 대접했다. 사자는 열심히 고기를 잡아다 소를 위해 대접했다. 처음에는 괴로웠지만 참았는데 얼마 못가서 더 이상 참을 수가 없어 헤어졌다. 그리고 그들은 이렇게 이야기했다.

"나는 너에게 최선을 다했어."

소는 소의 눈으로 세상을 보고 사자는 사자의 눈으로 세상을 보았던 것이다. 그것은 서로가 없는 자신의 세상일 뿐이다.

나 위주로 생각하는 최선은 최선이 아니다. 상대를 보지 못하는 최선은 최선이 아니라 최악이다. 상대가 무엇을 원하는가를 생각하고 맞추어 주어야 한다.

암환우나 마음의 암을 가지고 사는 부인을 위해 먼저 웃고 희망을 주는 한 사람, 남편이 해야 할 제일 중요한 역할이다. 남편은 아내를 위한 희망과 사랑의 빛이고 언제나 옆에서 기다려 주는 한 사람이다. 자신의 입장만 생각하는 것이 아니라 부인의 입장에서 생각하고 함께 하는 것이 최선을 다하는 것이다. 같이 웃어 주는 것이 무슨 큰 유세라도 되는가? 생각을 바꿔라. 남편들이여…….

미친 사람이 잘 웃는다. 미쳐 봐라. 미치면 행복하다. 미치면 절대 암에 안 걸린다.

| 체험담 |

환히 웃는 얼굴 표정이 될 때까지

윤○섭(남, 60세)

공무원 생활을 마치고 금년 말에 정년퇴직할 예정이다. 연초에 은퇴 후 제2의 삶을 위해 새로운 일을 시작했다. 한국치매예방협회에서 실버인지 놀이 지도자 과정이다. 그런데 문제가 있었다. 딱딱하게 굳어진 내 얼굴 표정이 바뀌지 않는 것이다. 얼굴 표정 관리를 위해 하하웃음행복센터를 소개받고 4월부터 다니기 시작했다.

역시 웃음은 나에게 어려웠다. 처음에는 15초 웃는 것도 안 되고 따라서 웃음도 나오지 않았다. 다른 이들의 웃는 소리만 들릴 뿐 나 자신은 억지 웃음도 나오지 않았다. 그래도 실망하지 않고 다녔다. 조금씩 나아져 가지만 3개월이 지난 지금도 웃는 것이 서툴다.

처음 하하웃음행복센터를 방문한 이후 달라진 것은 다른 사람들 앞에 서서 발표할 때면 기어들어가던 목소리가 이제는 제법 소리가 커졌다. 그리고 자신감도 생겼다.

웃을 때 크게 소리 내어 웃는 버릇이 효과를 본 것 같다. 이제는 얼굴 표정도 웃음과 더불어 소리와 함께 어우러져 마음에서 우러나는 밝은 표정으로 변할 때까지 계속 노력하려고 한다.

감사합니다! 사랑합니다!

제2부

행복

| 체험담 |

팔다리 통증이 없어졌다.

이 ○ 애(여, 59세)

힘든 일을 겪고 난 후 이 핑계 저 핑계로 운동이 하기 싫어지고 집에 있는 시간이 많아졌다. 체중 증가로 비만이 되면서 몸의 변화가 왔다. 걸을 때마다 무릎이 시큰거리면서 통증 때문에 빨리 걷기도 힘들고 절룩거리면서 걷게 되었다. 눈앞에 버스가 오는데도 빨리 걸을 수가 없어서 놓칠 때면 슬픈 생각이 들 때가 많았다. 더 힘들었던 것은 팔 통증과 다리에 쥐가 나서 숙면을 못하고 자다가 깨기 일쑤였다.

그런데 신기한 일이 일어났다. 이런 모든 증세들이 하하웃음행복센터에 다니면서 없어졌다. 나는 웃음약의 효능을 톡톡히 보았다고 생각한다.

원장님의 건강과 행복에 대한 유익한 강의를 늘 염두에 두고 열심히 웃음 생활화를 실천했다. 또 월요일마다 가능하면 센터에 가서 반가운 분들과 담소도 나누고 아픔도 공유하면서 마음껏 웃었다.

총무님이 준비한 신나는 음악에 맞춰서 율동과 체조로 몸도 풀어주고 실컷 웃고 나면 왠지 가슴이 펑 뚫리면서 몸이 가뿐하고 날아갈 듯한 기쁨과 행복을 느낀다.

지금은 웃음으로 봉사를 다니면서 보람과 기쁨을 느끼며 살고 있다. 앞으로도 배운 건강 웃음을 전파하는 사람이 되고 싶다. 가족들도 나의 놀라운 변화에 기뻐하면서 적극적으로 응원해 주고 있다.

원장님께 진심으로 감사의 말씀을 전하고 싶다.

나의 목표는 행복하기

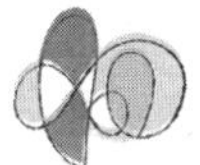

"조용한 그녀가 새로운 역사를 향해 걸어가고 있습니다."

골프 중계를 하던 TV해설가가 한국의 골프선수 박인비를 향한 찬사였다.

"박인비는 몇몇 부분에서 계속 성장할 것입니다. 그것이 다른 선수들에게 두려움을 안겨 줄 것입니다."

TV해설을 맡았던 골프여제 안니카 소렌스탐도 격찬했다. 그녀는 트위터를 통해 "박인비, 정말 축하해요. 당신의 샷을 지켜보고 감동 받았어요. 그리고 행복했어요. 이 역사적인 순간을 소중하게 간직하길 바래요"라는 글귀도 남겼다.

박인비는 63년 만에 미국 LPGA 메이저 대회 3개를 연속해서 제패했다. 이 기록은 1950년 베이브 자하리아스 이후 처음 있는 대사건이다. 그 유명한 타이거우즈나 소렌스탐 같은 선수도 이루지 못한 쾌거이다. 그녀가 네 번째 메이저 대회인 브리티시 오픈마저 우승한다면 세계적으로 유례없는 한국 선수는 물론 세계적 선수들도 지금껏 이룬 적이 없는 기록이 될 것이다. 시즌 4연승의 역사적 대신기록을 세우게 되는 것이다.

"꿈만 같아요. 자하리아스 같은 위대한 선수 이름 옆에 내 이름이 새겨진다는 게……."

그녀는 인기가 치솟아 미국 NBC의 아침 방송 '투데이 쇼'에 출연해 자신의 심정을 위와 같이 이야기하였다. 동료 선수들도 좀처럼 흔들리지 않는 그녀의 정신력에 혀를 내둘렀다. 호주의 베테랑 골퍼 캐리웹은 "박인비는 심장이 뛰지 않는 사람같이 차분해요"라고 했고, 그녀의 경쟁자 김인경은 "박인비는 부담감을 극복하는 비법이 있는 듯합니다. 사실 그런 선수는 많지 않습니다"라고 했다.

그러나 박인비도 슬럼프 시절이 있었고 그런 역경을 이겨 내고 오늘에 이른 것이다. 2009년 극심한 슬럼프에 빠졌을 때 그녀는 스포츠 심리 전문가를 찾아 멘탈 트레이닝을 받았다. 수영의 박태환 선수, 리듬체조의 손연재 선수, 체조의 양학선 선수 등도 멘탈 트레이닝을 받아 경기력을 향상시켰다는 평가를 받아오고 있다. 그녀는 먼저 자신의 행복에 초점을 맞추기 시작했다. 그녀와 심리 상담을 했던 조수경 심리학 박사의 조언에 따른 것이다.

"우리나라 선수들에게 왜 운동을 하느냐고 물어봐요. 그런데 충격적인 대답들만 하는 거예요. 나는 부모님을 위해서 운동을 해요. 나는 코치 선생님을 위해서요. 나는 나라를 위해 나를 희생할 거예요."

조 박사는 계속해서 "행복하지 않은 선수는 아무리 기량이 뛰어나도 오래 갈 수 없어요. 선수들을 만날 때마다 자존감을 느끼게 하고 자신의 행복은 자신이 찾아 나가야 한다고 조언해 주죠."

박인비는 심리전문가의 코칭을 받으며 매일매일 긍정의 일기를 쓰기 시작했다. 그리고 자신의 목표를 수정하기 시작했다. 우승하는 골퍼가 아니라 행복한 골퍼가 되는 것을 목표로 삼은 것이다. 그러면서 슬럼프에서 빠져나오고 긍정적인 마음을 가지게 되었다. 행복한 골퍼가 되려고 하면서 자신의 장점이 극대화되어 나타난 것이다.

"나만이 가진 능력을 최대한 표현하여 스스로 감동받고 지켜보는 사람들에게도 그 감동을 전하는 것이야말로 대단한 행복이죠."

조 박사가 전하는 스포츠 선수들의 행복론이다.

스포츠뿐 아니라 이 세상 모든 일에서 사람들이 행복하지 않다면 행복한 결과가 나올 수 없다. 자신이 속한 팀이나 직장이나 동호회나 공동체 속에서 모든 구성원들이 행복하게 되면 모든 일은 술술 잘 풀려가게 될 것이다. 그래서 어느 모임이든지, 어느 직장이든지, 공동체마다 다 목표를 구성원들의 행복에 두어야 한다. 그러면 생각지도 못한 대단한 성과물을 얻게 될 것이다.

구성원들을 행복하게 하는 첫걸음은 웃음에서부터 시작하는 것이 좋다. 웃음은 가장 빠른 행복을 위한 첫걸음이다. 15초면 우리의 기분이 바뀌고 긍정의 마음으로 돌리기에 충분하다.

헤르만 헤세의 명언 "우리에게 주어진 임무는 단 한 가지, 우리는 행복하기 위해 이 세상에 왔다"는 명언과 "행복하기 때문에 웃는 것이 아니라 웃기 때문에 행복하다"라는 윌리암 제임스의 명언도 다시 한 번 새겨본다.

2

내려놓음

• • •

어느 정신과 의사에게 우울증이 심한 중년 여인이 찾아왔다. 이것저것 질문을 하던 의사는 이상한 점을 한 가지 발견했다. 그것은 오른손 주먹을 꼭 쥔 채 펴지 않는 것이었다. 의사는 그 주먹을 펴보라고 여러 가지 방법으로 설득하였다. 그러나 그 여인은 소중한 보물을 쥐고 있는 듯 결코 펴지 않았다.

몇 년 후 그 여인은 죽었다. 드디어 오른손 주먹을 편 순간, 그 속에는 녹슨 동전 한 개가 들어 있었다. 그 여인은 소문난 부자였다. 동대문시장에서 섬유 도매업으로 크게 성공해서 많은 돈을 벌었다. 서울 외곽에 별장도 마련했고 그곳에 딸린 큰 농장도 사들여 관리인에게 관리토록 했다. 그 여인은 누구보다 부지런해서 새벽 3시에 일어나 밤 10시까지 일했다. 그 여인의 인생은 늘 승승장구하는 듯 보였다.

그러던 그 여인에게 허리 아픈 증세가 찾아왔다. 골프칠 때 좀 무리

했나보다 생각하고 크게 신경 쓰지 않았다. 좀처럼 아픔이 가시지 않자 종합검진을 받았다. 췌장암 말기의 진단 결과가 나왔다. 그 여인은 분노했다.

"어떻게 모은 재산인데 이것을 모두 두고 가야 하다니……."

그 여인이 입원한 병실은 주치의 외에는 간호사도 접근하지 못했다. 그 여인의 분노는 손에 닥치는 대로 집어던지는 것으로 폭발했다. 2개월 반을 넘기지 못하고 그 여인은 지구별을 떠났다. 재산에 대한 집착을 버리지 못한 채.

우리들은 녹슨 동전 하나씩 손에 쥐고 산다. 법정 스님 같은 무소유를 실천한 분이 아니라면 누구나 녹슨 동전 하나쯤은 쥐고 살게 마련이다. 그 여인처럼 재산이 녹슨 동전일 수도 있다. 많은 경우 부, 명예, 권력, 인기, 자녀, 건강, 사상 등이 녹슨 동전이 되기도 한다.

우리에게는 두 가지 자유가 있다. 이 녹슨 동전을 움켜쥐고 살 자유와 이 녹슨 동전을 내려놓고 살 자유이다. 즉, 집착으로의 자유와 집착으로부터의 자유이다. 우리의 삶에 중요한 가치가 행복일진대 어느 것에든 집착하는 마음으로는 결코 행복할 수 없다. 녹슨 동전을 내려놓아야 진정한 자유와 행복한 삶을 영위할 수 있다.

두 수도승이 폭우가 내린 뒤 진흙탕 길로 변한 시골 길을 걸어가고 있었다. 작은 시내 근처에서 시냇물을 건너지 못해 쩔쩔매는 젊은 여인을 발견했다. 한 수도승이 얼른 그 여인을 등에 업고 건너편으로 건네 주었다. 그리고 아무 일 없는 듯 두 수도승은 계속해서 걸었다.

반나절 뒤 그들은 목적지인 절에 도착했다. 그때 한 수도승이 여인을 업어 시내를 건네 준 수도승에게 물었다.

“왜 그 여인을 업고 시내를 건네 주었는가? 우리 수행자들은 그렇게 해서는 안 되는 계율도 모르는가?”

그러자 여인을 업고 건네 준 수도승이 대답했다.

“나는 그 여인을 내려놓은 지 반나절이나 되었는데 자네는 아직도 그 여인을 업고 다니는 군.”

내려놓는 일은 우리 삶을 가볍게 해 주며 생을 자유롭게 해 준다. 그렇지만 반나절이나 불쾌감의 짐을 지고 걸은 수도승처럼 많은 이들이 생각과 감정 속에서 내려놓지를 못하고 점점 더 많이 쌓아가며 무거운 과거의 짐들을 지고 다닌다. 그래서 그들은 불평, 경계감, 적대감, 죄책감, 후회, 혐오, 근심, 방어, 고통, 두려움 등으로 자신의 감옥 속에서 나오지 못하고 살게 된다.

평화롭게 물 위에 떠 있는 오리도 서로 싸움을 한다. 그러나 싸움은 싱겁게 끝나고 싸움이 끝나면 오리들은 반대편 방향으로 떠가다가 몇 번 격렬하게 날개를 털고는 아무 일도 없었다는 듯 다시 평화롭게 물 위를 떠다닌다. 싸움의 스트레스를 날개 털기로 날려버리는 것이다. 그리고 깨끗이 잊어버리는 것이다. 오리들은 인간들에게 이렇게 충고한다. “너의 날개를 털어라.” 우리가 지고 가는 과거의 무거운 짐들은 지금 이 순간 내려놓아야 한다.

필자는 강의할 때마다 “웃어 버려!”를 강조한다.

작은 일에 웃어 버리는 습관을 쌓아가다 보면 많은 짐을 내려놓을 수 있게 된다. “웃어 버려”는 우리의 날개를 털어 평화를 찾는 지름길이며 인생의 무거운 짐들을 내려놓는 좋은 방법이다. 삶의 무거운 짐이 나를 짓누를 때, 할 수 없다는 무력감이 나를 엄습할 때, 불안한 마음에 두려움을 느낄 때 "웃어 버려!"를 크게 외치고 1분 이상 미친 듯이 웃어 보라.

생각할 수 없었던 평안이 나에게 찾아옴을 느낄 수 있을 것이다. 내려놓음을 실천하는 좋은 방법 중에 하나가 "웃어 버려!"의 웃음을 웃는 일이다.

행복 만들기

철학자 로버트 노직Robert Nozick은 뇌를 컴퓨터에 연결시켜 인간의 사고와 감정을 담당하는 기관에 도파민, 세로토닌, 엔도르핀 등의 신경전달 물질들을 적절히 배합시켜 주입함으로써 영원히 행복감을 느끼게 해 주는 체험 기계experiencing machine라는 아이디어를 제안했다. 더 나아가 이 기계는 사람의 뇌에 행복한 이미지를 투사해 줄 수도 있다. 가령 상을 받는다거나, 최상의 음식을 서빙 받는다거나, 가장 사랑하는 사람과 함께 있다거나, 가장 멋진 여행을 즐기고 있다고 믿게 해 주는 것이다.

그렇지만 이것은 컴퓨터를 뇌에 연결시켜 놓았기 때문에 더 이상 일을 할 수도 없고, 친구나 가족들을 만날 수도 없으며, 더 이상 삶의 기복도 없어 고통이 생길 수도 없다. 타인과의 갈등도 없고, 회사생활에서의 질타도 없고, 사회적 각종 제약으로부터 전혀 간섭받지 않는 영원한 행복을 맛보며 살게 될 것이다. 이런 체험 기계가 있다면 당신은 이 기계를 선택할 것인가? 삶의 기복과 직장, 친구, 가족을 포기하고 영원한 행복만 선택하겠는가?

일리노이대학교 에드디너 교수는 강의시간에 수천 명에게 이 질문을 해 보았다. 그 실험에서 약 95%의 학생이 이 기계를 선택하지 않고, 일과 사회적 관계, 고통 받는 현실을 선택했다. 약 5%의 학생도 이 체험 기계에 의한 인생을 열렬히 환영하지는 않았지만 그냥 인생을 쉽게 살 수 있다는 이유로 이 체험 기계에 의한 인생을 선택했다. 이 5%의 학생들은 일과 가정생활, 삶의 기복과 고통 등에 대한 깊이 있는 가치를 깨닫지 못하고 무엇을 포기해야 하는지 잘 몰랐다고 했다.

이 실험 결과는 사람들에게 행복에 대한 분명한 메시지를 전해 준다. 즉, 사람들은 모두 행복하기를 원하지만 정당한 대가와 정당한 이유가 있는 행복을 원한다는 것이다.

대부분의 사람들은 자신들이 믿고 있는 가치관에 따라 살기를 원한다. 그리고 어느 정도 불확실성과 불안, 고통과 절망의 순간을 감수하더라도 가치관에 따라 살면서 개인적인 중요한 것들을 획득하는 만족감을 얻으려고 한다.

우리가 노력하고 고생하고 인내를 하면서 번 돈이 더욱 값어치가 있고 보람을 느끼게 하는 이유이다. 그래서 행복전달 물질을 잘 조절해서 영원한 행복을 느끼며 살게 하더라도 이것은 결코 행복이라고 할 수가 없다. 정당한 대가, 정당한 이유, 정당한 의미가 없는 행복이란 존재하지 않는다는 것이다. 그런데 인간은 고도의 수련을 쌓으면 행복감도 긍정적인 감정도 생성할 수 있음이 밝혀졌다.

위스콘신대학교의 신경과학자인 데이비드슨은 행복한 사람들의 두뇌활동을 측정하기 위해 두뇌 영상을 활용하였다. 많은 영상을 측정한 결과 행복한 사람들에게서는 왼쪽 눈썹 바로 위에서 뒤쪽 즉, 좌측 전두엽 부분에 더 많은 활동이 일어나고, 우울한 사람들은 오른쪽 눈썹 위 바로 뒷부분 즉, 우측 전두엽의 뇌가 더 활발히 활동한다는 사실을 발견하였다.

데이비드슨은 두 집단의 연구대상자를 모집했다. 한 집단은 오랫동안 명상과 수련을 한 불교 승려들이었고 또 한 집단은 대학생들이었다. 그는 연구대상자들을 자기공명 영상기계에 넣고 일정한 시간마다 행복한 감정과 긍정적인 감정들을 의도적으로 만들어 내도록 부탁했다.

오랫동안 명상으로 수련해 온 승려들은 신호를 받는 대로 기계를 활성화시킬 수 있었지만, 대학생들의 전자 기록지엔 별다른 움직임도 일어나지 않았다. 즉, 명상, 수도 등 마음 수련을 통해서 행복과 긍정의 감정을 일으킬 수 있다는 것이다.

웃음을 유발하는 신경조직은 좌측 전두엽에 있다. 이곳이 자극되면 즐거움과 웃음이 유발되고 행복하고 유쾌한 신경전달 물질들이 생성된다. 승려들과 같이 오래 수련과 명상을 쌓은 사람이 아니더라도 행복과 긍정의 감정을 일으킬 수 있다. 웃는 것이 그 방법이다. 웃을 때 안면의 웃음 근육 20개 정도가 좌측 전두엽의 웃음을 유발하는 신경조직을 자극해서 행복과 긍정적 감정을 유발시킬 수 있는 것이다. 이것을 '안면 피드백 효과' 라고 한다.

세상의 삶에서 웃을 일이 그다지 많지 않지만 억지로라도 자꾸 웃어서 우리의 삶을 정당한 대가와 정당한 의미가 있는 행복한 삶으로 나아가게 해야 하지 않을까?

이것은 오랜 수련과 명상 등이 필요한 것이 아니라 자신이 웃음을 선택만 하면 되는 것이다. 지금 이 순간 행복을 선택하려면 웃어야 한다. 가장 효과가 빠른 방법이다.

웃음의 부자

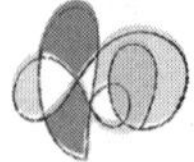

영국의 니콜슨이라는 여자는 1961년 엄청난 행운을 손에 쥐게 되었다. 당시 영국에서 최고액의 복권 당첨자가 된 것이다. 오늘날 화폐 가치로 약 600만 달러(약 80억 원)의 당첨금을 받았다. 그녀는 환희에 빠졌다. 만나는 사람마다 그녀는 이렇게 부르짖었다.

"쓰고 또 쓰고 원 없이 쓰겠다."

그러나 얼마 안 있어 그녀는 새로운 상황에 적응하는 데 어려움을 겪게 되었으며 친구들과의 관계도 점점 멀어지게 되었다. 1999년 영국 신문 인디펜던트는 니콜슨을 만나 인터뷰한 기사를 실었다.

"친구들은 모두 나를 떠나갔다. 모든 친구들이 내가 돈이 있기 때문에 내 주변을 맴돈다는 이야기를 듣고 싶어 하지 않았기 때문이다."

그녀는 결혼을 다섯 차례 했으나 모두 실패했고 결국은 스트리퍼로 일하면서 알코올 중독이라는 신세로 전락하고 말았다. 모든 것을 잃고 절망 속에 지내던 그녀는 나중에 종교에 귀의해서 새로운 의미를 찾고 살게 되었다. 비록 가진 것은 없지만 지금 생활에 만족하며 행복하다고 했다. 횡재한 재산을 모두 잃은 후 겨우 행복을 찾게 된 것이다.

미국의 잭 휘태커는 2002년 파워볼(미국 로또)에서 3억 1500만 달러(약 3,800억 원)를 받았다. 그는 곧 자선재단을 설립해 사회에 좋은 영향을 끼치고 싶어 했다. 그는 손녀에게 많은 돈을 물려주었는데 손녀는 약물과용으로 사망하였다. 자신도 카지노에서 많은 돈을 잃고 나중에는 부도수표를 발행해 고소를 당하기도 하였다. 그는 만취 상태에서 운전하다 두 차례나 체포당했으며 수시로 도둑을 맞고 아내와 별거하고 폭력을 휘둘러 체포되기도 했다. 결국은 자신의 재단을 폐지해야만 했다.

이외에도 거액의 복권 당첨자들의 불행은 종종 언론의 뉴스가 되어 우리 귀에 들려오곤 한다. 그렇다고 복권 거액 당첨자들이 모두 불행한 삶을 살게 된다고 할 수는 없다. 복권 때문에 삶이 엉망진창 된 사람들은 뉴스거리가 되지만 행복하게 사는 사람들은 뉴스거리가 되지 않기 때문에 함부로 그들의 행불행을 단정 지을 수는 없다.

미국의 한 경제 연구소에서 조사한 결과에 의하면 소액에서 중간 정도 액수를 횡재한 사람들은 분명히 더 행복했으며 그 효과는 오랫동안 유지되었다는 결과도 있다. 그렇지만 어느 정도 기초생활을 넘게 되면 돈이 행복의 중요한 조건은 아니게 된다.

미국의 아미시는 시계를 200~300년 전쯤으로 돌려놓고 사는 도시이다. 이곳에는 독일어를 사용하는 기독교인들이 대부분 살고 있다. 그들은 전화, TV, 라디오 등이 없으며 농사도 기계 없이 짓고 있다. 자동차 대신 말과 마차를 이용하며 전기 대신 석유 등으로 연료를 사용한다. 그들은 종교적이며 근면하고 긴밀한 공동체 의식을 가지고 있으며 아주 단순하게 삶을 살아간다. 먹을거리도 직접 재배한 것들을 이용하며 가공식품을 일체 배제한다. 그들의 수입은 상당히 낮은 수준이지만 주거, 음식, 수입 등 물질적인 것뿐 아니라 정신적으로도 매우 만족하며 행복한 삶을 살고 있다고 조사되었다. 그리고 생활이 넉넉하다고 느끼고 있었다.

남들이 보기에는 부자이지만 자신이 생각하기엔 충분한 돈을 가지지 못했다고 불만 속에 사는 이들도 있으며, 단순하고 소박하게 생활을 하지만 가진 것이 넉넉하다고 느끼는 마음의 부자들도 있다.

결국 행복의 문제는 욕구와 욕심에 따라 대부분 좌우되는 것이 사실이다. 우리가 얼마를 벌더라도 그보다 더 욕심을 부리면 늘 궁핍하다고 느끼며 살게 되고 적게 벌더라도 욕구를 줄이고 소박하고 절제함에 만족한다면 부자처럼 살 수 있다. 인생에서 돈이 가장 중요하다고 생각하며 육체적 안락이나 사치 품목을 구입하는 데 집중하는 물질주의자들은 훨씬 덜 행복한 것으로 조사되었고, 돈을 너무 원하면 원할수록 행복으로부터는 더 멀어지는 것으로 나타났다.

데일 카네기는 벌써 60년 전에 "웃음을 가지고 가난한 사람도 없고, 웃음이 없이 부자된 사람도 없다"고 웃음 예찬을 하였다. 그리고 "웃음은 가정에 행복을 더 한다"고 이야기하였다.

물질로는 행복을 지속하기 어렵다. 웃음의 부자가 되자. 웃음의 부자는 행복하다. 웃음을 우리 삶에 도입하는 것은 로또복권에 당첨되는 것보다 훨씬 더 큰 행복이다.

받아들임

작전을 지휘하고 있는 함대의 사령관이 탄 전투함이 악천후 일기 속에 항해를 하고 있었다. 해는 수평선 너머로 사라진 시간, 짙은 안개 때문에 시정거리는 매우 짧아졌다.

이때 전방을 살피던 병사로부터 긴급 보고가 들어왔다.

"우현 방향에 불빛이 잡히고 있습니다."

사령관이 물었다.

"정지해 있는가? 움직이는가?"

경계병이 대답했다.

"멈춰 있는 듯합니다."

이 전투함의 진행 방향과 속도라면 몇 분 후 충돌할 수도 있는 긴급한 상황이었다. 사령관이 명령했다.

"저 배에 신호를 보내라. 서로는 충돌하는 진로를 택하고 있다. 상대방 배는 진로를 우측 방향으로 20도 바꾸도록 하라."

사령관이 재차 직접 명령했다.

"나는 함대 사령관이다. 진로를 20도 수정하라."

역시 상대방으로부터 연락이 왔다.

"나는 2등 수병입니다. 당신이 20도 변경하는 게 좋겠습니다."

사령관은 화가 머리끝까지 치밀어 고함을 치며 명령했다.

"여기는 사령관이 타고 있는 전투함이다. 너희가 진로를 20도 수정하라."

상대방에서 즉시 회신이 왔다.

"여기는 등대입니다."

아무리 전투를 지휘하는 사령관이 탑승한 전투함이라도 2등 수병의 말에 순응할 수밖에 없었다.

영국의 뛰어난 건축가 크리스토퍼 렌 경이 아름다운 성당을 건축하고 있었다. 어느 신문의 기자가 건축 현장에서 일을 하고 있는 3명의 노동자들을 인터뷰하였다.

"무슨 일을 하고 계십니까?"

한 노동자가 대답했다.

"저는 하루에 돌 자르는 일만 10실링씩 받고 하고 있습니다."

같은 질문에 다른 노동자가 대답했다.

"저는 돌 나르는 일에만 10시간씩 매달리고 있습니다."

마지막 사람에게도 같은 질문을 하였지만 대답은 전혀 달랐다.

"저는 크리스토퍼 렌 경께서 런던에서 가장 훌륭한 성당을 건축할 수 있도록 열심히 돕고 있는 중입니다."

소명의식이 있는 사람은 불평 없이 순응할 수 있다.

몇 년 전 12월 중순쯤 강원도 인제군 원통의 3개 부대에서 강연이 있는 날이다. 왠지 불안해서 새벽 3시에 일어났다.

서울은 눈이 조금씩 내리고 있었다. 새벽 4시쯤 예정보다 1시간 빨리 집을 나섰다. 서울 외곽으로 나아가자 눈이 제법 쌓이고 앞서가던 트럭들이 빙그르 360도 회전들을 한다. 가까스로 충돌을 면하고 이대로 도저히 운행할 수 없어 양평 근처의 한 주유소에 들어갔다.

기름을 조금 보충하고 한쪽 편에 차를 세운 채 체인을 장착하기 시작했다. 도와주는 사람 없이 혼자서 체인 장착하는 일이 쉽지 않았다. 그것도 자주 하던 것이 아니라 몇 년 만에 처음 해 보는 것이라 더욱 어려웠다. 컴컴한 곳에서 내리는 눈은 엄청나게 쌓여가고, 손은 꽁꽁 얼어붙고, 마음은 급하고, 허둥지둥 장착하는 일이 제대로 되지 않아 식은땀이 나고 초조했다.

일단 중지하고 차 안에 들어와 얼은 손도 녹일 겸 준비한 보온병에서 따듯한 차를 한 잔 따라 마셨다. 그리고 일단 15초 이상 크게 웃었다. 그리고 생각했다. 이렇게 밤새 폭설이 내렸다면 강의 시간에 좀 늦어도 이해가 되리라는 생각이 들었다. 그렇지만 군대에서 내 강의를 기다리는 젊은이들을 생각하면 어떻게든지 시간을 맞춰 가야 한다는 생각도 들었다.

'오늘 자살을 생각했다가 내 강의를 듣고 마음을 돌리는 병사가 있을지도 모르는데…….'

이런 생각이 머리를 스치자 새로운 용기가 났고 마음의 평정을 되찾았다. 그리고 좋은 방법이 생각나 바로 체인을 장착할 수 있었다.

소명의식을 떠올리고 현재의 상황을 마음에 받아들이자 평온한 마음이 되었고, 어렵지 않게 다시 시도하여 성공할 수 있었다.

가는 도중 많은 차들이 미끄러지고 엉금엉금 기는데 내 차는 양호한 속도로 강의 시간 30분 전에 닿을 수 있었다. 그래서 강의가 잡혀 있던 각 대대들은 눈 치우는 사역에서 제외되었다.

우리가 어떤 상황에 처하든지 그 일을 받아들이기로 마음을 작정하면 평안을 찾는데 매우 유용하다. 즉 순응하는 행위를 통해서 마음의 평화를 가져올 수 있다. 받아들이는 일은 매우 수동적인 행위 같지만 일단 받아들이고 나면 그것은 활동적이고 창조적인 에너지를 일으킨다. 받아들이기 위해서는 제일 먼저 웃는 것이 좋은 방법이다. 웃으면 웃는 동안 골똘히 생각하던 그 상황에서 벗어날 수 있다. 그래서 길게 크게 웃는 것이 좋다. 그러고 나면 좁은 시야에서 벗어나 폭 넓게 사고할 수 있게 한다. 그리고 현재 이 순간의 상황을 받아들일 수 있는 마음의 공간이 생긴다.

그래서 이 일이 이 상황, 이 순간에 나에게 하라고 요구하는 일이므로 나는 기꺼이 그것을 하겠다는 마음으로 바뀐다. 그래서 그 일을 하는 동안 평안을 느낄 수 있다.

웃음은 마음에 공간을 마련하고 평화라는 에너지 파동을 불러온다.

완벽주의와 쾌적주의

프로야구에서 리그 톱타자 반열에 오르는 선수들의 타율은 대략 3할 5푼 전후이다. 3할대 이상의 타율을 올린 타자라면 매우 준수한 성적에 속한다. 다시 말해 10번 나와서 4번 이상 안타를 치는 경우는 거의 드물고 3번 정도 안타를 치면 매우 좋은 성적에 속하는 것이다.

이 야구 타율을 우리 인생과 비교해 볼 수 있다. 자신의 목표에 30% 정도만 달성해도 굉장한 성과를 거둔 것이다.

목표는 하나의 이상이지 현실은 아니다. 따라서 모든 목표를 100% 달성해야 한다는 생각은 안 하는 것이 좋다. 이 목표를 100% 달성하지 못했다고 해서 자신을 인생의 낙오자와 실패자로 간주해서는 안 된다.

모든 목표를 100% 달성한다는 것은 완전무결하다는 것인데 그런 사람은 존재하지 않고 그런 것이 있다면 결코 인간이 아니고 신이거나 컴퓨터나 로봇 같은 것일 것이다.

야구와 마찬가지로 우리 인생도 30% 정도의 성공은 매우 훌륭한 성과이므로 자신을 30점짜리 인생으로 비하하는 우를 범하지 말아야 한다. 더구나 본인은 만족하는 데 부모님이나 선생님 등 주위에서 더욱 채찍질을 하고 독려해서 도저히 30%에서 만족하지 못하도록 하는 데도 문제가 있다.

우리가 인생의 목표를 정하고 살아가는 데는 대체로 두 가지 성향의 사람들을 발견할 수 있다.

하나는 완벽주의자Perfectionist이고 또 하나는 쾌적주의자Optimalist가 그것이다. 완벽주의자는 현실적으로 달성할 수 없는 목표를 세운다. 그래서 목표를 세울 때부터 성공할 가능성을 고려하지 않고 거부한다. 타율 목표를 7~8할대로 잡는 것이다.

완벽주의자는 실패 자체를 거부하기 때문에 이런 터무니없는 큰 목표를 정하지만 시행 과정에서 바로 실패하거나 예상치 못한 결과가 나타나면 몹시 놀라서 허둥지둥하게 된다.

그러나 쾌적주의자는 실패한다는 것을 삶의 자연스러운 과정으로 받아들인다. 그래서 타율의 목표로 3할대 이상으로만 잡는다. 그리고 실패하더라도 성공과 밀접한 연관이 있는 경험을 했다고 믿는다. 그래서 실패를 하더라도 당황하지 않고 실패가 주는 교훈으로 인해 더욱 강해지고 침착한 사람이 되어가는 것이다.

완벽주의자들은 현실을 부정하고 실패를 부정하기 때문에 늘 불안감에 시달리고 초조해질 수밖에 없다. 그래서 끊임없는 좌절과 자괴감에 시달리게 된다.

반면 쾌적주의자들은 현실을 인정함으로 자신의 삶에 만족할 줄 알고 실패를 자연스러운 것으로 받아들일 줄 알기 때문에 불안감을 덜어낼 줄 안다. 그리고 실패로 얻는 괴로움 역시 삶의 불가피한 부분임을 알고 있기 때문에 그것을 억누르기 위해 자신을 괴롭히는 일을 하지 않으며 실패를 통해 교훈을 얻고 그 교훈을 밑거름 삼아 한 발 앞으로 전진해 나간다.

쾌적주의자들은 현실 세계에 존재하는 한계와 제약을 받아들이기 때문에 실제로 달성할 수 있는 목표만 세우고 그에 따르는 성공을 경험하고 감사하며 즐기는 가운데 조금씩 더 커지는 행복을 누리며 살아갈 수 있다.

완벽주의자가 실패와 고통의 감정과 현실을 거부하는 사람이라면 쾌적주의자는 실패와 고통의 감정과 성공과 현실을 받아들이는 사람이라고 할 수 있다.

완벽주의자가 '햄릿' 형 인간이라면 쾌적주의자는 '돈키호테' 형의 인간이라고도 볼 수 있을 것이다.

카이스트에 다니는 학생들이 석 달 사이 벌써 네 명이나 자살했고, 이 학교 교수도 자살을 했다. 학교에서 1등을 놓치지 않던 아이가 2등을 했다고 자살하는 기사를 보면서 완벽주의로 떠미는 교육 현실이 안타깝다.

50명 중 15등 정도면 잘한다고 인정해 주고 설사 50등을 하더라도 장점들을 칭찬해 주며 인정해 주는 사회적 환경이 이루어져야 한다. 그리고 성적만으로 서열화하는 교육은 바뀌어야 한다. 일류대에 들어가는 것만을 목표로 할 것이 아니라 '들이대' 정신으로 사회에서 많은 것과 부딪치며 경험하고 체험하며 배우게 해야 한다.

3할대 타자가 아니라도 가끔 홈런 한 방씩 터뜨리는 타자도 많다. 3할대 타자가 아니라도 멋진 수비를 하며 플레이를 리드하는 선수들도 많다.

주어진 삶을 잘 살아 내는 사람들은 완벽주의자가 아니라 쾌적주의자들이다. 사회에 공헌하고 세상을 떠받치고 있는 이들은 완벽주의자가 아니라 쾌적주의자들이다. 사회가 건강하고 나라가 튼튼하기 위해서는 쾌적주의자들이 많아야 한다.

현실을 인정하고 실패와 고통을 받아들이는 사람들을 세상은 필요로 한다. 세상의 많은 사람들은 각자의 길을 가느라 부딪치고 상처 입고 고통의 감정에서 살 때가 대부분이지만 이런 현실을 받아들이고 웃어 버리자.

서로를 향해 웃으면 한결 쾌적주의자들이 많아질 것이다.

삶의 비유

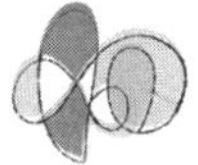

사람마다 직장생활을 할 때 느끼는 감정이나 그 직장생활에 대한 삶의 태도는 다른 것 같다.

어떤 이는 출근할 때마다 "오늘 또 전투를 하러 간다", "난 패배하면 안 돼", "지면 끝장이야" 이런 심정으로 늘 비장한 각오로 출근한다고 한다. 그래서 그에게는 많은 사람이 적으로 등장하고, 그들을 이기기 위해 필사적인 노력과 치밀한 계획이 필요하게 된다. 그리고 그가 하는 행동은 승리를 위해 작전을 수행하는 모습으로 살아간다.

어떤 이는 심한 스트레스 속에 서커스의 곡예사와 같은 심정으로 출근한다고 한다. "밧줄 끝에 대롱대롱 매달린 기분이야", "나는 늘 공중에 붕 떠 있는 느낌이거든", "실수하면 내 인생은 끝장이야." 그래서 그에게는 삶이 줄타기와 같이 늘 아슬아슬하고 잘못하면 나락으로 떨어질 것 같은 불안감 속에 살아간다. 동료들도 줄타기에서 실수하고 미끄러진 사람들의 모습만 눈에 들어온다.

어떤 이는 삶은 경쟁이고, 게임이라고 생각하는 사람도 있다. 인생은 지고 패하는 사람들도 있고, 승자도 있다고 믿는다. 그렇지만 승자는 극소수이고 패자들은 많기 때문에 많은 이익들을 승자들이 독점한다고 생각한다. 그래서 동료들과의 게임에서 이기기 위해 많은 신경전을 벌이며 많은 전략을 구사하고 피로에 젖어 살게 된다.

또 어떤 이들은 삶이 시험이라고 생각한다. 그래서 늘 1등을 해야 한다는 강박관념 속에 많은 스트레스를 받는다.

또 어떤 이들은 삶을 지뢰밭과 같이 생각한다. 그래서 매사 몸조심하며 불안한 가운데 살며 사건이 터지지 않고 무사히 지나는 시간들을 행운으로 여긴다.

이렇게 삶을 전쟁이나 곡예사나 게임이나 시험이나 지뢰밭과 같이 생각하고 살아가는 것은 삶에 대해 부정적 비유로 살아간다고 할 수 있다. 이렇게 부정적 감정을 강조하는 비유를 갖고 살아가는 사람들은 어려움을 겪을 때 종종 이렇게 이야기한다.

"온 세상 짐을 내 어깨에 모두 다 진 것 같아", "앞에 있는 장애물을 넘어갈 수 없어", "마치 동굴 속에서 헤매는 사람처럼 앞이 안 보여", "벼랑 끝에 서 있는 나는 언제 추락할지 몰라" 그래서 더욱 무기력증에 빠지고 삶을 이겨 나갈 힘을 점점 잃게 된다.

이 부정적인 비유는 자신이 스스로 택한 것이다. 그래서 이런 부정적 비유로 인해 삶에 대한 부정적 인식과 행동이 결정되고, 나아가 자신의 부정적 운명이 정해지는 것이다.

우리는 삶에 대한 태도에서 긍정적인 감정을 강조하는 비유를 자주 사용해야 한다.

미국 최초의 여성 노벨상 수상자이며 소설『대지』의 저자인 펄벅 여사는 한국을 가장 사랑한 미국 사람이었다. 그녀는 한국의 전쟁고아, 혼혈아동, 정신지체아들의 마음의 어머니였다.

그녀는 부천 심곡동에 혼혈아동을 위한 소사희망원을 열었고 2,000여 명의 전쟁고아와 혼혈아동을 보살폈다. 그녀가 입양해서 기른 아이들 7명은 모두 한국계였다. 그녀는 한국 사회의 한 가족을 배경으로 4대에 걸친 이야기를 소설로 써서『살아 있는 갈대』란 책을 출간하기도 했다. 그녀가 세운 "웰컴 하우스"나 "펄벅재단"은 모두 한국전쟁을 계기로 세운 재단으로 그 후 아시아와 미국인 사이에 태어난 2만 5천여 명의 혼혈아들에게 의료 혜택과 교육의 기회를 제공하였다.

펄벅 여사의 이러한 헌신적 사랑과 박애주의 정신은 자신의 개인적 고통에서 시작되었다고 한다. 1920년에 딸을 낳았는데 페닐케톤뇨증이라는 대사장애 유전병을 앓고 있었다.

평생 심한 정신지체를 안고 살아가는 딸 케럴의 모습을 힘겹게 지켜보며 그녀는 다른 이들의 아픔도 함께 공감하였고, 그들을 끌어안는 더 큰 사랑을 깨닫게 되었다. 이로 인해 늘 겸손한 모습으로 더 많은 장애아, 전쟁고아, 혼혈아들을 보살피며 끌어안을 수 있게 되었다. 펄벅 여사의 삶은 사랑 나눔의 인생이었다.

영국 BBC방송이 미용계, 패션계, 사진계 전문가들의 추천을 받아 세계 최고의 자연 미인을 선정한 일이 있었다. 세기의 최고의 미인으로 선발된 사람은 영화《로마의 휴일》의 주인공 오드리 헵번이었다. 그녀의 청순미는 온 세계 팬들의 사랑을 독차지할 만큼 대단하였다. 그러나 정말 아름다운 오드리 헵번으로 기억하는 것은 영화 속 주인공이 아니라 아프리카에서 헐벗고 굶주린 어린이들을 안고 있는 그녀의 모습이었다. 그녀는 1989년부터 유니세프 친선대사로 활약하면서 수단, 에티오피아, 소말리아 등의 아프리카 어린이들을 돕는 데 일생을 바쳤다.

1993년 1월 20일, 64세의 나이에 직장암으로 생을 마감하기까지 그녀는 열정적이고 순수함으로 아프리카의 버림받은 아이들을 사랑하고 보살피고 감싸 안았다. 오드리 헵번의 삶에 대한 태도는 사랑과 보살핌이었다.

부정적 비유로 인생을 살아간다면 세상에 공헌할 것이 아무것도 없다. 인생을 사랑, 나눔, 보살핌, 선물, 음악, 예술 같은 긍정적 비유로 느끼고 살아간다면 세상을 밝게 하고 자신은 행복할 것이다. 그런 사람의 인생은 내적 평화 속에 진정한 웃음으로 살아가는 멋진 삶이 될 것이다.

8

꿈과 행복

•
•
•

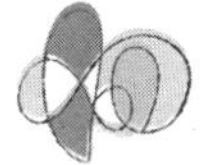

인도의 비하르 주 가흘로우르라는 마을에 다스라트 만지라는 사람이 살았다. 그는 인도의 카스트 신분제도에 의하면 최하층 천민 계급인 수드라 계급에 속하는 사람이었다.

그가 사는 마을은 평원에 있는 산으로 둘러싸인 분지이다. 뒤로는 큰 바위산이 가로막고 있었고 앞으로는 아로푸르 강이 있는데 물살이 빠르고 우기가 되면 반경 30km 정도가 물로 차 배를 띄우기도 힘든 그런 동네에 살고 있었다.

만지는 결혼을 해서 사랑하는 아내와 아들, 딸 하나씩 낳고 행복하게 살아가고 있었다. 스물여덟 살 때 그는 아내와 함께 바위산을 오르게 되었는데 그만 아내가 발을 헛디뎌 산 아래로 추락하고 말았다. 이마에 출혈이 심해 일단 지혈을 시켰지만 병원이 있는 읍내까지 아내를 데리고 갈 수가 없었다.

워낙 험한 바위산을 넘을 수도 없고 그 산을 돌아가자니 88km나 되어 도저히 갈 수 있는 시간이 안 됐다. 앞에는 너무나 큰 강이 있고 마침 우기여서 강물은 소용돌이치며 흐르고 있었기 때문에 그는 발만 동동 구르며 과다 출혈로 죽어 가는 아내를 바라만 볼 수밖에 없었고 아내는 결국 죽게 되었다. 그는 너무나 슬펐고 분했다.

장례를 치르고 난 후 그는 이상한 행동을 하기 시작했다. 망치와 정 하나만 가지고 뒤에 있는 바위산에서 바위를 쪼개기 시작한 것이다. 처음에는 사람들이 몰랐으나 한두 사람 목격한 이들이 이야기하는 바람에 이 기이한 행동은 온 마을에 알려지기 시작했다. 사람들은 끌끌 혀를 찼다.

"아내가 죽더니 정신이 돌았나봐."

"미쳐도 곱게 미치지……."

"쯧쯧 안 됐네. 안 됐어."

낮에는 남의 집 논밭일을 해 주고 애들 뒤치다꺼리를 한 후 매일 저녁이 되면 몇 시간씩 바위산을 깨뜨렸다. 보다 못한 동네 어른이 만지에게 물었다.

"자네는 왜 매일같이 이 산의 바위를 깨부수고 있는가?"

만지는 명확하게 대답했다.

"이 바위산을 뚫어 반드시 길을 내야 합니다. 그래야 내 아내 같은 불행한 일이 다시는 일어나지 않을 겁니다."

그의 뜻에 감복한 동네 사람들은 먹을 것도 가져다주고 격려도 해 주고 함께 돕기도 하면서 세월은 흘러갔다. 그러기를 무려 22년. 1960년에 시작해서 1982년, 드디어 그 바위산은 뚫렸다.

이 바위산을 관통하는 길은 평균 너비 2.3m, 길이 915m, 최고 높이 9m의 통로로, 만지가 혼자의 힘으로 맞은편 읍내 비즈르 간즈까지 직선 도로를 뚫은 것이다. 88km나 돌아서 가야 하는 거리를 915m로 단축시킨 것이다.

그래서 마을 사람들은 자전거를 타거나 수레를 끌고도 쉽게 읍내를 왕래할 수 있게 된 것이다. 이 일이 알려지자 인도 정부에서는 나라에서도 하지 못한 일을 했다고 상금과 훈장을 주겠다고 하였다. 그러나 만지는 일언지하에 거절했다.

"나는 내가 해야 될 일을 한 것뿐입니다."

만지는 새롭게 도전을 시작했다. 그것은 30km나 되는 큰 강을 흙으로 메우고 직선으로 다리를 놓는 일이었다. 그는 지금쯤 세상을 떠났을지도 모른다.

많은 이들이 감사하며 왕래하는 꿈을 꾸며 살았고 현재도 그의 대를 이어 누군가가 열정을 바쳐 공사를 진행하고 있을 것이다. 이 다리가 완성되면 6.5km 직선 도로가 생기며 많은 이들이 또 감사하면서 왕래할 것이다. 자신의 행복과 부를 위해서가 아니라 마을 사람들의 행복과 꿈을 자신의 노력과 열정으로 이루어 낸 다스라트 만지. 그는 평생을 단순하지만 꿈을 꾸었고 그것을 이루어 나간 행복한 사람이다.

사랑과 베풂은 너와 내가 함께 누리는 것이다. 웃음도 너와 내가 함께 누리는 것이다. 나만의 행복을 위해서가 아니라 이웃과 함께 행복하고 이웃과 함께 평안과 즐거움을 누리는 것이 웃음이다.

오늘도 열정적인 웃음으로 만지처럼 꿈과 행복을 이루어 나가시길 바란다.

악마의 계획

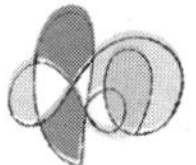

어느 날 대장 악마가 사람 사는 세상을 멸망시키려는 계획을 세우고 자기의 부하들을 불러들였다. 가장 먼저 도착한 부하는 '분노' 였다.

"저는 형제들이나 친구들과 사이에 끼어들어 화를 일으키게 하겠습니다. 그래서 서로 싸우게 해서 저 인간들 세상을 멸망시키겠습니다."

이때 또 다른 부하가 도착했다. 그의 이름은 '음욕' 이었다.

"저는 저들의 정신을 타락시켜 사랑을 증오로 바꾸고 인간들을 짐승으로 변하게 하여 인간 세상을 파멸시키겠습니다."

이때 또 다른 부하가 도착했다. 그의 이름은 '탐욕' 이었다.

"제가 가서 인간들의 마음을 무절제한 욕망으로 가득 차게 만들겠습니다. 그러면 인간들은 폭음과 폭식으로 마음과 몸이 병들어 스스로 멸망할 것입니다."

그 뒤로도 '근심', '나태', '시기' 등등의 부하들이 속속 도착해서 자신들이 인간 세계를 파멸로 이끌겠다고 나섰지만 악마 대장의 마음에 흡족한 묘안은 나오지 않았다.

바로 그때 막내 부하가 도착했다.

"저는 인간들과 진지하게 대화를 하겠습니다. 그래서 그들이 정직해지고 깨끗하게 살고 용감하게 행동하려는 그들의 계획이 얼마나 훌륭한지 이야기해 주며 그들을 칭찬해 주겠습니다. 그리고 인간들이 바람직한 삶의 목적을 가지고 살도록 격려할 것입니다."

이 말에 악마들은 모두 어안이 벙벙했다. 그리고 전혀 악마다운 방법이 아니라고 야유를 퍼붓기 시작했다. 그때 막내 부하 악마는 이야기를 계속했다.

"그렇지만 여러분들은 서두를 필요가 없습니다. 모든 일은 내일 할 수 있습니다. 그러니 오늘은 푹 쉬고 내일 상황이 더 좋아지면 시작해도 늦지 않습니다. 기다렸다가 다음에 시작하세요"라고 권유를 할 것입니다."

그 말을 들은 대장 악마는 명령했다.

"막내가 가서 인간 세상을 파멸시켜라."

그 막내 악마의 이름은 '늑장'이었다.

어느 부부는 둘 다 중학교 교장 선생님으로 오랫동안 근무했다. 남편이 정년퇴임할 때까지 행복을 유보하고 바쁘게 살았다. 막상 남편이 정년퇴임을 하였지만 부인의 은퇴까지 너무 바쁘게 사느라 서로 돌볼 틈이 없었다.

부인이 은퇴하면 못한 여행도 다니고 자녀들 집도 방문하고 각자 좋아했던 취미 생활도 하려고 생각을 하였다. 그러나 부인이 정년퇴임을 바로 앞두고 남편이 중풍으로 쓰러졌다. 은퇴한 노부부는 다른 이의 도움 없이는 바깥 출입을 할 수 없게 되었다. 친척들의 애경사에도 갈 수 없는 처지가 되었다. 남편은 쓰러진 후 대인공포증에 퇴행이 되어 부인을 꼼짝 못하게 한다. 그래서 다른 이들의 방문도 심하게 꺼리고 친척들과의 왕래도 끊고 지내게 되었다.

내일은 우리를 기다려 주지 않는다. 우리 삶에는 "지금 여기"만이 존재할 뿐이다. 우리를 실패하도록 하는 가장 중요한 요인은 늑장이다.

언젠가는 결코 우리에게 오지 않는다. 이제 곧 행복하게 살 것이라고 벼르고 계획을 세우느라 우리는 인생을 허비한다.

아름다운 날은 아무리 기다려도 오지 않는 법이다. 지금 이 순간을 아름다운 날로 만들어야 한다. 가장 어리석은 사람은 "나는 내일부터 열심히 할 거야", "나는 내일부터 행복하게 살 거야", "나는 내일부터 공부할 거야" 하는 사람이다.

삶은 마치 택시 미터기와 같아서 달리든 서 있든 요금은 계속 올라간다. 지금 결정하고, 지금 행동하고, 지금 행복하고, 지금 사랑을 해야 한다.

많은 이들이 필자의 강의를 들을 때는 나도 집에 가서 웃음을 실천해야지 하며 동기 부여를 받게 된다. 그러나 당장하지 못하고 다음으로 미루다가 며칠 지나면 모두 잊어버리고 습관에 젖은 그대로 살아간다. 당장 실천하더라도 계속해서 행동을 유지시키기가 쉽지 않은데 내일부터 하겠다고 생각하면 안 하겠다는 것과 같다.

몇 주 전 우연히 어느 성당 홈페이지에서 나의 강연을 듣고 실천한 것을 올려놓은 기사가 있어 반가웠다.

이분은 다른 급한 일이 있어 나의 강의를 끝까지 듣지도 못하고 간 분이었는데 집안에 들어올 때 신발장 앞과 남편이 담배 피우러 나가는 베란다 문 앞에 웃음 라인을 설정하고 웃음을 실천하고 있다고 했다. 웃지 않고는 집을 드나들 수 없고 남편이 담배를 피울 수 없는 것이다. 담배를 끊으면 더욱 좋으련만…….

이렇게 당장 실천하기는 쉽지 않다. 이분은 강사가 인생 살며 경험한 중요한 것을 이야기한 것이기 때문에 자신은 꼭 해 보고 싶어 시작했다며 효과가 좋다고 했다. 다른 이들도 실천할 것을 권유하며 웃음 십계명과 웃음 방법 등을 소개하고 있었다.

뒤로 미루다가는 결국 못하게 된다.

지금 여기에서 행동하고 실천하는 것이다.

지금부터 3분간 배꼽잡고 포복절도 시작!

10

처음 마음으로 돌아가라

•
•
•

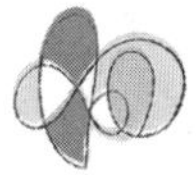

1910년 10월 러시아의 어느 시골 마을 정거장에서 한 노인이 조용히 숨을 거두었다. 시신을 확인하는 과정에서 그가 바로 러시아의 대문호 톨스토이임이 밝혀졌다. 숨지기 11일 전에 가출하였고 부인을 피해 멀리 떠난다고 하였다. 그의 나이 83세였다. 그 후 톨스토이 부인도 임종의 날이 왔다. 그녀는 딸들을 불러놓고 다음과 같이 이야기하였다.

"너희 아버지가 돌아가신 것은 모두 내 탓이다. 내 잔소리가 너희 아버지를 죽음의 길로 몰아넣었다."

딸들은 아무 말도 하지 않았다. 어머니의 끊임없는 불평과 비난 때문에 아버지가 돌아가셨다고 딸들도 동의하고 있었던 것이다.

톨스토이 백작부부는 결코 불행해야 될 이유가 하나도 없었다. 톨스토이는 세계적 문호로서 『전쟁과 평화』, 『안나 카레리나』 등 불후의 명작을 남겨 그의 명성은 모든 이들이 부러워할 만큼 넘쳐 나고 있었기 때문이다. 처음엔 톨스토이 부부에게 행복은 너무 넘쳐 오히려 불안했다. 제발 이 행복이 오래 지속되어지기를 부부는 신에게 빌었다.

그러나 톨스토이가 갑자기 변하기 시작했다. 그리스도의 가르침에 깊이 침잠하며 그의 가르침을 성경 문자 그대로 지키기 시작했다. 소유하고 있던 재산을 팔아 가난한 이들에게 나누어 주기 시작했고, 가난한 이들과 함께 하루 종일 들에 나가 일을 하고 나무도 베고 풀도 깎았다. 좋은 그릇은 나누어 주고 나무 그릇에 식사를 했으며 구두는 손수 만들어 신었다.

행동하지 않고 썼던 자신의 저서들을 부끄럽게 여기기 시작했고 전쟁과 빈곤을 이 세상에서 추방하며 평화를 가져오는 많은 일들에 몰입하기 시작했다. 그리스도의 가르침대로 이웃들과 심지어는 적들까지도 사랑하려고 노력했다.

그러나 그의 아내는 화려함을 원했고, 사회적 명성이나 칭찬과 갈채를 갈망하고 즐기고 있었다. 톨스토이에게는 이런 것이 모두 부질없고 의미 없는 일이었지만 부인은 이런 톨스토이를 경멸했다. 부인은 계속해서 부를 동경하고 있었지만 톨스토이는 부를 죄악시하였고, 자신의 저서에 대한 인세도 받을 생각을 하지 않았다.

잠깐의 행복은 끝이 나고 그들은 불행으로 내닫기 시작했다. 부인은 늘 화를 내고 우는 날이 태반이었으며 소리소리 질러가며 남편을 비난했고 몇 년 동안이나 톨스토이에게 집요한 고통을 안겨 주었다.

어느 눈 내리는 밤, 히스테리로 죽는다는 부인의 위협을 뒤로하고 톨스토이는 정처 없이 집을 나와 떠돌이 생활을 하다가 어느 시골 마을 정거장에서 죽어간 것이다.

가출하며 자신의 부인이 절대로 자신의 곁에 오지 못하게 해달라고 부탁을 했다고 한다. 부인의 심한 잔소리, 불평, 히스테리가 대문호 톨스토이를 비참한 종말로 몰아낸 것이다.

정채봉의 『처음의 마음으로 돌아가라』는 책에 부부 까치에 대한 우화가 소개되어 있다.

까치네는 오늘 아침에도 부부싸움을 벌였다. "까치까치까치" "까치까치까치" 사흘이 멀다 하고 일어나는 말다툼이었다.

저녁이 되어 남편 까치가 말했다.

"아무래도 우리 둥지에 불평귀신이 붙은 것 같소. 그렇지 않고서야 이렇게 자주 싸울 리가 없어."

아내 까치가 맞장구를 쳤다.

"맞아요. 걱정귀신, 불평귀신이 다 붙어 있는 것 같아요. 둥지에 오면 걱정 불평이 그냥 쏟아지니……."

부부 까치는 이튿날 산까치 도사를 찾아갔다. 그리고 도사 산까치에게 사정했다.

"처음엔 저희 집이 안락한 둥지였습니다. 그러나 지금은 걱정 불평의 둥지입니다. 귀신이 붙은 것 같으니 제발 그것들을 쫓아내는 비방 좀 가르쳐 주십시오."

도사 산까치가 말했다.

"우리들은 기쁨의 말을 '까치까치까치' 하지요. 마찬가지로 불평의 말도 '까치까치까치' 하지요. 이 기쁨의 말도 불평의 말도 한 입에서 나오는 것이지 다른 귀신이 시켜서 하는 소리가 아닙니다. 문제는 '나' 한테 있는 것이지요. 다만 기쁨은 첫 마음에서 나오는 것인데 반해 불평은 묵은 마음에서 나오는 것입니다."

하하웃음행복센터에도 부부관계가 매우 힘들고 불평이 가득 차 마음의 상처를 많이 입고 있는 이들이 치유를 위해 나온다.

웃는다고 당장 묵은 마음이 사라지고 첫 마음으로 돌아가게 되지는 않는다. 큰 얼음덩어리가 당장 녹지는 않는다. 그러나 계속 웃음 치유를 하면 감사, 사랑, 용서의 마음이 자리잡아 언젠가는 녹을 것 같지 않던 큰 얼음덩어리도 녹는 날이 있을 것이다.

자신 속에 얼어 있던 얼음덩어리 같은 마음이 웃음의 훈증을 타고 녹아내리는 현장이 하하웃음행복센터이다.

톨스토이 부인도 웃는 연습을 많이 하였더라면…….

웃음은 처음 마음으로 돌아가게 만드는 유턴 표시이다.

가장 좋은 투자

존 메이슨이 지은 『긍정의 레시피』라는 책에 다음과 같은 기사가 실려 있다. 백 년 전 보스턴 역에 빛바랜 줄무늬의 원피스를 입은 할머니와 올이 다 드러난 정장을 한 할아버지가 내렸다.

겉모습이 초라해 보이는 노부부는 얼마 후 하버드대학에 도착해 총장실로 주춤주춤 걸어 들어갔다. 그들은 비서에게 "총장님을 뵈러 왔습니다"라고 말했다. 비서는 이들의 행색을 보고 하버드에는 별 볼 일이 없는 소박한 시골뜨기 촌로라고 생각하고 귀찮게 생각했다.

"총장님께서는 오늘 종일 바쁘신데요. 종일이라도 기다리시겠습니까?"

비서가 얼굴을 찌푸리며 물었다.

"기다리지요"라고 할머니가 대답했다.

비서는 기다리다 보면 노부부가 지쳐서 돌아가겠거니 하고 4시간

동안이나 무시한 채 방치했다. 그러나 부부는 돌아가지 않고 기다렸다. 오히려 비서가 지쳐서 마침내 총장에게 이야기해 보기로 했다.

"벌써 4시간 이상 기다리고 계신데, 총장님께서 잠깐 만나 주시면 갈지도 모르겠습니다."

총장에게 비서가 말했다. 총장은 바쁜데 귀찮다는 듯한 표정으로 노부부를 면담했다. 총장은 근엄한 얼굴에 퉁명스러운 목소리로 물었다.

"어떻게 오셨죠?"

"저희는 하버드를 1년 다닌 아들이 있었습니다. 하버드를 아주 사랑했고 여기서 행복했죠. 그리고 늘 자랑스럽게 생각하고 다녔습니다. 하지만 1년 전 아이가 사고로 세상을 떠났습니다. 그래서 저는 남편과 상의했습니다. 캠퍼스 내에 아이를 위한 기념물을 세우면 어떻겠냐고……."

할머니가 말을 다 끝내기도 전에 총장이 단호하게 말을 끊었다.

"할머니, 하버드를 다니다가 죽은 사람 모두에게 동상을 세워 줄 수는 없습니다. 만일 그랬다면 하버드는 공동묘지처럼 되었을 겁니다."

"그게 아닙니다."

할머니가 얼른 해명했다.

"동상을 세우자는 것이 아니고요. 건물 하나를 기증하려고 합니다."

총장은 초라한 옷을 입은 노부부를 무시하듯 쳐다보고는 큰소리로 말했다.

"건물이라니요. 건물하나 짓는데 얼마나 드는지 알기나 하세요? 하버드 건물을 모두 짓는데 750만 달러가 넘게 들었다고요!"

할머니는 잠시 숨을 죽였다. 총장은 이제 이들이 기가 죽어 돌아갈 것이라고 생각했다. 잠시 생각에 잠긴 할머니가 할아버지를 보며 이야기했다.

"그 정도면 대학을 세울 수 있나 보죠? 그냥 우리가 하나 세우면 어떨까요?"

할아버지는 말 없이 고개를 끄덕였고 부부는 아무 말 없이 총장실을 나갔다. 총장의 얼굴은 혼란과 당혹함이 역력했다. 그러나 이 노부부의 마음을 돌리려는 어떤 노력도 할 수 없었다.

노부부는 하버드를 나가 캘리포니아 팔로알토 지역에 땅을 사고 건물을 짓고 대학을 세웠다. 그리고 자기의 성을 따서 스탠포드대학이라고 이름을 붙였다. 노부부는 스탠포드대학 설립자 릴랜드 스탠포드였고 하버드가 더 이상 존중해 주지 않는 아들을 위해 새로운 학교를 세운 것이다. 서부지역 명문 사립대의 탄생 과정이다. 하버드대학의 총장과 비서는 스탠포드 부부를 겉모습만 보고 판단해 거액의 기부금을 받을 기회를 놓친 것이다.

사람들은 겉모습으로 사람을 판단하는 일이 많다. 그들이 입은 옷, 각종 액세서리, 자동차 그리고 외모로 판단을 하고 차별을 한다. 그래서 사람들은 명품에 목을 매고 좀 더 자신을 과시하기 위해 시간과 돈을 들인다. 많은 돈을 들여 얼굴이나 몸매도 뜯어 고치고 관리를 받기도 한다. 그렇지만 외모로 사람을 평가하는 일은 피해야 한다.

모든 사람은 동등한 가치와 의미를 가지고 태어났으며 동등한 존중을 받아야 되는 생명이다. 그리고 자신의 외모나 신체적 결점으로 자존감의 손상을 입고 열등감에 사로잡힐 필요도 없다. 다른 사람의 시선에 민감할 필요가 없다.

나 자신을 위해 사는 삶은 나와 함께 죽어 사라진다. 다른 사람을 위해 사는 삶은 세상에 그대로 남게 된다. 비록 릴랜드 스탠포드처럼 큰 자금이 없더라도 다른 사람들에게 베푸는 작은 정성이나 다른 사람의 성공을 위해 도와주는 일은 자신을 성장시킬 뿐 아니라 삶에서 가장 의미 있는 일이다.

다른 사람의 삶에 햇빛을 비춰 주면 자신의 삶에도 빛이 들어올 것이다. 다른 사람의 장점을 찾아 칭찬을 해 주고 재능과 능력을 발휘할 수 있도록 도와주는 일은 결국은 자신을 위한 일이고 보람 있는 일이다.

하하웃음행복센터에서 이제 많은 이들이 다른 이들을 돕는 데 관심을 가지게 되었다. 자신들이 받고 변화된 삶을 다른 이들과 나누고 싶어 하게 된 것이다. 그래서 그들도 성장하고 행복한 삶을 살고 있다. 이런 베풂의 에너지를 일주일에 한 번씩 하하웃음행복센터에서 충전하고 있다.

웃음은 이웃을 위한 베풂과 나눔의 삶이다. 웃음은 희생이 아니라 자신을 위한 투자이다. 사람은 누구나 남을 돕도록 창조되었다. 사람을 외모로 판단할 것이 아니라 누구나 똑같이 존중해 주고 그들의 삶이 풍성하고 행복해지도록 도와주는 것이 가장 큰 투자임을 알아야 한다. 나누는 웃음, 남을 돕는 웃음이 가장 좋은 투자 방법이다.

좋은 죽음Good Death

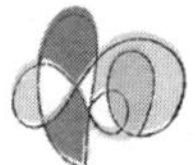

치매 환우들 웃음 치료 봉사를 다닌 지 5년이 되었다. 그동안에 새로운 얼굴들로 대부분 바뀌었지만 5년간 한결같이 반갑게 맞아 주는 환우들도 꽤 여러 명 있다.

5년이란 세월 동안 안타깝게도 여러 분이 삶을 마감하고 죽음의 장벽을 넘어갔다. 그래서 지난달에 손을 꼭 잡고 고맙다고 인사하며 다음 달에 꼭 만나자고 말하던 분이 안 보이면 가슴이 철렁하고 답답한 마음을 금할 수 없다.

최근 국민건강보험 전 국민진료기록을 분석한 연구 결과 최근 10년 사이 우리나라 국민의 평균 수명이 3년 반이나 늘어났다고 한다. 그러나 그 기간 중에 병원에 안 다니고 건강하게 지내는 건강 수명은 1년 반이 채 안 된다고 한다. 늘어난 3년 반 중 2년은 질병을 앓다가 가는 것이다. 그리고 10년 전에는 우리 국민 평균 3~4년 정도 앓고 세상을 떠났는데 지금은 5~6년씩 앓고 세상을 떠난다는 것이다. 수명은 길어졌지만 건강 수명은 미처 따라오지 못해 인생의 마지막 10년 중 절반 이상은 앓으면서 보내는 것이다.

전 생애 의료비 중 사망 직전에 들어가는 치료 비용이 30%를 차지한다고 한다. 예고 없이 찾아오는 의료비 폭탄, 준비 안 된 채 맞는 임종, 미리미리 준비를 잘 해야 되지 않을까?

2008년 영국 정부는 『생애 말기 치료 전략The End of Life Care Strategy』이라는 보고서를 만들었다. 고령화는 심각해지는데 죽음에 대한 사회적 준비가 부족함을 인식하고 전문가 집단을 구성하여 연구한 결과물이다. 이 보고서에서 언급된 "좋은 죽음Good Death"으로 꼽은 항목은 4가지였다.

첫째, 익숙한 환경에서 죽음을 맞는다.

둘째, 존엄과 존경을 유지한 채 임종을 맞는다.

셋째, 가족, 친구와 함께 삶을 정리한다.

넷째, 고통 없이 죽음의 장벽을 넘는다.

영국 정부는 2009년부터 보고서를 근거로 "생애 말기 치료 프로그램"을 가동했고 민간단체들도 이에 합세하였다. 그리고 매년 5월에 "죽음 알림 주간Dying Matters Awareness Week"을 제정하여 거리낌 없이 생의 마지막에 대해 이야기하고 직시하는 사회 풍조를 환기시켜 "잘 살고 잘 죽기" 캠페인을 벌이고 있다.

삶의 질이 있다면 죽음의 질도 있다. 2010년 영국 이코노미스트 연구소에서 전 세계 40개국을 조사한 죽음의 질 지수DQ에서 한국은 32위를 나타냈다. 영국이 DQ 7.9로 1위, 호주가 7.8로 2위, 뉴질랜드가

7.7로 3위… 한국은 영국의 반도 안 되는 3.7로 32위에 머물렀다.

이 죽음의 질을 평가하는 데는 여러 가지 요소가 있겠지만 얼마나 아프지 않고 편안하게 세상을 떠나느냐가 중요하다. 이 편안한 죽음을 앞둔 이들을 돌보는 호스피스는 죽음의 질에 있어 중요한 요소가 된다. 영국은 인구 6,300만 명에 호스피스 병상이 3,175개이다. 한국은 5,000만 명 인구에 880개뿐이다. 영국의 호스피스 예산은 8,500억 원 정도인데 정부가 35% 지원하고 나머지는 기부에 의해 운영된다. 죽음을 위한 기부가 일반화되어 있는 것이다.

한동안 우리 사회는 웰빙 바람이 불었었다. 요즘엔 웰다잉, 웰에이징의 책들이 늘어나고 있다. 대부분 아프지 말고 잘 늙어 가며 죽을 운명을 겸허히 받아들이고 오늘의 삶을 더욱 사랑하자는 것이다. 웰다잉은 웰빙의 결과이다. 웰다잉을 위한 삶은 결국 웰빙의 삶이 되는 것이다. 삶과 죽음은 동전의 양면과도 같기 때문이다.

하하웃음행복센터는 지금 이 순간 행복을 선택하자는 구호를 매일 외치며 웃고 있다. 웃음은 삶의 질을 높일 뿐 아니라 죽음의 질도 높일 수 있다. 우리 국민이 하루 웃는 양을 그리고 질을 세 배만 늘일 수 있다면 훨씬 더 죽음의 질 지수는 높아질 것이다. 웃음으로 죽음의 질 후진국을 탈퇴할 수 있다. 좋은 죽음Good Death은 좋은 웃음으로 준비하면 좋겠다.

네 명의 아내들

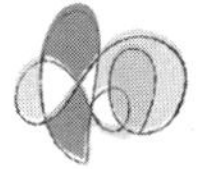

인생에서 큰 성공을 거둔 남자가 있었다. 그는 네 명의 아내를 거느리고 살았다. 그러다 어느 날 유한된 그의 삶이 종착역에 도달했다. 그는 자신이 가장 사랑하고 있다고 생각한 최근에 얻은 젊은 네 번째 부인을 불렀다. 그리고 그녀의 손을 붙잡고 이렇게 말했다.

"여보, 이제 내 목숨이 다하여 낼이나 모레를 넘기기 힘들 것 같소. 저세상에서 당신이 없으면 외로워서 어떻게 살겠소. 나와 함께 저세상으로 갑시다."

젊고 빼어난 미모의 네 번째 부인이 대답했다.

"말도 안 되는 소리 하지도 마세요."

"난 여기 남아야 해요. 당신의 장례식장에서 당신을 위해 멋진 고별사를 해야 돼요. 그 이상은 당신과 함께할 수 없어요."

그러면서 그녀는 방을 나가 버렸다.

그녀의 얼음장같이 차가운 거절의 말은 그의 가슴에 비수처럼 꽂혔다. 그는 젊은 아내를 너무 사랑했다. 그가 가는 곳에 늘 그녀를 데리고 다니며 자랑스러워했고 그녀는 그의 옆에서 그를 챙겨 주었다. 그는 진심으로 그녀를 사랑했는데 그녀는 그의 사랑을 배신하고 차갑게 돌아서는 것에 매우 큰 충격을 받았다.

그러나 그에게는 아직도 세 명의 아내가 있었다. 그래서 그는 중년의 나이에 결혼한 세 번째 아내를 불렀다. 그는 이 세 번째 아내를 얻기 위해 피나는 정성을 기울였었다. 새벽부터 밤까지 잠을 제대로 못 자며 구애를 해서 얻은 아내였고 그에게 즐거움을 가져다주는 그녀를 깊이 사랑했다. 그녀의 매력은 워낙 출중하여 많은 남자들이 그녀를 원했지만 그녀는 언제나 그에게만 충실했다. 그는 그녀에게서 믿음과 안정을 찾곤 하였다.

그는 세 번째 아내의 손을 잡으며 이렇게 말했다.

"사랑하는 이여, 낼모레면 나는 이 세상을 떠나야 할 것 같소. 죽어서 저세상에 갔을 때 당신 없으면 너무 외로울 것 같소. 나와 함께 가 주겠소?"

"절대 그럴 수가 없어요. 남들이 부러워할 만큼 성대하고 훌륭한 장례식은 치러주겠지만 장례식이 끝나면 나는 당신의 자녀들을 따라갈 거예요."

세 번째 부인의 차가운 말에 그는 충격을 받았다. 그녀의 배신에 그의 가슴은 무너져 내렸다.

그는 또다시 두 번째 부인을 불렀다. 그는 어릴 때부터 자라면서 그녀를 알고 좋아해서 결혼했다. 그녀는 그다지 매력적이지는 않지만 언제나 문제에 봉착할 때마다 그의 곁에서 소중한 조언들을 해 주었다. 그래서 그가 가장 신뢰할 수 있는 친구 같은 아내였다.

그는 두 번째 부인의 손을 잡으며 아내에게 이야기하였다.

"사랑하는 당신, 낼모레까지 내가 살아 있기 힘들 것 같소. 저세상에 가면 당신 없이 얼마나 외롭겠소. 나와 함께 가 줄 수 있겠소?"

"죄송하군요. 난 당신과 함께 갈 수 없어요. 당신의 무덤까지 가서 울어 주겠지만 그 이상은 갈 수 없답니다."

두 번째 부인이 미안해 하며 대답했다. 남자는 실망했다. 세 명의 부인에게 배신당한 그는 조심스럽게 첫 번째 아내를 불렀다. 그녀는 그와 영원의 세월 동안 살아왔지만 그는 그녀의 존재를 무시하고 살아왔었다. 특히 유혹적인 세 번째 아내와 미모가 빼어난 네 번째 아내를 맞은 후에는 별로 거들떠보지 않았었다. 그러나 그녀는 그런 가운데서도 묵묵히 그를 위해 일했다. 그가 다른 부인에게 빠져 있을 때에도 질투 한 번 하지 않고 하인처럼 그를 위해 봉사했다. 볼품없이 기워진 옷을 입고 몸까지 여윈 첫 번째 아내가 들어오자 그는 너무 미안하고 그녀에게 부끄러운 자신을 발견했다.

그는 애원하는 목소리로 말했다.

"여보, 낼모레가 오기 전에 나는 내게 주어진 수명이 다할 거예요. 저세상에 갔을 때 당신 없으면 외로워서 견딜 수 없을 거예요. 나와 함께 가 주겠소?"

그녀는 담담한 목소리로 대답했다.

"당연하죠. 함께 갈게요. 나는 생이 바뀌어도 언제나 당신과 함께 있을 거예요."

이상의 예화에서 네 번째 아내는 '명성' 이나 '인기' 이고, 세 번째 아내는 '재산' 이나 '성공' 이고, 두 번째 아내는 '가족' 이나 '친척' 이고, 첫 번째 아내는 자신의 '영혼' 이나 '존재' 이다.

몇 번째 아내를 가장 사랑하고 온 정성을 쏟아 돌봐야 할까?

웃음은 내 영혼의 음악이고, 존재 지향적인 사람으로 변화시켜 준다.

14

마음의 정원

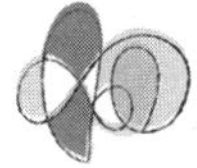

한 나그네가 감나무골에서 느티나무골로 걸어가다가 원두막에 앉아 있는 노인을 만났다. 그 나그네는 노인에게 이렇게 물었다.

"어르신, 실례지만 하나만 여쭙겠습니다."

"그러시지요."

"저는 저 아래에 감나무골에서 잠시 머물다가 저 위 느티나무골로 가는 길입니다. 그런데 저 느티나무골엔 어떤 사람들이 살고 있는지요?"

나그네의 질문에 노인은 이렇게 대답했다.

"감나무골에서는 어찌 지내셨는지요?"

"끔찍했지요. 그래서 그곳을 떠나 느티나무골로 가는 길입니다. 감나무골 사람들은 아무도 저를 좋아하지 않았습니다. 제가 처음 도착한 날부터 냉담하게 굴었지요. 저는 친해지려고 노력을 했지만 저만

따돌림을 당했어요. 마을 사람들은 자기네들끼리만 어울릴 뿐 외지인에게는 매우 불친절했죠. 그래서 느티나무골로 가면 좀 다를 거라 생각하고 그리로 가고 있는 중입니다."

다 듣고 나서 노인은 대답했다.

"안 됐지만 저곳도 마찬가지일 겁니다."

나그네는 실망스런 마음으로 가던 길을 계속해서 걸어갔다. 계절이 바뀐 후, 또 다른 나그네가 감나무골에서 느티나무골로 걸어가다가 냇가에 앉아 있는 노인을 만났다.

"저는 감나무골에서 느티나무골로 가는 중인데요. 어르신께서는 혹시 저 마을 사람들이 어떤지 알고 계십니까?"

두 번째 나그네 물음에 노인이 대답했다.

"알고 있죠. 하지만 나그네께서 감나무골에 계셨을 때 그곳 사람들은 어땠는지 알려 주실 수 있나요?"

노인 물음에 나그네가 대답했다.

"감나무골은 참으로 좋은 곳이었어요. 마을 어른들이 저에게 많은 조언도 해 주었고, 아이들은 저를 따르고 재미있게 놀며 웃음이 떠나지 않았어요. 모든 마을 사람들이 인심도 후하고 친절해서 그곳에 며칠간 더 머물다가 떠나는 길이죠. 제가 여행이 끝나면 돌아가 살고 싶은 마을입니다. 그래서 말인데 느티나무골은 어떤 곳입니까?"

두 번째 여행자의 대답에 노인이 말을 이었다.

"그곳도 똑같이 좋은 곳일 거란 생각이 드네요. 가셔서 좋은 경험을 하실 것입니다."

두 번째 여행자는 기쁜 미소를 지으며 가던 길을 계속 걸어갔다.

이 우화처럼 주변 사람과의 인간관계는 나 자신이 실제 삶에서 어떤 생각과 어떤 태도를 취하는가에 따라 달라질 수 있다. 긍정적인 생각은 긍정적인 행동의 씨앗이다. 매일 긍정적인 생각의 씨앗을 뿌려 긍정적인 행동의 열매를 맺어야 할 것이다.

베스트셀러 『생각하는 그대로』 저자 제임스 앨런James Allen은 이렇게 말했다.

"인간의 마음은 정원과도 같다. 우리는 이를 열심히 가꿀 수도 방치할 수도 있다. 하지만 열심히 가꾸든 방치하든 제대로 된 씨앗을 심지 않는 한 쓸데없는 잡초들만 무성할 것이다."

나의 정원에 어떤 씨앗을 심을까? 긍정의 씨앗, 희망의 씨앗, 감사의 씨앗, 용서의 씨앗, 사랑의 씨앗들을 심어야 하겠다. 세상의 모든 문제들은 이 씨앗을 잘못 심는 데서 발생한다. 아름다운 정원을 가꾸기 위해서는 우선 씨앗을 잘 심어야 한다.

이런 좋은 씨앗들은 뿌리는 습관이 바로 웃는 습관이다. 웃는 습관을 들이면 긍정과 희망, 감사와 사랑, 용서와 관용의 씨앗들이 심겨져 자라난다. 우연히 아름다워지는 정원은 없다는 것이다.

삶에서 일어나는 모든 일들은 우리의 책임이다. 우리는 모두 신이 우리에게 맡겨 주신 정원을 관리하는 정원사들이다. 정원을 열심히 가꾸고 돌보는 일 중에는 씨앗을 제대로 심는 일이 무엇보다 중요하다. 웃음으로 아름다운 씨앗들을 뿌리고 멋지게 정원을 가꾸어 보자.

15

부정적 감정 몰아내기

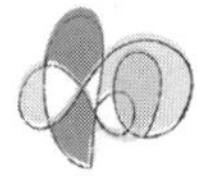

골드러시의 바람을 타고 1849년 포티나이너들은 미국의 서부로 몰려들었다. 한 젊은이도 이들 틈에 끼어 큰 부자의 꿈을 안고 서부로 향했다. 수개월 동안 그는 정보를 면밀히 입수하고 조사한 끝에 드디어 금광을 찾아냈다. 그는 친구와 가족들에게 돈을 빌려 장비를 구입하고 인부들을 고용하여 다시 광산으로 돌아왔다.

처음 시도한 채굴은 매우 성공적이었다. 그가 발견한 광산은 콜로라도에서 금 매장량이 가장 풍부한 광산이었다. 친구와 가족에게 진 빚을 다 갚아 갈 즈음 광산의 광맥이 사라져 버렸다. 광부들은 광맥을 다시 찾으려고 필사적인 노력을 하였지만 서너 달 동안 계속 실패만 거듭하였다. 대다수 광부들이 광맥이 사라졌다고 한탄하며 다른 광산을 찾아 떠나버렸다.

그리고 남아 있는 광부들도 이 광산은 더 이상 희망이 없다고 젊은

이에게 말했다. 젊은이는 참으로 아쉬웠지만 그들의 의견에 따르기로 했다. 그리고 광산 채굴권과 장비들을 모두 팔아서 남아 있던 빚을 모두 청산했다.

그 젊은이에게 광산 채굴권과 장비를 구입한 고물상 주인은 다른 기술자들을 데려다가 조사해 보도록 했다. 그런데 그들이 채굴하다 중단된 지점에서 1미터 더 파고 들어가자 새로운 금맥이 발견되었다. 고물상은 다시 이 광산에서 엄청난 부를 얻을 수 있었다.

이 소식이 그 젊은이의 귀까지 전달되었다. 그는 너무 일찍 포기한 것에 대해 다시 한 번 아쉬워했다. 그는 이때 큰 결심을 하게 되었다. 무엇을 하든지 쉽게 포기하지 말자고. 그 젊은이는 이를 통해 더 값진 교훈을 얻었다.

1미터 전에 멈추는 바람에 큰 돈을 벌 수 있는 기회를 놓친 것을 결코 잊지 않았다. 그 후 그는 보험 판매원이 되었다. 그는 이 교훈을 마음에 새기고 고객들이 "아니오"라고 말했다고 해서 결코 포기하지 않고 새로운 상품을 가져오라는 메시지로 인식을 했다. 끈질긴 설득과 성실한 자세에 감동한 고객들이 늘어가기 시작했고 드디어 백만 달러의 생명보험을 판매하는 유능한 보험 판매원이 되었다. 금광에서의 실패가 교훈이 되어 대단한 업적을 이루게 만든 것이다.

자기계발의 선구자이며 동기 부여가 나폴레옹 힐의 『놓치고 싶지 않은 나의 꿈 나의 인생』에 나오는 다비라는 사람의 이야기이다.

그가 금광을 포기한 후 비관과 부정적인 생각에 빠질 수도 있었다. "아, 정말 운이 없구나", "나는 정말 되는 일이 없다니까", "아이, 배 아파", 이런 부정적인 생각은 성공을 빼앗아 가고 꿈마저 빼앗아 간다.

부정적인 감정은 더 큰 실패를 불러오고 자신의 능력을 발휘하지 못하게 하며 수많은 질병의 원인이 되기도 한다. 그래서 부정적 감정에 사로잡히면 신체 건강한 사람도 병들고, 행복한 사람도 불행에 빠진다. 또 튼튼한 사람도 약하게 만들고, 만족할 줄 아는 사람도 불만 가득한 사람으로 만들고, 자신감 있는 사람도 나약하게 만든다. 부정적 감정들은 기생충이나 다름없고 행복의 적이다. 이런 부정적 감정을 해독하고 돌려놓기 위해서는 긍정적으로 생각을 바꾸어야 한다.

이렇게 긍정적으로 생각을 바꾸는 특효약이 있다. 바로 일단 웃는 것이다. 일단 15초만 웃는다면 부정적 감정에서 탈출하게 된다. 심리적으로도 그렇고 생리적으로도 변화될 수 있다. 그래서 하하웃음행복센터의 실천 사항은 "일단 웃자"이다. 일단 웃자를 실천해서 인생이 기적같이 변한 이들은 말한다. 일단 웃는 것이 아주 작은 일 같지만 자신의 삶을 바꾸어 놓았다고 말한다. 우리가 웃으면서 부정적인 생각을 가질 수 없다. 일단 웃으면 부정적인 생각은 머릿속에서 떠날 수밖에 없다.

하하웃음행복센터에서 강의할 때 종종 물어보곤 한다. 지금 일단 웃는 동안 "빚 갚아야 되는데…", "이 인간 두고 보자. 꼭 복수하고 말거야", 이런 생각하며 웃는 사람 손들어 보라고 물어보는 것이다. 우리 머릿속에 의자는 하나밖에 없기 때문에 웃음으로 긍정의 메시지가 들어가면 부정적 감정은 자리를 비켜주어야 한다.

힘들고 어려울 때 일수록 일단 웃어 긍정적 감정으로 변환시키는 것이 필요하다. 일단 웃자! 하하하…….

16

만남

•
•
•

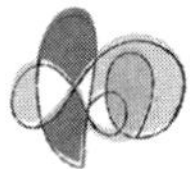

교향곡의 아버지하면 하이든을 일컫는 말이다. 왜 그가 교향곡의 아버지라고 불리어질까? 교향곡 작곡의 숫자만 보더라도 고개를 끄떡일 것이다. 하이든은 교향곡을 100곡 이상 작곡했다. 모차르트 40여 곡, 말러 10곡, 베토벤, 브르쿠너 9곡, 슈베르트 8곡, 차이콥스키 6곡, 멘델스존, 슈만, 베를리오즈, 브람스의 4곡에 비하면 월등히 그 작품 수가 많다.

하이든은 1732년 오스트리아 로라우 대장간 집에서 태어났다. 3형제 중 맏아들로 태어났는데 부모들의 몰이해로 그의 음악적 재능은 묻힐 뻔했다. 부모는 자신의 뒤를 이어 대장장이를 시키려고 했다.

그가 여섯 살 때 학교 선생님이었던 그의 친척이 하이든의 음악적 재능을 알아보았다. 그는 하이든을 자기 집으로 데려가 기르면서 음악을 가르치겠다고 부모에게 사정사정해서 집으로 데려가게 되었다.

함부르크에 있는 친척집에서 그는 노래와 여러 가지 악기 연주법을 배웠다. 그리고 2년 후 빈의 유명한 교회 오르간 연주자의 눈에 띄어 성당 합창단에 들어가게 되었다. 10년간 그곳에서 노래를 부르며 음악을 배웠다. 그러나 변성기가 와서 열일곱 살에 합창단을 떠났다. 먹고 살 일이 막막했던 그는 학생들을 가르치면서 틈틈이 작곡을 공부하기 시작했다.

얼마 후 그는 귀족의 자녀들을 가르치는 유명한 노래 선생님 니콜라 포르포라를 만나 그의 반주자로 일하게 되었다. 이때부터 많은 귀족들과 접촉할 기회를 가졌으며 차츰 그들에게 재능 있는 젊은 음악가로 인정받게 되었다.

1761년 스물아홉 살 되던 해 헝가리의 후작 에스테르하지 집안의 부악장으로 들어가면서 그의 재능은 31년 동안 화려하게 꽃을 피우기 시작했다. 음악을 좋아했던 에스테르하지가 궁정음악단을 위한 비용을 아끼지 않고 전폭 후원해 주었다. 그리고 자신의 입맛대로 작곡을 주문하지 않고 하이든의 창작활동의 자유를 충분히 보장해 주었다.

하이든에게는 굉장히 행운의 기간이었다. 당시 음악가들은 자신을 고용한 왕이나 귀족의 주문에 의해 그들의 입맛대로 곡을 작곡했어야 했기 때문이다. 그렇기 때문에 자신의 내면세계를 표현하고 싶어도 왕이나 귀족이 좋아할 만한 음악만 주로 할 수밖에 없었다.

이런 면에서 하이든은 좋은 기회를 만난 것이다. 이런 환경이 교향곡 100곡 이상, 현악 4중주곡 70여 곡을 작곡 가능케 했고 교향곡의 아버지로 불릴 수 있는 작곡 환경이 되었던 것이다.

하이든이 작곡한 교향곡은 그 수가 너무 많이 별칭으로 불리는 곡이

유난히 많다. '놀람', '기적', '군대', '시계', '수난', '왕비', '제국', '사냥', '고별', '슬픔', '아침', '낮', '저녁', '곰', '암탉', '종달새', '멍청이' … 등등 31년간 작곡에 전념하였다.

60세 되던 해 그의 열렬한 후원자 에스테르하지가 죽자 그 며느리가 음악을 싫어해 그 집을 나와 음악 도시 빈으로 갔다. 그의 명성이 워낙 높아서 많은 음악도들이 찾아왔고 이때 청년 베토벤도 그에게 찾아왔었다고 한다. 그의 명성을 알고 있던 영국의 바이올린 연주자 잘로몬이 그를 영국으로 초청해서 영국 생활이 시작되었으며 영국 사람들은 하이든을 극진히 대접했다.

그리고 그는 헨델처럼 영국으로 귀화할 것을 요청받았으나 조국 오스트리아를 외면할 수 없어 귀화는 하지 않았다. 그는 이곳에서 헨델의 오라트리오에 감명을 받아 《천지 창조》와 《사계》라는 오라트리오를 만들기도 했고, 영국 국가를 듣고 오스트리아 국가를 만들기도 했다.

이때 만든 오스트리아 국가는 현재 독일 국가와 찬송가로 쓰이고 있다. 이후 하이든은 은퇴하여 편안한 여생을 즐기며 자신을 찾아왔던 베토벤이 한참 이름을 떨치며 승승장구하는 모습을 지켜보다가 1809년 77세의 나이로 세상을 떠났다.

인생에서 무엇을, 그리고 누구를 만나느냐 하는 것은 참으로 중요하다. 하이든이 대장장이로 이름 없이 일생을 마칠 수도 있었다. 그러나 학교 선생님과 노래 선생님과 자기를 이해해 주는 귀족 후원자, 그리고 바이올린 주자를 만나며 그는 교향곡의 아버지가 되었다.

누구를 만나느냐 하는 것은 다분히 운명적인 일일 수도 있지만 무엇을 만나느냐 하는 것은 자신이 선택할 수 있다.

좋은 호르몬을 분비하여 면역력을 강하게 해 주어 만병통치약이라고 불리우는 웃음, 상처를 회복하고 행복을 불러오는 웃음과 만나 보길 권한다. 웃음을 만나면 인생이 변한다.

1분 웃으면 인상이 변하고 매일 웃으면 인생이 변한다.

그대 안의 블루

1930년 어느 귀족 파티에 영국의 왕세자 에드워드 8세가 나타났다. 많은 여성들의 관심은 에드워드 8세에게 집중되었다. 왕세자는 얼마 지나지 않아 한 여인에게 깊은 관심을 가지게 된다. 파란 드레스가 인상 깊은 심프슨 부인이었다. 그녀는 한 번 이혼 경력이 있고, 두 번째 남편과 결혼생활을 하고 있는 중이었다. 둘은 이 만남 이후 깊은 사랑에 빠지게 되었다. 드디어 심프슨 부인은 두 번째 남편과 이혼을 하게 되지만 문제는 에드워드 8세였다.

영국의 왕이 될 그였기에 영국의 국민과 정치인들이 두 번이나 이혼 경력이 있는 그녀와의 결혼을 허락할 리가 만무했다. 반대 여론이 들끓자 에드워드 8세는 과감히 결단을 내렸다. 주저 없이 왕위를 포기하고, 사랑하는 여인의 남편이 될 것을 결심한 것이다.

그는 동생에게 왕위를 넘겨 준 후 평민이 되었고, 1937년 6월 3일

심프슨 부인과 세기의 결혼식이 올려졌다. 동생은 에드워드 8세에게 윈저공의 작위를 내려 주었다. 둘은 서로 아끼고 사랑하며 살다가 1972년 윈저공이 먼저 세상을 떠났고, 1986년 89세의 일기로 심프슨 부인도 세상을 떠났다.

심프슨 부인의 상징은 파란색 옷이었다. 왕세자와 첫 만남 때도 역시 파란색 드레스를 입고 있었고, 결혼 당시 가지고 온 80벌도 모두 파란색 일색이었다. 남편 장례식 때도 검은 상복 위에 파란색 숄을 걸쳤었고, 자신의 장례식 때도 파란색 수의를 입혀 달라고 유언하였다.

그녀가 평생을 좋아하며 입었던 옷 색깔은 '심프슨 블루' 라고 하여 그들의 결혼식 후 유럽에서 대유행을 했던 색상이었다. 심프슨 부인에게 블루는 존재의 이유였고, 사랑이었으며, 세기를 감동시킨 색상이었다.

피카소는 20세기 최고의 화가로 손꼽힌다. 그의 그림을 보면 파란색만으로 그린 그림을 자주 볼 수 있게 된다. 젊은 시절 친구의 자살과 그에 대한 충격, 죄책감 등의 심리 상태가 피카소에게 블루만 고집하며 그 색깔에 빠져들게 하였다. 젊은 피카소는 스페인을 떠나 청운의 꿈을 펼치기 위해 프랑스 파리로 건너갔다.

그는 카사헤마스라는 시도 쓰고 그림도 곧잘 그리는 친구와 동행하였다. 그들은 청운의 꿈을 펼치기도 전에 파리의 아름다운 모델들과 사랑에 빠졌다.

피카소는 오데트라는 모델과 눈이 맞아 방탕 생활에 들어갔고, 카사헤마스는 첫눈에 제르멘느라는 여인에게 반했다. 그러나 카사헤마스는 성적장애자였고, 제르멘느와 결별한 후 심한 마음의 상처를 입은 채 혼자 고향으로 돌아왔다. 그는 심한 상사병과 우울증을 앓게 되었고, 어느 날 권총을 가지고 파리로 다시 가서 제르멘느를 쏘고 자신도 스스로 목숨을 끊었다.

친구가 고향으로 간 후 몰래 제르멘느와 관계를 맺었던 피카소는 스스로 깊은 죄책감으로 인해 충격에 빠졌다. 그는 친구의 비극적 죽음 때문에 슬픔과 고통을 지나 죽음의 그림자가 늘 자신을 옭아매는 환상에 사로잡히게 되었다.

이후 피카소는 파란색 옷만 고집스럽게 입었고, 세상을 온통 파란색을 통해 바라보게 되었다. 그래서 3년이 넘도록 파란 색상만 고집하며 그림을 그렸다. 이때 그린 그림들이 〈인생〉, 〈늙은 기타수〉, 〈맹인의 식사〉, 〈셀레스티나〉 등의 작품들이다. 그의 20대는 음울했으며, 이 마음의 상태가 블루 속에 파묻히게 했다. 피카소에게 블루는 슬픔과 고통, 우울과 절망의 색상이었던 것이다.

나는 젊어서는 그린을 매우 좋아했다. 그러나 요즈음은 블루가 너무 마음에 든다. 특히 짙고 푸른 밤의 하늘 색깔, 진한 Deep-Dark Blue를 너무나 사랑한다. 그래서 검푸른 밤하늘을 보기 위해 늦은 밤 양재천 산책을 즐기는 것이 요즈음의 하루 끝 일과이다. 나에게 블루는 조물주에 대한 경외심과 인간에 대한 희망, 그리고 기쁨의 색상이다. 웃으면서 살다 보니 좋아하는 색상이 바뀌었다.

여러분! 그대 안의 블루는 무엇인가?

18

누가 더 행복한 삶을 살았을까?

1887년 5월 3일 미국의 경찰은 노동운동자들의 데모 집회에 발포를 하여 6명이 사망하고, 수십 명의 중상자가 발생하였다. 다음 날 5월 4일 헤이마켓 광장에 전날 경찰의 강제진압에 항의하기 위해 수천 명의 노동자들이 모여들었다.

그러나 오후가 되면서 갑자기 폭우가 쏟아져 대부분 자진 해산하여 집으로 돌아가고 약 200여 명만 남아 있을 때였다. 둘러싼 경찰 대오 속에서 꽝하는 소리와 함께 폭발물이 터졌다. 이 사고로 경찰 7명이 즉사하고 수십 명이 부상을 입었다.

이때 경찰에서 동요가 일어났다. 데모대들이 경찰 대오 속으로 폭발물을 던져 넣었다고 판단한 것이다. 경찰은 흥분했다. 남아 있던 데모대를 향해 총기를 난사했다. 이때 희생자는 알려져 있지 않았으나 대부분 죽거나 중상을 입었을 것이다.

이 사건이 노동운동사에 큰 슬픔을 남긴 헤이마켓 사건이다. 이 사건으로 속칭 시카고 8인이라고 하는 주모자들이 체포되어 4명은 사형되었고, 1명은 사형 전 자살을 하였고, 나머지 3명은 종신형을 받았으나 6년 후 사면 석방되었다.

사형을 당한 4명 중 아돌프 피셔라는 젊은이가 있다. 그는 아나키즘(자유의지적 사회주의) 운동에 맹렬한 지지자였으며 나이는 30세였다. 그는 5월 3일과 4일의 집회에 참석하지도 않았고, 그 근처에 있지도 않았다.

그러나 블랙 리스트에 올라 있었으므로 집에서 체포되었고, 이 사건을 주도하지도 않았는데 사형 언도를 받게 되었다. 그리고 30세를 넘기지 못하고 사형은 집행됐다. 객관적으로 볼 때 그는 매우 억울한 죽음을 맞이하였다.

아돌프 피셔가 사형을 당할 때 비슷한 나이의 젊은 사업가가 있었다. 그는 15세부터 사업의 재능을 발휘했고, 필름과 현상방법을 개발해서 사진을 대중화시키며 돈을 벌었다. 그는 필름왕이라는 별명을 얻으며 재벌로 성장해 갔다.

"눌러만 주세요. 그 다음은 우리가 다 알아서 합니다"라는 캐치프레이즈를 내걸고 코닥을 창설한 조지 이스트맨이 바로 이 젊은이다. 그는 기록왕으로도 불릴 만큼 모든 것을 꼼꼼하게 기록했다고 한다. 그의 기록을 보면 모월 모일 넥타이 1개 사고 1달러 지불한 것까지 모두 알 수 있다고 한다. 그는 여러 재벌과 교류도 넓었으며 사회사업으로 선한 일을 많이 한 사람으로 77세가 되는 1932년 3월 14일 이 세상을 떠났다.

사형을 당한 아돌프 피셔와 영화를 다 누린 조지 이스트맨과 누가 더 행복한 인생을 살았을까?

당연히 조지 이스트맨이라고 대답할 것이다. 그들의 임종 순간으로 다시 돌아가 보자. 아돌프 피셔는 사형을 당하면서 이런 유언을 남겼다. "나는 행복합니다. 나는 의미 있는 일을 하였고, 내 죽음은 노동운동의 씨앗이 되었습니다. 앞으로 많은 사람들이 내 뒤를 따를 것이기 때문입니다. 죽음도 나의 행복을 막지는 못할 것입니다." 그는 스스로 의미 있는 삶을 산 것에 대해 후회 없이 죽음을 받아들였다.

조지 이스트맨은 점심 식사를 하고 사무실로 들어와 책상 서랍을 열었다. 그리고 브로닝 회사의 권총 한 자루를 꺼냈다. 그리고 권총 사용 설명서에 있는 문구를 읽었다. "눌러만 주세요. 그 다음은 우리가 다 알아서 합니다." 그는 권총을 자신의 머리 관자놀이에 대고 눌렀다. 문구에 적힌 대로 가장 빨리 브로닝 회사의 직원이 달려왔다. 코닥의 캐치프레이즈와 브로닝 회사의 문구는 우연히도 같았다.

그의 뒤를 따라 막대한 재산과 권력을 가진 이들의 자살이 잇달았다. 은행왕 폴 쿨리지가 한 달 후에, 철강왕 도널드 리어슨, 신발왕 토마스 베쳐, 고기왕 마에스터 스위포트, 성냥왕 이카루 클리머가 몇 달 몇 년 사이에 자살한 이들이다.

행복은 돈이 많은 것에 있지 않음은 확실하다.

웃음의 부자가 되세요. 그리고 웃어서 행복하세요.

제3부

치유

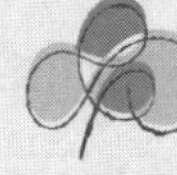

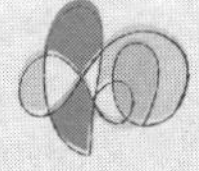

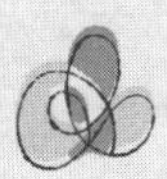

| 체험담 |

나는 웃음을 선택한다

김○숙(여, 57세)

직장 다니며 잦은 회식과 음주, 스트레스로 인해서 어느 날 우울증과 간경화 초기라는 진단이 나왔다. 긍정적이고 낙천적인 성격이라 웬만한 스트레스는 잘 견딘다고 생각했는데 삶의 무게가 너무 버거웠나 보다. 우연히 친구와 하하웃음행복센터를 지나면서 궁금하여 문을 두드려 보았다.

첫날 원장님 첫 번째 저서 『웃음에 희망을 걸다』라는 책을 받았다. 첫 페이지 '웃음은 희망' 이라는 구절에서 "인생은 끊임없는 선택의 과정이며 웃음을 선택한 사람들에게 인생은 행복과 건강을 선물한다"라는 글에 감동을 받았다.

그리고 무슨 일을 시작하기에는 너무 늦었다고 생각해 왔는데 책을 읽으며 "그래 무엇이든 이제부터 시작해도 늦지 않았어"라는 것을 깨닫게 되었다.

앞으로 웃으며 살기로 작정했다. 웃음으로의 삶이 1주일, 1년이 지나고 원장님의 웃음과 강의를 통해서 몸과 마음이 치유됨을 알게 되었다. 행복함을 느끼며 이제는 거의 완치되어 건강한 삶으로 회복되었다. 그리고 제2의 인생을 살기 위한 꿈과 목표를 갖게 되었다.

웃음을 이웃과 함께 나누는 삶이다. 그래서 하루하루를 소중히 여기고 늘 감사하며 행복한 삶을 살아가고 있다.

정말로 웃음은 부작용 없는 만병통치약이다.

1

웃음은 암을 치유한다

하하웃음행복센터에는 암 환우들이 많이 있다. 힘들고 어려운 투병 과정에서도 웃음으로 마음의 위로를 얻게 되고, 희망을 발견하게 되므로 많이 나오게 된 것 같다.

얼마 전 서울 중랑구에서 이곳 의정부까지 멀리서 참석하는 유방암 환우가 너무나 걱정스럽고 공포에 사로잡힌 얼굴로 나타났다.

"무슨 일이 있습니까?"

하고 걱정스러워 안부를 물었다.

"원장님, 유방암이 전이되었다고 해서요."

궁금해서 또 물었더니 폐에서 종양이 몇 개 발견되었다는 것이다. 아직 조직검사 결과가 나오지 않아 확인되지는 않았으나 본인은 폐로 전이된 것으로 믿고 있는 듯했다. 암의 전이로 인해 암이 더욱 악화되고 있다고 믿고 두려움에 사로잡혀 있는 그 상황이 더 큰 문제였다.

"종양이 발견되었다고 다 악성이 아니고 양성이 훨씬 더 많습니다. 그리고 만에 하나 폐의 종양이 조직검사 결과 악성으로 나오더라도 그래서 전이된 것이 확실하다 하더라도 전이된 것이 암의 악화로 볼 수 있는 것은 아닙니다. 중요한 것은 마음을 편하게 갖는 것입니다. 희망을 갖고 열심히 웃으세요"라고 설명하며 격려해 주었다.

많은 암 환우의 경우 전이가 발생하면 절망하게 되고, 두려움에 사로잡혀 엄청난 스트레스를 받게 되며, 교감신경이 극도로 긴장한 상태로 되어 암은 급속히 악화된다. 그래서 희망을 잃고 스스로 암을 크게 증식시키는 결과를 가져온다.

그러나 암의 전이가 암의 악화로 볼 수는 없다. 전이는 림프구의 NK세포나 T임파구 등이 공격을 할 때 암세포가 살아남기 위해 이곳저곳으로 피난 가듯 흩어지는 현상으로 보면 훨씬 더 편한 마음으로 대할 수 있다. 일단 암이 전이되었을 때는 우선 림프구 수를 조사해 보아야 한다. 림프구 수가 증가하고 전이가 발생하였다면 우리 면역체계가 치유 능력을 발휘하여 암을 잘 공격하고 있다고 믿어도 좋다.

전설적인 사이클 선수 랜스 암스트롱은 고환암에 걸렸으며 폐까지 전이되었고 또 뇌까지 전이되었다. 그러나 그는 1% 희망만 있어도 끝까지 희망을 잃지 않고 달려나갔다. 힘든 항암 치료를 이겨 낸 그는 7년 연속 트루 드 프랑스 사이클 대회에서 우승하는 놀라운 역사를 이루어 놓았다.

"암의 전이가 암이 악화된 것이다"라는 생각은 바꾸는 것이 좋다. 사실이 아닌 경우가 더 많기 때문이다.

그 다음 주에 이 유방암 환우는 얼굴이 활짝 핀 모습으로 나타났다.

폐의 종양은 전이된 것이 아니고 악성도 아닌 것으로 검사 결과가 나왔다는 것이다.

암 환우들의 투병 생활에서 가장 중요한 것은 면역력을 높이는 일이며, 이는 환우 자신의 심리 상태와 매우 밀접한 관계가 있다. 대개 자신이 암이라는 선고를 받으면 충격에 빠진다. 그리고 죽음의 공포가 엄습하며 절망에 빠진다. 그리고 재검사, 수술, 방사선 치료, 항암 치료를 하며 느끼는 심리적 스트레스는 말도 못하게 심해져 면역력이 증가하기는커녕 암의 진행을 더욱 더 촉진시키는 방향으로 기울어지게 된다. 그래서 악순환이 계속되는 상황에 빠진다.

일본의 니가타의대 대학원 교수로 있는 면역학자 아보 도오루는 그의 저서『면역혁명』에서 암 환우들이 치유를 위해 실행해야 할 것 네 가지를 기술했다.

첫째, 생활 패턴을 완전히 바꾸고

둘째, 암의 공포에서 벗어나 희망을 갖고

셋째, 면역을 억제하는 치료는 받지 않고

넷째, 적극적으로 부교감신경을 자극하라는 것이다.

이 네 가지를 실천하기 위해 웃는 것이 매우 중요하다. 특히 부교감신경을 활성화하기 위해서 중요한 마음가짐이 웃음이다. 심각한 표정을 짓고 있을 때는 교감신경이 긴장 상태에 있는 것이다.

암이라는 질병이 찾아오면 고민도 되고 고통스럽겠지만 이를 이겨내기 위해선 웃는 생활을 해야 한다. 별것도 아닌 일에 웃기 시작하면 우리의 기분도 좋아지고 부교감신경도 활성화된다.

암 환우가 치료를 시작하고 웃기 시작하면 틀림없이 병이 낫겠구나

라고 생각해도 좋다. 기분이 우울하더라도 거울을 보고 억지로라도 웃기 시작하면 심리 상태가 달라지고, 계속해서 웃는 연습을 하다 보면 면역력이 자신도 모르게 증가하여 더 빨리 암을 치유할 수 있게 된다. 웃게 되면 암세포를 공격하는 NK세포, T세포, NKT세포, B세포 등이 활성화된다. 그래서 웃음은 희망의 최후 무기이다.

웃음은 치유하는 능력이다.

웃음은 면역력을 높이는 가장 빠른 방법이다.

암세포를 격파하는 웃음

정도의 차이는 있지만 누구나 나이를 먹으면 주름살이 늘고 머리카락은 희어지며 몸은 쇠약해진다. 그래서 원시시대에는 집단에서 쫓겨나기 때문에 우리 유전자 속엔 노쇠에 대한 두려움이 있다고 한다. 보이는 겉만 변하는 것이 아니라 속에 있는 장기들도 변한다. 위장도 변하고 심장도 변하고 간도 변한다.

그런데 우리 몸에서 나이가 많아짐에 따라 가장 많이 변하는 장기중 하나가 흉선Thymus이라는 것이다. 흉선은 10대 후반에 가장 왕성하다가 청년기가 지나면서 축소되기 시작해서 40대에 대부분 지방화되고 세포 수도 10%정도 감소하다가 70~80대가 되면 아주 작은 지방덩어리(1g정도)로 변하고 만다. 그런데 이 흉선은 면역체계에서 T세포를 훈련시켜 혈중으로 투입시키는 막중한 일을 담당하고 있다. 흉선은 임신 2~3개월 무렵 모체의 태 내에 있을 때 활동을 시작해서 T세포를 훈련시켜 방위를 담당하는 군사들을 내보낸다. 몸 안을 순회하며 방어하는 T세포는 20~30년까지 생존하는 세포도 있다고 한다.

따라서 흉선이 나이의 영향을 받아 기능이 약화되기 때문에 T세포도 나이와 더불어 점점 감소하지만 다행히 기억을 가진 T세포는 감소하지 않는다. 면역계에 기억이 있다는 것은 쇠퇴해 가는 우리 몸이 생명을 보존하기 위해 매우 유익한 것이다.

어릴 때 유행성 이하선염이나 홍역에 걸리면 그 기억을 가진 임파구가 보존되어 다음에 같은 바이러스가 침입했을 때 바로 기억된 매뉴얼대로 격퇴시킨다. 뇌의 기억기능은 나이와 함께 약화되어 열쇠나 핸드폰을 어디에 두었는지 자꾸 잊어버리지만 임파구의 기억기능은 완벽해서 잊어버리지 않는다. 이 기억기능은 300년까지도 갈 수 있다는 것이 정설이다. 흉선의 기능에 급격한 변화를 미치는 인자가 바로 스트레스이다. 우리가 스트레스를 받으면 부신피질호르몬이 생성되어 흉선기능을 위축시킨다. 그래서 늘 스트레스에 시달리는 사람은 면역력이 급격히 저하된다.

이 기억된 T세포는 나이가 많아짐에 따라 변하지 않지만 B세포나 NK세포(Natural Killer Cell, 자연살해세포)는 나이의 영향을 많이 받는다. 특히 암세포를 선별 공격하는 NK세포는 연령에 따라 활성도에서 많은 차이가 있다. 젊을 때보다 고령이 될수록 암 발생률이 훨씬 높아지는 이유도 NK세포의 쇠퇴와 매우 관련이 있다.

1970년대 초반만 하더라도 임파구는 T임파구, B임파구 두 종류만 있는 것으로 알려졌다. 그러나 1975년 미국, 스웨덴, 일본 등에서 연구자들에 의해 거의 동시에 암세포를 죽이는 면역세포가 발견되었다. 이

것이 NK세포이다. 이 NK세포를 발견한 이는 미국의 허버맨, 스웨덴의 키슬링, 일본의 센도후지오이다. NK세포는 생쥐 실험에서 발견했다. 생쥐는 흉선이 없기 때문에 T임파구가 없다. 연구자들은 생쥐의 임파구를 추출하여 암세포와 혼합시키는 실험을 하였다.

T임파구가 없기 때문에 당연히 암세포는 급격히 증식할 것이라는 예상을 깨고 암세포는 임파구에 의해 사멸되었다. 그래서 임파구 중에는 T임파구, B임파구 외에 다른 임파구가 있으며 이 세포는 선천적Natural으로 살상력Killer을 갖고 있어 기억되지 않고도 갑자기 만난 항원을 죽일 수 있음을 발견한 것이다.

이 NK세포 수는 우리 몸에 약 50억 개 정도 존재하며 나이가 많아짐에 따라 약간 증가하지만 암을 죽일 수 있는 능력 즉 활성도는 현저히 떨어진다.

자율신경도 NK세포 활성도에 영향을 미친다. 마음의 평안을 유지하여 부교감신경이 활발히 작용하면 NK세포의 활성도는 증가한다. 스트레스를 받아 교감신경이 활발해지면 NK세포 수는 약간 증가하지만 활성도는 현저히 감소된다. NK세포의 살상 능력이 무력화되어 암세포를 파괴하지 못한다. 따라서 우리 면역계에 매우 중요한 T임파구나 NK세포의 활성도를 최고로 높이기 위해서는 스트레스를 받지 않고 부교감신경을 활발하게 작용할 수 있도록 마음의 평강을 누리고 즐거운 삶을 살아야 한다.

스트레스를 적게 받고 마음의 평안을 얻으려면 우리의 노력으로 습관을 잘 들이면 가능하다. 즉 매일 웃는 연습을 하여 웃음을 습관화하는 것이다.

웃으면 광대뼈 주위의 웃음 근육들이 흉선을 자극해서 강한 T임파구를 만들게 된다. 또 웃으면 NK세포 활성도가 두 배 가까이 상승한다. 웃으면 부교감신경을 활성화시켜 마음의 평강을 가져온다. 웃으면 쾌락 물질인 도파민, 엔도르핀 등의 분비를 촉진시켜 백혈구를 매우 활성화하게 한다.

많은 이들이 웃음으로 암을 이겨 냈다는 실증 사례는 매우 많다. 우리 하하웃음행복센터에도 이를 증명하는 암 환우들이 여러 명 있다.

웃으면 건강에 좋고 행복해진다는 사실을 이제는 많은 사람들이 알고 있다. 그러나 막상 생활 속에서 항상 웃기는 쉽지 않다. 그렇기 때문에 확실한 동기 부여, 체계적인 연습이 필요하다.

신이 인간에게 내려 준 신묘막측한 방어체계를 지키고 활성화시킬 의무가 우리 모두에게 있다.

웃는다는 것은 우리 자신을 지키기 위해 실천해야 될 의무이자 권리이다.

조증과 무음소

K는 군대에서 항공 촬영병이라는 특수 임무를 수행하고 제대한 후 복학했다. 복학 후 6개월은 그냥 그런대로 학교에 다녔으나 결석일 수가 많았다. 특별히 친한 친구도 없어 관심을 두는 친구도 별로 없었다. 다음 학기에 K는 등록을 하지 않았다.

어느 날 그는 갑자기 학교에 나타났고 친구들 앞에서 이상 증세를 보였다. 그는 학우들에게 Y를 지지해야 나라가 산다는 둥, Y처럼 위대한 지도자는 없다는 둥, 자신의 등록금을 사회를 밝게 하기 위해 불쌍한 사람들에게 다 나누어 주었다는 등 히죽히죽 웃어 가며 떠들어 댔다.

밑도 끝도 없이 자신이 왜 떠드는지도 알 수 없었고, 횡설수설하며 이야기하는 것 자체가 신나고 즐거운 듯 몇 가지 화제만 계속해서 떠들어 댔다. 모든 친구들은 이 이해할 수 없는 상황을 견딜 수 없었지만 본인은 전혀 개의치 않았다.

한 친구가 이렇게 이야기했다.

"야. 너 미쳤구나."

K의 안색은 순식간에 변했다. 웃음기가 사라지고 분노의 표정으로 바뀌었다. 자신이 들고 있던 우유팩을 집어던졌고 그 친구를 때리기 위해 달려나갔다. 친구들의 만류로 겨우 싸움은 일어나지 않았지만 그 일 이후로 K의 얼굴은 볼 수 없었다. 나중에 들은 소식에 의하면 우여곡절 끝에 K는 폐쇄병동에 입원하였고 그 후론 그의 소식을 아는 사람이 없었다.

K처럼 그 기분이 극과 극을 오가며 미친 사람처럼 들떠 있고 만면에 웃음을 띄우다가도 아주 작은 일로 몇십 년 원한이라도 쌓인 것처럼 불같이 화를 내기도 하여 주위의 친구들이 다 떠나는 질병을 조증이라고 한다.

조증이란 비정상적이거나 보통이 아닌 흥분 상태를 가리키는 정신의학용어이다. 조증 환자들은 세 가지 형태의 흥분 상태가 일어난다. 먼저 감정적 흥분 상태를 보인다. 이 세상 모든 것에 너무나 흥미진진하고 아름답게 느끼며, 그 어느 것도 이런 흥분된 감정을 억제할 수 없을 것으로 생각한다. 그리고 언어적 흥분 상태를 보인다. 그래서 자신을 나타내기 위한 이야기를 끊임없이 한다. 자신의 잘난 점과 자랑거리를 남들이 듣건 말건 개의치 않고 계속 떠들어 대는 것이다. 목소리도 확신에 찬 목소리로 크고 빠르게 이야기한다. 그리고 행동의 흥분 상태를 보인다.

항상 에너지가 넘쳐 매일 서너 시간밖에 자지 않아도 피곤함을 느끼지 못하고, 불쌍하다고 생각하는 사람들에게 돈도 나누어 주고, 하루 종일 쇼핑하며 돈을 물 쓰듯 하고, 이렇게 해서 산 물건들을 또 다른 사람에게 나누어 준다. 그리고 어떤 일을 꾸준히 안정적으로 하지 못하고 쉽게 변하고 경박한 생활을 하게 된다.

미국정신의학회American Psychiatric Association의 조증 진단 기준에 따르면 이런 비정상적으로 의기양양하거나 과민한 기분이 적어도 1주일간 지속되는 분명한 기간이 있고, 이 기간 중에 심하게 과장된 자신감, 수면에 대한 욕구 감소, 평소보다 말이 많아지고, 계속 말을 하게 되며, 사고의 비약 또는 연달아 일어나는 주관적 경험, 주의 산만, 흥청망청 물건 사기, 고통을 수반한 쾌락적인 활동에 지나치게 몰두하기 등의 증상 중 몇 가지가 심각한 정도로 나타난다는 것이다.

이 조증은 정신과적 상담과 검사를 통해 정신 분열증이나 성격장애 등의 타 질환과의 감별이 필요하며, 약물 치료를 중심으로 한 포괄적 정신 치료 계획을 세워 치료해야 한다.

잘 웃지 않던 사람이 웃기로 결심하고 좀 과도하게 웃으면 혹시 정신 이상이 생기지 않았나 하는 의심스러운 눈으로 바라보기도 한다. 바로 조증으로 의심받게 되는 것이다. 그러면 다른 사람의 시선을 의식해서 웃지 못하게 된다. 그래서 사람들을 만날 때는 입꼬리만 올리는 미소를 많이 사용하고, 혼자 있는 장소 즉 승용차 속에서나 집의 화장실 같은 곳에서 열심히 웃는 것이 좋다.

그리고 늘 만나는 사람에게는 이제부터 웃는 연습을 열심히 하겠다고 선포하고 또는 같이 웃기로 약속하고 함께 웃으면 좋을 것이다. 사람들을 만나 웃으라고 권하면 꼭 그렇게 크고 시끄럽게 웃어야만 되느냐고 반문한다. 물론 뇌에 각인시키고, 엔도르핀 생성을 활발히 하기 위해 크게 웃는 것이 중요하지만, 꼭 그렇게 크게 웃을 필요는 없다. 무음소로 웃게 되면 소리 안 내고 얼마든지 좋은 효과를 내며 웃을 수 있다. 남의 시선이 많이 의식되거나 크게 웃는 것이 생리에 맞지 않으면 무음소로 웃는 것을 권한다.

횡격막의 상승효과도 뛰어나고 혈액순환에 미치는 영향도 훨씬 강하게 된다. 무엇보다 조증으로 오해 받는 일에서 벗어날 수 있다. 사람들 앞에서 웃는다는 것은 바보처럼 보이거나 약간 정신 이상이 된 사람처럼 보이는 위험을 무릅쓰는 것이다.

모험을 무릅쓰지 않으면 진정으로 변화될 수 없고, 성장할 수 없고, 승리할 수 없다.

빈첸시오 수도원 우물물

스페인의 성 빈첸시오 수도원에는 가정에 화평을 가져오고 삶을 변화시키는 우물이 있다고 한다.

하루는 어느 부인이 성 빈첸시오 수도원의 원장인 빈첸시오 페러를 찾아왔다. 부인은 남편에 대한 불평을 털어놓았다.

"불평 많고, 신경질 잘 부리는 남편을 더 이상 참을 수가 없어요. 하루도 불평이나 화를 내지 않고 넘어가는 일이 없어요. 이대로 가면 우리 가정은 파괴될지도 몰라요. 예전에 화목했던 가정으로 되돌아갈 수 있는 방법이 없을까요?"

수도원장은 이렇게 대답했다.

"우리 수도원으로 가세요. 그리고 문지기에게 수도원의 우물에 가서 물을 한 바가지 퍼 달라고 하세요. 그리고 집으로 가셔서 남편이 돌아올 때 그 물을 입에 한 모금 가득 넣으세요. 주의할 것은 물을 삼키면

안 됩니다. 그렇게 계속하면 반드시 화목한 가정을 다시 찾을 수 있습니다."

부인은 수도원장이 지시한 대로 행했다. 남편이 저녁에 집에 들어오자마자 갖은 악담을 하며 불평을 늘어놓고 화를 내기 시작했다.

물을 입안에 머금고 새어나오지 않도록 입을 꼭 다물고 있는 부인 앞에서 남편의 불평은 그리 오래 가지 않았다. 부인은 이 비밀요법을 계속해서 사용하였고 점점 더 효과는 좋게 나타났다. 남편은 서서히 변하기 시작했다. 그리고 부인의 참을성과 고상함에 칭찬의 말까지 하게 되었다. 부인은 남편이 달라지고 새롭게 화목해진 가정을 회복한 데 대해 수도원장을 찾아가서 감사의 말을 전했다. 수도원장은 웃으며 이렇게 대답했다.

"기적을 일으킨 것은 수도원의 물이 아니었어요. 전에는 당신의 말대답이 남편을 짜증스럽게 만들었지만 이제는 당신의 침묵이 남편을 부드럽게 만드는 것이지요."

그 후로 스페인에는 화목하지 못한 가정을 향해 이런 권면의 격언이 전해지고 있다.

"성 빈첸시오의 우물물을 마셔라."

경기도 양주시 은현면에도 성 빈첸시오 수도원이 있다. 그곳의 치매 환우들을 위한 웃음 봉사를 작년에 이어 금년에도 계속하고 있다. 매월 1회씩 가서 함께 웃고 그들 마음에 다가서는 일은 매우 행복하다.

처음에는 혼자 봉사를 갔지만 지금은 하하웃음행복센터에서 십여 명 봉사자들이 함께 참여하고 있다. 이제는 서로 봉사하는 날을 기다리며 만나면 반갑게 웃으며 우리를 맞아 준다. 처음에는 마음의 문을 열지 못하던 이들도 이제는 먼저 다가와 손을 잡고 고마움을 표시한다. 8개월 동안 전혀 얼굴 표정이 변하지 않던 할머니 환우는 드디어 이번 달 봉사할 때 변화되는 모습이 보였다. 양손을 마주치며 박장대소로 웃어 주자 입술이 파르르 떨리며 드디어 윗니가 드러나더니 입꼬리까지 올라가며 웃는 기적을 나타냈다. 헤어질 때는 손을 꼭 잡으며 어눌한 말로 떠듬떠듬 인사를 했다.

"고… 마… 워… 요… 다음에… 꼭… 와요."

함께 가는 봉사자들도 갔다오면서는 많은 것을 느낀다고 했다. 마치 앞으로 자신의 모습이 아닐까 하는 마음이 들기도 한다면서 치매가 오지 않도록 열심히 웃고 봉사할 것을 다짐하기도 했다.

진정 고마움으로 대하는 담당 사회복지사의 말로도 웃음이 이렇게 큰 힘이 있을 줄은 생각지도 못했다고 한다. 우리는 매달 한 번씩 성 빈첸시오 수도원에서 감사와 감동의 생수를 마시고 돌아온다. 새로운 삶의 활력을 불어넣어 주는 생수를…… .

처음 봉사를 시작할 때 치매환우들을 보며 "과연 이들에게 웃음이 전달될까?" 하는 마음이 들었다. 또 이들이 "인지를 할 수 있을까?" 하는 의문도 들었었다. 그러나 회를 거듭할수록 나의 의심은 사라졌다. 환우들의 눈과 동작을 보면 확실히 느끼고 인지하고 마음으로는 따라 하려는 감정을 이제는 느낄 수 있게 되었다.

비록 손을 못 움직이더라도 손가락의 미세 변화를 느낄 수 있었고, 비록 웃음을 따라 웃지 못해도 얼굴에 나타나는 미세한 근육의 경련을 감지할 수 있었다.

처음에 갔을 때와 비교해서 많이 변화된 그들의 모습을 대할 때마다 우리는 감사와 사랑의 선물을 오히려 가득 받고 돌아온다.

성 빈첸시오의 사랑의 생수를 가득 마시고 돌아온다. 치매환우들과 함께 웃으니 우리 봉사자들이 치유와 회복의 삶을 살게 되었다. 성 빈첸시오 수도원은 웃음의 우물물, 감사의 우물물, 사랑의 우물물, 치유의 우물물, 회복의 우물물을 우리에게 제공하고 있다. 자신이 가지고 있는 것을 나누는 일이 가장 행복한 것임을 다시 한 번 느껴본다.

죽음에 이르는 병

2009년을 전후해서 유명한 사람이 유난히 세상을 많이 떠난 것 같다. 김수환 추기경, 김대중, 노무현 전직 대통령, 마이클 잭슨 등 역사적 인물들이 유명을 달리했다. 또 장영희 교수, 아시아의 물개 조오련 선수, 영화배우 장진영 등의 죽음도 기억에 남는다. 노환과 암으로 기타 어쩔 수 없는 병으로 죽음을 맞이한 분들의 명복을 빈다.

이 중에서 마이클 잭슨의 사인은 불면증을 치료하기 위한 약물 과다투여가 원인으로 밝혀졌고 조오련 선수는 심장병으로 인한 돌연사가 원인이라고 한다. 불면은 누적될수록 참으로 고통스럽고 참기 힘든 질병이라고 할 수 있다.

그래서 고문 중에 최고의 고문은 잠을 안 재우는 고문이라고 한다. 우리나라에서도 과거에 이런 고문이 있었지만 미국의 관타나모 수용소에서는 24시간 불을 켜고 큰 소리로 음악을 듣게 하고 수감자를 몇

분에 한 번씩 다른 감방으로 옮겨가며 잠을 못 자게 하는 형벌을 가했다고 한다.

우리의 생활 문화도 잠을 못 이루게 한다. 낮보다 환하게 불 켜진 밤, 늘어나는 소음, 알코올 및 카페인의 남용, 밤에 뛰는 직업 등이 점점 늘어남에 따라 더 많은 이들이 잠을 빼앗긴다.

마이클 잭슨의 경우는 잠을 자기 위해 약물을 투여하다 영원히 잠들게 된 것이다. 불면증은 죽음을 부르는 병이 되고 만 것이다.

돌연사한 원조 마린보이 조오련 선수의 사인은 심장병이라고 한다. 심장병은 경우에 따라 한 번 오면 그것이 생의 마지막이 될 수도 있는 무서운 질환이다. 그러나 고칠 수 없는 불치병은 아니며 미리 알고 대처하면 피할 수 있는 질병이다. 모르면 죽고, 알고 대비하면 사는 질병이다. 병 자체도 경계를 해야 하지만 이에 대한 무지를 더 경계해야 하는 질환이다.

심장병은 혈관이 건강하고 깨끗하면 걱정하지 않아도 되지만, 혈관이 좁아지고 혈전이 돌아다녀도 어느 한계까지는 별다른 증세가 나타나지 않으므로 무관심하게 지나게 된다. 그러다가 과도한 스트레스나 추위 또는 운동 등으로 심장의 부담이 갑자기 늘어나면 환자는 무방비 상태로 죽음에 이르게 된다.

사망 원인이 암과 뇌혈관 질환에 이어 3위를 나타내며 하루 사망자 150명으로 돌연사 원인으로는 단연 1위이다. 돌연사의 대부분은 심근경색증이다. 심근경색증은 식생활의 변화, 운동 부족, 스트레스 증가에 따른 현대 사회의 구조적인 문제를 안고 있는 질병으로 매년 급속히 증가하고 있다.

심장병 치료에 왕도는 없다. 예방과 조기 발견 그리고 잘 관리하는 것이 최선의 방책이다. 불면증과 심장병 예방을 위해서 매일 30분 이상 걷고 따뜻한 물로 샤워하고, 적포도주 1잔 정도를 할 것을 권한다. 그러나 무엇보다도 중요한 것은 마음의 평안과 기쁨이다. 그리고 이를 위해 매일 10분 이상씩 웃는 것이 중요하다. 웃으면 심장에 유입되는 혈류량이 22% 증가하고, 동맥의 혈관 내벽이 확장되며, 혈액순환을 돕는 사이토카인이라는 물질이 나온다고 한다.

또한 노르아드레날린이라는 스트레스 호르몬 생성을 감소시켜 심장의 흥분을 안정시키고, 매크로파지(대식세포)를 활성화시켜 혈관 내부의 청소를 활성화시켜 건강하고 안정된 순환을 이루게 할 수 있다. 그래서 심장병 예방 및 관리의 특효약은 바로 웃음이라고 할 수 있다.

불면증의 경우도 걱정, 근심, 불안, 분노, 초조 등 부정적인 마음이 불면을 일으킨다. 즉 부정적 마음이 스트레스 호르몬을 양산시켜 우리 몸을 긴장 상태로 만들어 수면을 방해한다.

웃음은 이런 스트레스 호르몬을 중화시키고, 생산을 감소시키며, 부교감신경을 우위로 작용하게 하여 쾌면을 촉진시킨다. 잠 못 이루는 그대를 향한 가장 귀한 선물은 웃음이다.

심장병을 가진 당신을 위한 선물도 웃음이다. 지금 이 순간 바로 웃지 못하면 결국 웃지 못 한다. 모든 걸 내려놓고 지금 같이 웃읍시다.

외상 후 스트레스 장애

제1차 세계대전에 참전한 군인들에게 이상한 증세들이 나타났다. 환청과 환시를 호소하거나 갑작스럽게 발작을 일으키는 병사들이 많아진 것이다. 이 중 일부는 우울증에 자살을 하기도 하였다. 의학계는 이를 '포격쇼크증' 이라고 불렀다.

제2차 세계대전 때에도 같은 현상이 일어났다. 승리한 연합군뿐 아니라 패배한 국가의 군인, 민간인들에게도 나타났다. 의학계는 이를 '전쟁신경증' 으로 규정했다.

베트남 전쟁 후 귀국한 미국 병사들에게서도 이 같은 현상이 나타났다. 일상 활동에 대해 흥미를 잃고 주위와의 인간관계가 단절되는 등 각종 사회적 부적응 문제를 유발하게 되었다.

드디어 1980년대 초 미국 정신과협회는 '외상 후 스트레스 장애post traumatic stress syndrome, PTSD' 라는 공식 병명을 채택했다.

이 장애는 계속해서 나타났다. 이라크 전쟁, 아프가니스탄 전쟁에 참전한 미군 병사 32만 명에게서 나타나 미군 5명 중 1명꼴로 장애를 경험하게 된 것이다. 이후 9·11테러 시 이를 목격하거나 시청한 많은 이들에게서도 PTSD가 나타났다.

우리나라에서도 군대에서 큰 사건이나 광주민주화항쟁, 대구지하철 참사 등을 경험한 이들에게도 나타나 사회적 경각심을 불러일으키고 있다. 故최진실의 동생 故최진영도 결국 스트레스 장애를 이겨 내지 못하고 목숨을 끊은 것이라고 할 수 있다.

외상 후 스트레스 장애는 심한 정신적 충격 후에 찾아오는 정신적 장애이다. 예를 들어 지진, 해일 등 자연적 재해 경험, 심각한 사고나 인위적 재해 경험, 전투, 타인의 폭력적 죽음의 목격, 고문에 의한 희생, 테러, 강간 등에 의해 지연된 그리고 만성적인 반응으로 장애를 일으키는 것이다.

PTSD는 특히 뇌에서 스트레스 호르몬과 신경전달 물질에 영향을 미쳐 불안정한 신체 반응을 일으킨다. PTSD의 증상은 사건에 대한 고통스런 기억이 반복해서 떠오르거나 환청, 환시, 꿈으로 나타나며, 인간관계의 단절, 일상 활동에 대한 흥미 결여, 미래가 없을 것 같은 느낌, 감정표현의 둔화, 외상과 관련된 기억상실, 외상을 연상시키는 장소, 사람, 물건을 회피하게 된다.

또한 쉽게 분노가 폭발하며, 신경 예민, 집중력 저하, 수면장애, 사소한 자극에 심하게 놀라기도 한다. 특히 외상적 사건에 대한 죄책감(생존자로서 죄책감), 가슴 두근거림, 두통, 체온 상승, 어지러움, 초조한 감정을 나타내기도 한다.

서울대병원은 통계자료에서 우리가 평생 60%정도의 사람들이 정신적으로 의미 있거나 큰 사건을 경험한다고 한다. 이 중에서 외상 후 스트레스 장애가 나타나는 것은 6.7%라고 한다. 특히 청소년 중 정신적 외상을 경험한 후 2년 후에도 장애 증상을 보이는 경우는 37%나 된다고 한다. 그래서 청소년기에는 주위의 세심한 배려와 관심이 요구된다.

치료는 항우울제, 수면제, 항불안제 등 정신과 의사의 처방에 따라 약물 치료를 병행하거나 정기적 심리상담, 인지 치료 등 오랜 시간 천천히 치료에 임해야 한다.

무엇보다 중요한 것은 주위, 특히 가족의 정신적인 지지, 그리고 스스로 당시 사건을 객관적으로 돌이켜 볼 수 있도록 용기를 북돋워 주는 일일 것이다. 이는 한 개인이나 가정의 문제라기보다 사회와 정부의 적극적 관심과 치유를 위한 시스템, 제도 등을 마련하는 일이 더욱 중요하고 효과적이라 할 수 있다.

가족들이 항상 밝고, 희망적이고, 긍정적인 웃음으로 대한다면 스스로 외상 후 스트레스 장애를 극복하는 데 큰 밑바탕이 되고 이겨 내는 용기를 주게 되는 것이다. 말 없이 웃음으로 포옹해 주고 격려를 보내주면 이겨 내고 삶을 바꿀 수 있는 강한 에너지를 끌어올 것이다.

마음의 병을 치유하는 데는 감사한 마음으로 늘 웃는 것이 만병통치약이 된다.

천안함 침몰로 인한 생존자들과 또 전사 장병들의 유가족들도 정신적 충격을 잘 극복했으면 한다.

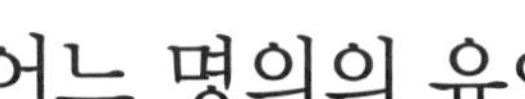

어느 명의의 유언

인터넷에 많이 돌아다니는 이야기 중 '어느 의사의 유언' 이란 제목의 이야기가 있다.

어떤 마을에 유명한 의사가 살고 있었다. 마을 사람들은 몸이 아프면 모두 그를 찾아가 치료를 받았다. 그 의사는 환자의 얼굴과 걸음걸이만 봐도 어디가 아픈지 척척 알아내 처방을 해 주는 소문난 명의였다. 그런 그가 나이가 들어 세상을 떠나게 되었다. 마을 사람들은 슬픈 마음으로 의사를 찾아가 그의 임종을 지켜보아야 했다. 죽음을 앞둔 의사가 마을 사람들에게 힘들게 입을 열었다.

"나보다 훨씬 훌륭한 세 명의 의사를 소개하겠습니다. 그 의사의 이름은 음식과 수면과 운동입니다. 음식은 75%만 채우고 절대로 과식하지 마세요. 12시 이전에 잠들고 해가 뜨면 일어나십시오. 그리고 열심히 걷다 보면 웬만한 병은 다 나을 수 있습니다."

말을 하던 의사는 힘들었는지 잠시 말을 멈추었다가 다시 이어갔다.

"그런데 음식과 수면과 운동은 두 가지 약과 함께 복용할 때 효과가 훨씬 더 좋습니다."

사람들은 의사의 말에 귀를 쫑긋 세우고 열심히 경청했다.

"육체와 더불어 영혼의 건강을 위해 꼭 필요한 것은 웃음과 사랑입니다. 육체만 건강한 것은 반쪽 건강입니다. 영혼과 육체가 골고루 건강한 사람이 되십시오. 웃음약은 평생 꾸준히 복용하십시오. 웃음의 약은 부작용 없는 만병통치약입니다. 기분이 언짢거나 안 좋은 일이 있을 때에는 더 많이 복용해도 좋습니다. 매일매일 거르지 말고 복용해야 합니다. 사랑의 약은 비상상비약입니다. 이 약도 수시로 복용하세요. 아주 중요한 약입니다."

의사는 자신이 세상을 살면서 깨달은 가장 중요한 것들을 사람들에게 알려 준 후 평안한 모습으로 눈을 감았다.

필자가 지금까지 계속 주장하는 웃음은 부작용 없는 만병통치약이라는 대목이 눈에 확 들어온다. 이는 그동안 하하웃음행복센터를 통해서도 그 효과가 확실히 입증되고 있다.

육체적 질병뿐 아니라 정신적인 질병에도 매우 효과가 좋다는 것이 증명되고 있다. 유방암, 대장암, 위암, 갑상선암 등 각종 암에도 좋은 치유의 결과를 나타냈으며 당뇨합병증, 고혈압합병증, 아토피, 류머티스, 파킨슨병, 각종 통증에도 좋은 치유의 결과를 나타내고 있다. 그리고 우울증, 외상 후 스트레스 장애, 조울증, 불면증, 마음의 상처로 인한 정서불안, 초조, 신경증 등 각종 정신적 질환에도 좋은 치유의 결과를 보이고 있다.

이렇듯 웃음은 만병통치약이면서도 부작용이 없다. 그리고 무료이다. 이 세상에 가장 값진 것들은 다 무료이다. 공기, 햇빛, 계곡의 맑은 물, 비, 눈, 아름다운 자연… 이 모든 것들이 무료이지만 우리에겐 없어서는 안 될 가장 중요한 것들이다.

웃음도 마찬가지이다. 우리의 건강과 치유, 그리고 보다 행복한 삶을 위해 무료로 신이 우리에게 주신 것이다. 그런데 이렇게 멋진 신의 선물을 우리는 별로 고마워하지도 않고 잘 사용하지도 않고 있다. 다시 한 번 웃음은 부작용 없는 만병통치약임을 명심하고 이것을 이웃에게 나누어 주자.

웃음은 전염되고 감염된다. 우리 모두에게 육체적, 정신적 건강을 위해 꼭 필요한 것이다.

윌리엄 셰익스피어는 이렇게 말했다.

"그대의 마음을 웃음과 기쁨으로 감싸라. 그러면 천 가지 해로움을 막아 주고 생명을 연장시켜 줄 것이다."

오늘도 웃어서 건강하기를 바란다.

웃음과 감기

감기 연구소에는 300명의 건강한 실험 지원자들이 모였고 그들에게 다음과 같은 설문지가 배포되었다.

"삶에서 당신에게 스트레스를 유발하는 사건은 다음 중 어떤 것입니까?" 그리고 많은 항목들 가운데 해당되는 것에 체크하도록 하였다. 그런 다음 모든 지원자들에게 감기 바이러스를 주입하였고 감염 증상이 나타나는지 관찰했다. 설문지에서 스트레스를 많이 받는 그룹에서는 지원자 중 47%가 감기에 걸렸다. 그러나 스트레스를 덜 받는 그룹에서는 27%가 감기에 걸렸다. 그리고 스트레스를 많이 받는 그룹에서 감기 증상을 나타낸 사람들이 훨씬 더 심한 증상이 나타나 괴로움을 당했다.

셸던 코언 교수의 실험 결과였다. 사실 이 교수는 지난 10년 동안 1,000명의 지원자에게 감기 바이러스를 주입해 왔다. 심리적 요인이 감기에 어떤 영향을 미치는지 밝히기 위해서였다.

"실험을 하면서 나는 다음 사실을 발견했습니다. 감기에 걸릴 위험을 가장 높이는 최악의 스트레스는 만성적으로 지속되는 스트레스였습니다. 실직이라든가 배우자와의 지속적인 불화, 가족이나 친구와의 갈등 같은 상황이 한 달 이상 지속될 때 특히 그러합니다. 이런 스트레스를 견디고 있는 사람들은 그렇지 않은 사람에 비해 감기에 걸릴 확률이 두 배에서 세 배가량 높았습니다. 스트레스를 유발하는 상황이 오래 지속될수록 만성적인 질병이 자라날 위험 또한 높아집니다."

셸던 코언은 계속해서 이야기한다.

"활기찬 마음이야 말로 명약이지요. 외향성이 감기와 가장 강한 연관성을 보였습니다. 다른 사람들과 어울리기 좋아하는 외향적인 사람들은 내향적인 사람들보다 감기에 덜 걸렸습니다."

긍정적인 감정을 가진 사람들도 감기에 덜 걸렸다. 열정적인 사람, 자기 존중감이 강한 사람, 낙관주의자, 행복감이 높은 사람 등 자기 스스로의 삶을 성공적으로 통제하며 안정적인 감정을 지닌 사람들이 감기에 덜 걸리는 것을 확인하였던 것이다.

결과적으로 스트레스가 많은 이들이 감기에 훨씬 더 잘 걸린다는 것이다. 스트레스를 많이 받는 사람들은 스트레스와 싸우는 과정에서 많은 스트레스 호르몬을 생산한다. 그중에 대표적인 것이 코티솔cortisol인데 이 코티솔은 심장박동수를 증가시키고, 혈압을 상승시키며, 가장 중요한 면역 활동을 억제한다. 그래서 감기에 잘 걸리는 것이다.

하하웃음행복센터의 웃음행복교실엔 급훈이 있다.

"인생은 해석, 행복은 선택"이다.

우리에게 부딪히는 모든 사건을 긍정적이고 희망적으로 해석하자는 것이고, 순간순간의 삶을 낙관주의자로 행복을 선택하며 살자는 급훈이다. 여기에다 열심히 웃으면서 살면 면역력은 매우 증가하여 감기 및 각종 질병에 잘 걸리지 않게 될 것이다.

실제로 셸던 코언 연구에서도 이 사실을 밝혀냈다.

"스트레스를 많이 받는 사람들은 염증 반응을 촉진하는 사이토카인 IL6를 훨씬 더 많이 생산해 냅니다."

염증 반응을 촉진하는 사이토카인이 많이 분비될수록 감기 증상은 훨씬 더 심해진다. 웃자! 웃으면 코티솔이 적게 분비되어 면역력을 증가시키며 감기에 걸리지 않게 된다.

필자는 웃기 시작한 후 10년간 감기몸살로 누워본 적이 없다. 그 전에는 1년에 서너 번씩 1주일 이상 누워서 병 앓이를 했는데 그것이 사라졌다.

다시 한 번 강조해 본다. 웃으면 감기에 잘 안 걸린다. 웃음은 부작용 없는 만병통치약이다.

9

후생 유전학

미국의 듀크대학 연구팀은 뚱보 노란색 쥐들을 사육하고 있었다. 이 쥐들에게만 있는 "아구티agouti" 유전자를 보존할 목적으로 번식시킨 종이었다. 이들은 수컷 아구티 쥐와 암컷 아구티 쥐를 짝짓기하여 수 대째 노란색 뚱보 쥐들만 출산해 오고 있었다.

이 아구티 유전자를 보유한 쥐는 외피 색이 연하고 살이 잘 찌는 특징이 있었다. 그런데 이 노란색 뚱보 가문에 2003년 갈색의 날씬한 쥐가 태어났다. 이 사건은 유전학계를 발칵 뒤집어 놓았다. 유전에 대한 과학계의 기존 지식으로는 생각할 수 없는 일이 일어난 것이다. 갈색 새끼 쥐의 유전자를 분석해 보니 부모의 유전자와 똑같았다.

어찌 이런 일이 일어났을까?

듀크대학 연구팀은 출산 전 관리에서 그 이유를 찾았다. 즉 노란색 뚱보 엄마 쥐에게 출산 전 정상적인 식단 이외에 비타민 보충제들을 먹인 것을 확인했다. 비타민B12, 엽산, 베타인, 콜린 등에 변화를 준 화합물들을 섞어 먹인 것이다.

이 예비 엄마 쥐에게 먹인 비타민 보충제 중 몇몇 성분이 태아 쥐에게 도달해서 아구티 유전자의 스위치를 OFF 상태의 위치로 돌려놓은 것이다. 태어난 새끼 쥐의 DNA에는 아구티 유전자가 변함없이 들어 있었지만 스위치가 ON 상태에서 OFF 상태로 바뀌어 갈색의 날씬한 쥐로 태어난 것이다.

화학물질이 유전자에 달라붙어 그 명령을 억제했기 때문이다. 이 유전자 억제 과정을 DNA메틸화라고 부른다. 메틸기의 화학물질이 유전자와 결합하여 해당 유전자의 발현 방식을 변경하되 DNA는 바꾸지 않는 것이다. 비타민 보충제 성분에는 유전자의 발현을 멈추게 하는 메틸기를 형성하는 분자가 들어 있는 것이다. 이 메틸화 덕분에 날씬해지고 갈색 털을 얻은 쥐는 그 부모에 비해 암과 당뇨병에 걸릴 확률이 현저히 낮아진다고 한다.

이 연구로 인해 아기를 가진 산모의 환경요소가 자녀의 유전형질에 영향을 미친다는 것이 입증되었다. 즉 환경요소는 물려받은 DNA를 바꾸지는 않지만 DNA가 발현되는 방식에 개입해 유전형질을 바꾼 것을 입증한 것이다.

이렇게 특정 화합물이 특정 유전자에 달라붙어 그 유전자가 표현되지 못하도록 유전자 스위치를 켜고 끌 수 있음을 발견한 업적은 유전학의 새로운 방향을 찾아낸 흥미 있는 것이다.

우리가 먹는 음식물, 피우는 담배, 복용하는 비타민 보충제 같은 환경 요인에 의해 유전자 스위치가 켜지고 꺼지는 것이다. 이런 환경적인 요인에 의해 유전자의 발현이 달라지는 것을 연구하는 학문이 생겨났다. 이것을 후생유전학이라고 한다.

듀크대의 이 연구를 주도한 랜디 저틀Randy Jirtle 박사는 이렇게 말했다.

“산모의 영양 상태에 따라 아기가 병에 걸릴 확률이 크게 달라진다는 사실은 오랫동안 알고 있었지만 그 인과관계의 고리는 전혀 파악하지 못 했었다. 그러나 우리는 산모에게 제공되는 영양 보충제가 정확히 어떻게 유전자 자체에 변화를 주지 않고도 자식의 유전자 발현을 영구적으로 바꿀 수 있는지 사상 최초로 입증했다.”

이 후생유전학의 입장에서 보면 DNA는 이젠 더 이상 운명이 아닌 것이다. 후생유전학은 참신한 건강관리법을 발굴해 낼 잠재력을 갖고 있으며 운명을 새롭게 바꿀 수 있는 학문으로 나타나게 된 것이다.

임신 초기 산모가 정크푸드 위주로 식사를 하면 칼로리와 지방은 많이 공급하지만 정작 중요한 영양소, 특히 태아 발달에 중요한 영양소는 부족하게 된다.

태아는 장차 처할 환경에 영양소가 부족할 거라는 신호를 받게 되고 태아 스스로 여러 후생유전학적 효과를 발휘하여 어떤 유전자 스위치는 켜지고 어떤 유전자 스위치는 꺼지는 과정을 거치며 태아는 음식을 조금만 먹어도 살아남을 수 있는 작은 몸집으로 태어나지만 태아의 영양부족은 자라서 비만으로 바뀔 확률이 훨씬 높아진다는 가설도 발표했다.

이 이론은 네덜란드에서 일어났던 일을 보면 증명할 수 있다. 1944년과 1945년 네덜란드는 보기 드문 혹한의 겨울을 맞이했고 나치의 무자비한 봉쇄 조치로 인해 기근이 발생했다. 이 '기아의 겨울'을 나는 동안 3만 명이 사망했다.

이때 임신 첫 6개월을 보낸 산모에게서 태어난 아이들은 몸집이 작았고 성인이 되었을 때 비만, 관상동맥, 암 등의 질병에 더욱 쉽게 걸렸고 그로부터 20년 후 그 여성들의 손자 또한 저체중으로 태어났던 것이다.

아기들은 임신 시작부터 유아기까지 부모들의 정서적 유대감에 많은 영향을 받는다. 순탄치 못한 결혼생활에서 건강문제, 경제문제 등으로 부모의 스트레스가 높아지면 자식들은 자제력이 부족하고 우울증에 걸리기 쉽다.

태아와 유년 시절에 이 후생유전학적 효과는 영향을 많이 미치므로 부모의 마음이 편안하고, 곁에 있어 주고, 사랑과 감사의 마음을 아이와 공유하는 것이 중요하다. 임신해서 영유아기까지 부모의 웃는 모습은 자식의 행복과 건강을 위해 매우 중요하다.

그래서 웃음태교 교육이 등장하게 된 것이다. 새로운 후생유전학의 입장에서 보아도 웃음은 유전자의 발현을 바꿀 수 있는 것이다. 웃음이 유전자 스위치를 켜고 또 일부는 끄는 작용은 일본의 무라가미 가즈오 박사의 RNA 비교 사진으로도 확인할 수 있다. 그는 크게 웃을 때 64개의 유전자 스위치가 'ON'이 된다는 연구결과도 발표했다.

웃자. 웃으면 유전자 발현이 달라진다.

가장 뛰어난 의술

『갈관지』라는 책에는 명의 편작 삼 형제에 대한 이야기가 있다. 편작은 중국 전국시대 위나라의 유명한 의사이다. 그의 의술은 죽은 사람도 살려낸다는 소문이 나돌 정도로 대단한 명의였다. 그에게 형이 둘이 있었는데 모두 의사였다. 그러나 편작만큼 세상에 이름이 널리 알려지지 않았다.

하루는 위나라 임금이 편작을 불러 궁금한 듯 물었다.

"그대 삼 형제 중 누구의 의술이 가장 뛰어난가?"

편작이 대답했다.

"큰 형님의 의술이 가장 훌륭하고, 다음은 둘째 형님이며, 저는 형님들에 비해 한 수 아래입니다."

왕은 의외라는 표정을 지으며 다시 물었다.

"죽은 사람도 살려낸다는 그대가 제일 형편없다니…. 그대의 형들은 얼마나 대단한가?"

왕의 물음에 편작이 대답했다.

"큰 형님은 환자가 통증을 느끼기 전에 얼굴색으로 환자가 앓게 될 질병을 압니다. 그래서 병이 나기도 전에 그 병의 원인을 제거해 줍니다. 환자는 아프지도 않은 상태에서 병을 치료 받게 되므로 큰 형님이 고통을 미리 제거해 주었다는 사실을 알지 못합니다. 저의 큰 형님이 명의로 소문나지 않은 것은 바로 이런 연유 때문입니다."

편작의 대답에 왕은 다시 물었다.

"그러면 둘째 형은 어째서 사람들이 알지 못하는가?"

"둘째 형님은 환자의 병세가 아주 미미할 때 그 병을 알아보시고 치료를 합니다. 그래서 사람들은 자신이 중병에 걸릴 것을 모르고 그냥 작은 병을 고쳐 준 것으로만 생각합니다. 자신의 큰 병을 미리 낫게 해 준 사실을 모릅니다."

그러자 왕이 다시 물었다.

"그렇다면 자네는 어떻게 해서 세상에 이름을 날리게 되었는고?"

"제 경우는 환자의 병이 커져서 고통으로 신음할 때에야 비로소 병을 알아냅니다. 환자의 병환이 심하기 때문에 맥을 짚어 보고 진기한 약을 먹이고 살을 도려내는 수술을 해야 했습니다. 사람들은 저의 그런 의술을 보고서 자신들의 병이 중한 데도 고쳐 주었다는 믿음을 가지게 됩니다. 이것이 제가 명의로 소문나게 된 이유입니다."

편작의 겸손성을 이야기하려는 의도도 있었겠지만 명의 편작보다 더 높은 경지의 의술을 가진 형들의 이야기는 우리에게 시사하는 바가 크다고 할 수 있다.

몸과 마음에 담배가 미치는 해로움이 널리 알려진 지금도 여전히 많은 이들이 담배를 피우고 있다. 특히 근래에 들어 남성보다 여성 흡연이 더 많은 것 같다. 흡연하는 동기는 주변의 친구들과 어울리기 위해 시작하는 경우도 있고, 부모형제의 흡연 습관에 자연히 동조되는 경우도 있고, TV 드라마에서 영향을 받아 피우기도 한다.

우리나라 TV 드라마에서는 이제 흡연 장면을 방영하지 않도록 자체 결의하여 실행하고 있는 것이 다행이다. 이외에도 담배 회사의 유혹하는 광고에도 영향이 있다.

흡연하는 사람들은 담배를 피우면 긴장이 풀리고 불안이나 분노, 욕구불만이 어느 정도 완화된다는 심리적 효과가 있다고 주장한다. 그러나 이런 효과들은 극히 일시적이며 효과도 그리 크지 않기 때문에 흡연의 이유라고 볼 수는 없다.

결국 담배 속에 있는 니코틴에 의해 아편과 같은 습관성 중독을 일으키기 때문이다. 흡연의 피해를 정확히 알면 금연율은 매우 높아질 것이다.

세계보건기구의 발표에 의하면 담배 때문에 목숨을 잃는 사람이 6.5초마다 한 명꼴이라고 한다. 흡연으로 인한 수명 단축은 남성의 경우 13.2년, 여성의 경우 14.5년이라고 한다. 담배를 피우면 약 4,000여 종의 독성 화학 물질이 호흡기에 직접 피해를 주고 폐를 통해 온몸에 돌면서 모든 장기에 암이나 각종 질병을 만든다.

또한 모든 조직이나 60조 개나 되는 세포에 노화현상을 일으켜 각가지 불편과 고통을 가져다주며 심장마비, 뇌졸중 등 조기 사망의 원인이 된다.

4천여 종의 독성 화학 물질 중 약 40가지 이상의 발암물질이 들어 있는 담배 연기를 들이마시는 순간 우리 몸의 각 기관은 무방비 상태로 암에 노출된다.

흡연하게 되면 폐암에 걸릴 확률이 20배가량 높아지며 남성 폐암의 90%, 여성 폐암의 80%가 흡연에 의해 생겼음을 보여 주는 연구 결과가 있다. 흡연자는 구강암 발병률이 5배, 후두암 10배, 위암, 췌장암, 식도암, 방광암, 신장암, 인두암 등의 발병률이 2~5배 높아진다고 한다. 뇌혈관 질환이나 심장 질환으로 인한 돌연사도 흡연자의 경우 2~4배나 증가시킨다. 암과 심장, 폐 질환 말고도 건선, 백내장, 난청, 주름, 충치, 헬리코박터, 골다공증, 위궤양, 유산, 버거씨병, 정자변형 등의 질병을 유발한다.

명의 편작은 큰 형처럼 질병을 예방하는 사람을 가장 뛰어난 의술을 가진 사람으로 여겼다. 결국 모든 질병은 예방이 가장 최고의 치료이며 초기 치료가 매우 중요하다. 그런 의미에서 금연은 어떤 의술보다 뛰어난 의술을 실현해 보이는 것이다.

웃음도 질병의 예방을 위해 금연만큼이나 매우 중요한 역할을 한다. 웃는 생활습관으로 질병이 오기 전에 만병통치약을 복용하자. 웃으면서 금연하자. 웃는 습관은 생활습관병인 암, 뇌혈관 질환, 심근경색, 당뇨 합병증, 우울증 등을 미리 예방하는 데 매우 중요한 삶의 방식이다.

계절성 우울증

단풍이 절정인 계절이다. 많은 사람들이 산과 들로 나가 깊어 가는 가을의 정취를 만끽한다. 붉고 노랗게 수놓는 단풍도 구경하고, 끝없이 펼쳐진 갈대숲에서 낭만을 즐기기도 한다. 그런데 기분과 감정이 예민하고 기복이 심한 사람들 가운데 생각지 않는 질병이 찾아오는 수도 있다. 계절성 우울증이라는 질병이 바로 그것이다.

1980년 노먼 로젠탈Normon Rosenthal 박사와 그 동료들이 처음으로 질병으로 보고했고 그 증상과 원인 치료법 등을 연구해 발표했다. 이 질병은 단풍이 절정에 다다르는 가을에 시작해서 겨울 동안 울적한 기분에 빠져 있는 것이다. 활력이 많이 떨어지며 몸이 둔해지는 느낌을 받는다. 여름보다 훨씬 더 많은 시간을 잠을 자면서 보내고 과식하게 되어 체중이 불어난다. 그러나 대부분 사람들은 질병으로 생각지 않는다. 그냥 자신은 겨울이 싫고, 추위가 싫기 때문에 우울한 기분을 느끼며 둔해지는 것으로 생각한다. 그리고 몸을 따듯하게 하기 위해 침대 속에서 지내는 시간이 더 많고 더 많이 먹는 것이라고 생각한다.

그러나 늦가을에서 겨우내 우울의 기분을 느끼기 때문에 질병으로 보는 것이다. 이 계절성 우울증은 멜라토닌이라는 호르몬과 깊은 관계가 있는 것으로 알려졌다. 현대인은 별로 자연 광선을 접하지 않은 채로 대부분의 낮과 밤을 인공 불빛 밑에서 지낸다.

이런 환경이 계절성 우울증 증세를 악화시키는 주요 인자라는 것이다. 즉 우리의 생체 시계는 여름에 맞추어져 있는데 햇빛에 노출이 거의 없기 때문에 겨울에도 여름처럼 일찍 멜라토닌 생성을 중단하는 시간 타이머가 작동한다.

그리고 겨울 동안 식욕과 수면을 조절하는 뇌 시상하부에서 세로토닌의 생성 수준도 저하된다. 멜라토닌과 세로토닌의 저하는 수면 및 각성의 사이클을 재조정하는 데 문제가 생겨 우울을 겪게 된다. 특히 시상하부에서 낮추어진 세로토닌 생성량은 사람이나 동물에게 식욕과 음식 갈망을 높여 과식과 체중 증가에 큰 영향을 끼친다는 것이다.

계절성 우울증의 증세 중 과식은 모든 종류의 음식을 닥치는 대로 먹고 싶어 하는 것이 아니라 탄수화물, 당류에 참을 수 없는 갈망을 느낀다. 그래서 겨울 동안 빵, 면, 과자, 사탕, 초콜릿 등등을 자주 찾아 먹게 된다. 이런 음식을 먹어야 먹은 후 반시간 내지 한 시간 정도 기분이 좋아지고 기운도 차려 활동을 할 수 있게 한다.

그러나 체중이 늘기 때문에 몸매나 자존심에 미치는 부정적인 영향력은 훨씬 더 커지고 오래 지속된다.

계절성 우울증을 치료하는 가장 좋은 방법은 밝은 햇살에 일정 시간

노출시키는 것이다. 가급적이면 아침의 눈부신 햇살을 많이 보는 것이 좋다. 겨울에 야외에서 운동을 하거나 가까운 곳은 웬만하면 걸어다니고 사무실에서는 창문 옆 햇빛이 비취는 곳에서 업무를 보는 것이 유익하고 효과적이라고 할 수 있다.

최근에는 유전자 중 멜리놉신이라는 색소를 지닌 변이 유전자가 빛에 반응하는 변화를 일으켜 계절성 우울증을 유발한다는 보고도 있다. 이런 증세가 오랫동안 지속되면 진짜 우울증으로 되지만 일시적 현상으로 나타날 때는 큰 문제는 되지 않는다. 하루 30분 이상 햇볕을 쬐고 야외운동을 하면 치유된다.

모든 질병의 약 80% 이상은 사실상 마음의 부조화에서 기인한다. 미국 하버드대학에서 3만 3천 명을 대상으로 조사한 결과에 의하면 우울하고 걱정 근심이 많은 사람들이 대장암에 걸릴 확률이 5배나 높은 것으로 나타났고, 심장마비로 숨질 확률이 훨씬 높은 것으로 나타났다. 이 계절성 우울증은 마음을 즐겁게 하면 바로 치유될 수 있다.

연극을 하는 배우 중에 희극에 주로 출연하는 배우는 엔도르핀 같은 쾌감 호르몬이 증가하고 코티졸 같은 스트레스 호르몬이 감소하며 면역기능이 향상되는 것으로 알려졌다.

반대로 비극에 주로 출연하는 배우는 우울증에 걸리기 쉬우며 일상생활에서 짜증을 더 많이 내고 면역기능이 현저히 떨어진다고 한다.

희망과 행복을 노래하는 가수와 우울과 절망을 노래하는 가수의 생애도 노래따라 가는 것을 알 수 있다.

일본의 에또노부유끼는 정신과 교수이다. 그는 자신이 직접 우울증을 경험해 보기로 작정하고 하루에 수백 번씩 한숨을 쉬기 시작했다.

몇 달 후 그는 실제로 우울증에 걸려 학교에 나가지 못하게 되었다. 이 소식을 들은 제자들이 몰려와서 함께 웃는 시간을 많이 가지고 본인 자신도 웃는 노력을 열심히 해서 우울증에서 벗어날 수 있었다고 한다.

웃음은 햇빛과 같아서 우리가 웃게 되면 우울의 어두움은 사라지고 새로운 희망이 찾아온다. 실제로 행복감을 느끼지 못하더라도 행복한 척, 기쁜 척 웃게 되면 우울감이 사라지고 기분의 변환을 느끼게 될 것이다. 웃는 동안 우리 머릿속에서는 우울한 감정, 부정적인 생각들이 자리 잡지 못하는데 이는 우리의 뇌가 웃음에 반응하기 때문이다.

우울할 때일수록 어깨를 펴고 고개를 들고 정말 기쁜 듯이, 행복한 듯이 웃어 보면 바로 효과가 나타날 것이다.

계절성 우울증을 잡는 특효약은 웃음이며 햇빛이다. 햇빛으로 세로토닌을 증강시키고 웃음으로 마음의 세로토닌을 만들어 내자.

⑫

국립수목원

깊어가는 가을에 단풍이 유명한 곳이면 사람들로 차고 넘쳐 고생만 하다 실망하고 돌아오는 경우가 허다하다. 그래서 사람들로 붐비지 않고 단풍 구경할 만한 서울에서 아주 가까운 곳을 소개하려 한다. 바로 하하웃음행복센터 연수원 부근의 국립수목원 일대이다.

국립수목원 일대는 조선왕조 7대 왕인 세조와 그 부인 정희왕후의 능이 있는 광릉과 전에는 광릉수목원으로 불렸지만 현재는 유네스코 생물권 보존지역으로 지정된 국립수목원과 전에 임업시험장이었던 산림육종기술연구소로 나뉘어 있다.

국립수목원이 일반에게 공개된 것은 1987년부터지만 너무 많은 사람들이 찾기 시작하면서 크낙새도 사라지고 기형화된 장수하늘소도 발견되고 본래의 숲의 모습도 잃게 되었고 그 후로 관람객 수를 제한하게 되었다. 예약제로 평일에는 5,000명 이내, 토요일은 3,000명 이

내로 제한하고 일요일, 월요일은 문을 열지 않게 된 것이다.

세조가 1468년 세상을 떠난 후, 광릉에 딸린 숲은 조정에서 철저히 관리하기 시작했으며, 죽엽산에서 소리봉에 이르는 넓은 지역의 숲은 아무나 들어갈 수 없게 해서 500년 이상을 잘 관리되어 왔다.

국립수목원 넓은 땅에는 자연 그대로의 숲은 물론 산림박물관, 산림생물표본관, 산림동물원, 열대식물 자원연구센터 등이 있고 숲과 자연을 연구하는 기관들이 모여 있다. 식물과 곤충표본이 무려 67만 점이나 있고 산림 생물 종이 우리나라에서 가장 많이 모여 있어 우리나라 식물 종의 23%가 이곳에 모여 있다고 한다. 산림동물원에는 백두산 호랑이, 반달가슴곰, 늑대, 독수리, 수리부엉이들이 휴식과 안정을 취하는 곳이기도 하다.

국립수목원을 자세히 보려면 하루도 부족하지만 대충 훑어보고 숲을 즐기려면 3~4시간이면 충분하다. 오랜 세월 동안 잘 관리되어 극상림을 이루고 있는 국립수목원의 가을은 복자기, 화살나무, 당단풍, 서어나무, 졸참나무, 갈참나무, 물푸레나무, 생강나무, 고로쇠나무가 은행나무와 어울려 각양각색의 단풍 색깔을 뽐내고 있다.

낙엽이 일찍 지는 백 년 수령의 계수나무는 낙엽이 다 떨어진 후에도 달콤한 솜사탕 냄새를 풍기며 관람객의 기분을 업시켜 주고 있다. 자그마한 호수 육림호 근처에는 시원한 약수를 맛 볼 수 있으며 등나무로 지어진 찻집 테라스에서 커피나 차를 마시며 쉬어 갈 수도 있다.

호수 근처 전나무 숲은 90년 이상 수령의 나무들이 하늘이 안 보일 정도로 늘어서 있다. 1927년 오대산 월정사 전나무 숲에서 다섯 살짜리 전나무들을 옮겨다 심었다고 한다. 공중의 비타민 피톤치드 향기가

진한 600여 미터의 이 숲길을 걸으면 저절로 온몸과 마음이 치유되는 기분이다. 봄, 여름, 가을, 겨울 언제나 조용히 사색과 치유의 공간을 만들어 주는 국립수목원이 가까이 있다는 것은 매우 큰 복이다. 이 복을 우리가 알지 못해 또 시간이 없다는 핑계로 놓치고 있는 것 같아 안타깝다. 하하웃음행복센터에서는 연수원에서 일 년에 몇 차례 워크숍을 실시하고 있다. 오는 이들은 모두 광릉 숲의 자연에 취하고 치유를 위한 힐링의 장소로 너무 좋은 곳임을 느낀다. 연수원 주변의 좋은 환경을 어찌 그냥 지나칠 수 있겠는가? 그래서 항상 마음에만 있던 힐링트래킹을 내년에는 국립수목원에서 해 보려고 한다. 매년 새해가 되면 안 하던 짓 한 가지씩 저질러 왔는데 그중 실패한 것이 더 많다. 마라톤, 단소, 난타, 헬스 등이 그것이다.

그러나 2006년에 시작한 웃음은 진짜 대박이었다. 나의 질병과 통증을 단숨에 날려 버리고 무엇보다 나와 가정이 행복해졌고 많은 사람들에게 행복과 건강과 치유의 값진 나눔을 함께 나누며 살게 된 것이다. 매년 시행하는 안 하던 짓 해 보기를 내년에는 국립수목원에서 정기적 힐링트래킹을 해 보기로 마음먹은 순간부터 가슴이 뛴다. 오랫동안 내가 꿈꿔온 만큼 멋진 힐링트래킹이 될 것을 소원해 본다.

그리고 웃음과 상승 작용을 일으켜 더 좋은 치유의 장이 될 것이다. 숲과 웃음과 치유, 너무나 잘 어울리는 힐링의 방법이다. 숲속의 명상, 숲속길 걷기, 숲속의 웃음 치유, 하하웃음행복센터의 새로운 도전이다. 숲속에서의 웃음은 더욱 멋진 치유의 선물을 우리에게 가져다줄 것이다.

(★ 힐링트래킹은 2015년부터 《숲속웃음치유교실》이란 이름으로 의정부 소풍길 산림욕장에서 계속 진행하고 있다.)

심상 치유

프랭크는 후두암 환자로 61세이다. 그의 후두암은 말기로 생존 확률은 5% 미만이라는 진단이 내려졌다. 그의 체중은 59kg에서 41kg으로 떨어졌다. 그는 극도로 허약해졌고 숨쉬기도 힘들어 했고 침조차 겨우 넘길 수 있는 정도였다.

의사들은 그에게 방사선 치료를 해야 할지 망설이고 있었다. 그에게 방사선 치료를 할 경우 호전될 가능성보다는 오히려 고통만 가중시키다가 생명을 잃을 수도 있을 것으로 판단이 되었기 때문이다.

그러나 환자 자신과 가족이 원해서 방사선 치료를 해 보기로 결정했다. 그의 방사선 치료를 담당했던 방사선 종양학자 칼 사이먼튼Carl Simonton은 환자 프랭크에게 방사선 치료를 하기 전 몇 가지 이완법과 심상 치유 기법을 가르쳐 주었다. 그리고 이런 기법이 환자 치료에 큰 영향을 끼칠 수 있음을 주지시켜 주었다.

프랭크는 그의 방법대로 하루 세 번씩 방사선을 쬐면서 방사선이 수백만 개의 에너지 탄알이 되어 암세포를 공격하는 모습을 마음속으로 상상하며 치료를 받았다. 그리고 폭격 맞은 암세포가 치명적인 손상을 받아 회복하지 못한다고 상상했다. 그리고 면역세포 백혈구가 몰려와서 죽어 가는 암세포들을 포위하고 그것들을 몸 밖으로 버리려고 간과 신장으로 실어내는 모습을 상상하며 치료를 받았다.

그런데 이런 상상을 하며 치료를 받은 결과 마술과 같은 효과가 나타났다. 그냥 방사선 치료만 받은 이들에 비해 피부와 점막 손상을 거의 겪지 않고 잃었던 체중과 체력을 회복했고 단 2개월 만에 암의 모든 징후가 사라져 버린 것이다.

그의 이런 기적 같은 놀라운 변화는 날마다 규칙적으로 한 심상 치유 훈련이 크게 작용했다고 환자와 칼 사이먼튼 의사는 믿게 되었다.

더 나아가 사이먼튼과 그의 동료들은 불치로 간주된 159명의 암 환자들에게 심상 치유 기법을 가르쳤다. 이런 환자들의 기대 생존기간은 12개월이었지만 4년 후 조사해 본 결과 63명의 환자가 살아 있었다. 그들 중 14명은 병의 징후가 없었고 12명은 종양이 퇴화되고 있었으며 17명은 병이 더 심해지지 않고 그대로 정체 상태였다. 전체 그룹의 평균 생존기간도 24.4개월로 평균치의 두 배 이상이나 되었다.

사이먼튼 교수는 그 후에도 이와 비슷한 연구를 몇 번 더 했는데 모두 긍정적인 결과를 얻었다. 그는 캘리포니아 '퍼시픽 팰리 세이드' 에 사이먼튼 암센터를 설립하고 온갖 질병과 싸우고 있는 환자들을 대상으로 심상 치유 기법을 가르치는 데 전념하고 있다.

사이먼튼의 심상 치유 기법의 개발을 도왔던 심리학자 액터버그

Achterberg는 이런 상상을 통해 촉발되는 생리 작용은 실제적 힘을 발휘할 뿐 아니라 동시에 매우 구체적으로 작용하는 것을 발견했다.

그는 여러 다른 종류들의 면역세포가 존재하는 백혈구를 활성화시키는 실험을 진행했다. 그는 대학생으로 구성된 피실험자 집단을 두 그룹으로 나누었다.

그리고 A그룹에게는 백혈구 중 뉴트로필이라는 세포가 활성화되도록 상상하는 훈련을 시켰고 다른 B그룹에게는 백혈구 중 T세포가 활성화되도록 상상하는 방법을 훈련시켰다.

실험 결과 A그룹의 학생들은 T세포의 수는 변함없었으나 뉴트로필의 수가 현저히 증가했음을 발견했다. B그룹에서는 T세포의 수는 현저히 증가했으나 뉴트로필의 수는 전과 같았다.

엑터버그는 신념과 상상이 한 사람의 건강에 매우 중요한 역할을 한다고 믿게 되었고 『치유 과정에 작용하는 상상력Imagery in Healing』이라는 책을 펴내기도 했다. 모든 질병은 그 사람의 마음에서 뿌리를 찾을 수 있고 그 마음의 상태에 따라 투병의 결과가 달라질 수 있다.

심상 치유 훈련이 그것의 구체적 결과인 것이다. 그런 심상 치유 훈련을 할 때 웃으면서 하기를 권한다. 웃으면 더 확실한 긍정의 마음이 생기기 때문이다. 희망의 레벨이 훨씬 더 올라가기 때문이다.

여기서 생기는 강력한 바람은 현실화된다. 에너지 의학의 파동 치료 효과인 것이다. 하하웃음행복센터에서는 이런 심상 치유 훈련도 웃으면서 함께 하고 있다. 그래서 치유의 기적은 계속 일어나고 있다.

웃음은 어떤 핵무기보다도 강한 힘을 갖고 있다. 내 몸속의 적들을 물리치는 가장 강력한 무기인 웃음을 활용하자.

가족 치료

A씨는 딸이 고등학교 2학년 되던 해 해외유학을 보냈다. 그런데 딸이 우울증에 걸려 몇 차례나 자살을 시도했다. A씨는 딸을 국내로 불러 들여 여러 병원을 다니게 했지만 좀처럼 회복되지 않았다.

어느 날 A씨의 아내가 "같이 치료를 받자"고 제안했다. A씨는 "딸이 이상한데 왜 내가 치료를 받아야 하냐"고 버럭 화를 냈다. 시간이 갈수록 아내마저 우울증에 시달리고 있다는 사실을 안 A씨는 자신도 함께 병원을 방문했다.

"자살을 시도한 딸이 도저히 이해가 안 됐습니다. 열심히 돈 벌어서 자기 뒷바라지해 주었는데 뭐가 부족할까 싶었습니다. 그런데 함께 치료를 받으면서 딸의 문제인줄 알았던 것이 우리 가족의 문제이자 더 큰 것은 나 자신의 문제였다는 것을 깨닫게 되었습니다."

A씨는 딸이 초등학교 때부터 학교에서 왕따였다는 사실을 몰랐다.

이 학교에 다니기 싫으니 전학시켜 달라고 하자 A씨는 "무슨 애가 그렇게 까다롭고 유별나냐"고 버럭 화를 내고 묵살해 버렸다. 그 후로도 A씨는 강압적이었던 자신을 깨닫지 못하고 자신은 자식을 위해 최선을 다하는 존재로만 생각해 왔다고 한다.

가족 치료를 받은 후로부터 A씨는 자신의 태도가 잘못되었다는 것을 깨닫고 부인과 딸을 이해하도록 노력하고 배려하면서부터 아내와 딸의 우울증이 많이 완화되었다.

주부 B씨는 자신이 우울증을 앓게 되었는데 그 후 아들도 우울증을 앓게 되었다. 둘이 가족 치료를 받다 보니 아들의 우울증이 자신에게서 비롯되었음을 깨닫게 되었다. 그러나 좀처럼 호전되지 않고 아들도 치료를 거부하기에 이르렀다.

B씨는 이 모든 원인이 모든 일에 화를 잘 내는 남편 때문에 자신이 늘 불안하고 초조했으며 이로 인해 우울증이 시작되었다는 것을 알았다. 그래서 세 가족이 모두 함께 가족 치료를 받으면서 증세가 완화되는 것을 경험했다.

C씨는 방을 지저분하게 쓰는 딸을 자주 야단쳤다. 그리고 못마땅한 일이 있으면 여지없이 간섭하고 혼냈다. 고등학교 다니던 딸은 어느 순간 말이 없어졌다. 우울증이 시작되었다.

C씨는 아내의 권유로 가족 치료를 받기 시작했으며 비로소 자신의 강압적인 간섭과 비난이 딸의 우울증을 유발했다는 것을 알게 되었다.

가족 치료는 가족 중 한 명이 우울증에 걸릴 경우 이를 개인의 문제로만 보지 않고 개인을 둘러싼 가족이라는 구성원들에게 문제가 있다는 관점에서 보고 가족 전체를 치료의 대상으로 보는 것이다.

우리나라의 오래된 가부장적 관습에 익숙해져서 대다수 가장들이 자신의 문제를 잘 모르고 있다. 자신은 가족을 위해 열심히 헌신하는 존재로 생각만 하지 가족 간의 소통과 이해와 배려가 부족하다. 그리고 사회적 스트레스를 아무 생각 없이 가족들에게 쏟아 버린다. 그리고 가족이 이상하게 변했다고만 생각하지 정작 자신의 문제를 잘 모른다.

"혹시 나에게 문제가 있지 않을까?"라고 생각해 보는 일은 매우 중요하다. 왜냐하면 많은 경우 이런 생각에서부터 자신을 발견하고 변화가 시작되기 때문이다. 자신이 세상을 바꾸려고 아무리 노력해도 세상은 바뀌지 않는다. 그러나 자신이 바뀌면 세상도 바뀐다. 우울증의 문제는 가족 전체의 문제이다.

우울증은 웃음으로 탈출할 수 있다. 집안에서 웃음라인 그어 놓고 웃고, 웃음버튼 찔러가며 웃고, 식사 전후에 웃고……. 집안에 웃을 일을 자꾸 만들면 우울증은 멀리 달아나고 저절로 가족 치료가 될 텐데 이걸 못 하고 있다. 부인들은 변할 준비가 다 되어 있는데 가장이 문제이다.

가장들이여, 당신이 웃으면 가족과 세상은 변한다.

1분 웃으면 인상이 변하고 매일 웃으면 인생이 변한다.

15

바위 밀기

미국 시골의 통나무집에 한 병약한 남자가 살고 있었다. 그 집 앞에는 큰 바위가 있었는데 그 바위 때문에 집 출입이 너무 힘들었다. 그의 마음은 이 바위만 없었으면 편하고 고생을 안할 텐데… 라는 생각이 늘 자리 잡고 있었다.

어느 날 하나님이 꿈에 나타나 말씀하셨다.

"사랑하는 아들아! 집 앞의 바위를 매일 밀어라!"

그때부터 그는 매일 희망을 가지고 바위를 밀기 시작했다. 한 달, 두 달, 석 달… 어느덧 8개월이 지났다. 바위는 꿈쩍하지도 않았고 점차 자신의 희망에 회의가 생기기 시작했다.

"바위는 1인치도 옮겨지지 않고 그대로인데… 그리고 아무리 민다 해도 꿈쩍도 안 할 터인데……."

사내는 지난 8개월 동안 헛수고가 원통하기도 하고 아무런 성과가 없는 꿈을 꾼 것이 후회가 되기도 하여 엉엉 울기 시작했다.

바로 그때 하나님이 찾아와 옆에 앉으며 이야기했다.

"사랑하는 아들아. 왜 그리 슬퍼하지?"

"하나님 때문입니다. 하나님 말씀대로 지난 8개월간이나 희망을 품고 열심히 바위를 밀었는데 바위가 전혀 옮겨지지 않았습니다."

하나님이 대답했다.

"나는 네게 바위를 옮기라고 말한 적이 없느니라. 그냥 바위를 밀라고만 했지. 자, 어서 가서 거울로 네 모습을 보려무나."

그는 거울 앞으로 갔다. 그리고 자신의 변화된 모습에 깜짝 놀랐다. 거울에 비친 남자는 병약했던 남자의 모습이 아니라 근육질의 신체 건장한 남자였기 때문이었다. 거울을 보면서 그에게 어떤 깨달음이 스쳐 지나갔다.

"지난 8개월 동안 밤마다 하던 기침이 사라졌구나!"

"아! 또 매일 기분이 상쾌했고 불면증도 없어졌네!"

"아! 하나님의 계획은 바위의 위치를 변화시키는 것이 아니라 나를 변화시키시려는 것이었구나!"

그의 변화는 바위를 옮겼기 때문이 아니라 바위를 밀었기 때문에 생긴 변화였다. 삶에서는 바위를 옮기는 기적보다 바위를 미는 삶의 습관이 훨씬 더 중요하다. 삶에서 어떤 목표를 성취하는 것보다 그것을 위해 하루하루 최선을 다해 노력해 가는 과정이 훨씬 더 중요하다.

하하웃음행복센터를 통해 암을 치유하고 각종 통증, 뇌졸중, 심근경색, 아토피, 우울증, 파킨슨병, 당뇨합병증 등 여러 가지 병의 치유를 통해 기적을 일으킨 모습을 보면서 신기하고 웃음의 효과에 새삼 놀라워하고 있다. 그렇지만 더 큰 기적은 그것을 위해 하루하루 쉬지 않고 노력해 가는 모습이다. 그래서 자신도 모르게 삶의 변화가 이루어진 것을 발견하는 일이다.

나의 인생에서 가장 멋진 날은 성공한 날이 아니라 인생의 저 밑바닥에서 나를 위해 웃어 주기 시작한 날일 것이다. 나의 꿈과 희망이 이루어지지 않았다고 실망하거나 원통해 하지 말자. 그것을 위해 하나하나 쌓아가는 자신의 발걸음이 더욱 중요하고 그것이 행복인 것이다. 평생을 웃으며 꾸준히 한 걸음씩 걸어가자.

모든 인생의 날들 가운데 완전히 잃어버린 날들이 있는데 그날은 바로 웃지 않는 날들이다. 웃지 않는 시간들은 의미 없이 낭비한 시간인 것이다.

순간순간 웃어서 행복하고, 순간순간 웃음이 지속되어 의미 있는 성공의 삶을 이루는 것이다.

상처 입은 치유자

J는 유치원 원장이다. 그는 결혼도 하지 않고 병든 어머니를 돌보며 함께 살았다. 주위 사람들은 J의 효성에 대해 칭찬하였다. 요즘 보기 드문 딸을 두어 어머니는 행복하겠다고 부러워하기도 했다.

그러나 딸의 노력에도 불구하고 어머니는 세상을 떠났다. 어머니는 세상에서 단 한사람 의지의 대상이었기 때문에 J의 상심과 슬픔은 말로 표현할 수 없이 컸다.

그러나 J는 슬픔을 표현하지 못하였다. 주위 사람들의 시선 때문에 자신의 감정을 억제해야만 했다. 주위 사람들은 큰 슬픔과 어려움 가운데도 꿋꿋이 견디며 모든 일을 성숙하게 처리해 가는 J의 모습을 보며 칭찬을 아끼지 않았다.

장례의 모든 절차를 끝내고 얼마 후부터 J의 모습이 보이지 않았다. 사람들과의 접촉을 피하고 집안에서 홀로 슬픔과 고독과 외로움 속에 빠져 지내게 된 것이다. 세상 속에 혼자라는 소외감은 더욱 그녀를 무기력하게 만들었고, 시간이 지나갈수록 외로움은 점점 더 깊어져 우울증에 빠지게 되었다. 웃지도 않고, 잘 먹지도 않고, 몸은 점점 쇠약해져 갔다. 지인들의 간곡한 권고에 의해 상담도 받고 정신과에 가서 진료도 받고 약을 복용하기 시작했다. 그런 그녀가 웃음을 배워 보기로 했다. 그래서 웃음 치유 워크숍에 참석했다.

그러나 웃을 수 없었다. 아무리 노력해도 속에서 반감이 올라올 뿐 도저히 웃음이 나오지 않았다. 그곳에서 웃는 사람들이 미친 사람들 같았다. 중간에 돌아가고 싶은 마음뿐이었다. 워크숍에 우는 시간이 있었다. 저녁 식사 후 불을 끄고 신문지를 찢으며 자신의 비탄함과 슬픔을 마음껏 쏟아 낼 수 있었다. 몇 시간을 하염없이 울었다. 뒹굴기도 하고 마룻바닥을 내리치기도 하고 자신의 가슴을 치기도 하고 발을 굴러가며 몇 시간을 소리 내어 울 수 있었다.

그리고 난 후 J는 달라졌다. 무엇보다도 어색은 하지만 웃을 수 있게 된 것이다. 자신을 붙들고 있던 죄책감, 우울감에서 완전히 풀려나서 새로운 인생을 살아가게 되었다. 동료들을 초청해 음식 대접도 하고, 자신이 운영하는 유치원에서 여러 가지 모임을 할 수 있도록 장소 제공의 배려도 하게 되었다.

직원들과 만나는 사람들에게 미소를 보낼 수 있게 되었다. 세상을 향해 마음의 문을 여니 세상은 살 만한 가치가 있었다. 이제 그녀는 어디서나 웃을 수 있는 체질로 바뀌었다. 자신만이 소외되었다는 지독한 고독감을 이겨 내고 행복함으로 삶을 채워가는 모습은 감동으로 다가온다.

교도소에서도 가장 큰 징벌은 사형을 제외하고는 독방 감금이라고 한다. 어느 시대 어느 문화권이든 남녀노소 누구에게나 소외되고 버림받는다는 것은 커다란 고통이다. 그것은 건강할 때도 그렇지만 J와 같이 마음에 깊은 상처를 입거나 질병과 싸우며 투병생활을 하는 이들에게는 이런 정신적 소외감이 무엇보다 심각한 무기력증을 유발한다. 그래서 소외감은 사람들의 마음을 파괴하고 절망 속에 헤매게 만든다. 누군가 옆에 있다는 것, 그리고 힘들고 고통스러울 때 따뜻한 손을 내밀고 손을 잡아 준다면 아무리 어려운 상황에 있는 이도 그 고통을 뛰어넘을 힘을 얻게 되고 절망을 이겨 낼 것이다.

하하웃음행복센터는 고통과 절망 속에 있는 이들에게 따뜻한 손을 내밀고, 옆에 있어 주면서 위로가 되어 주는 역할을 감당하고 있다. 이것이 이 센터의 공동체 정신이다. 그들은 서로를 위로하며 이렇게 이야기한다.

"당신이 겪고 있는 고통은 당신만의 것이 아닙니다. 당신만이 불행하다고 생각하지 마세요. 저도 당신과 마찬가지로 고통을 겪었습니다. 그러나 이곳에 와서 고통을 솔직히 이야기하고 난 후 마음의 평강과 자유를 얻었답니다. 고통을 숨기지 마세요. 고통을 이야기한다고 당신의 인격이나 삶의 가치가 떨어지는 것은 아니죠.

우리 모두는 고통 받는 당신과 함께하고 당신을 받아 줄 준비가 다 되어 있답니다. 당신의 고통을 모두 다 이해할 수는 없겠지만 서로의 마음을 터놓고 이야기하는 것만으로도 상처를 회복하고 건강한 삶을 되찾는 데 충분하거든요. 그리고 우리에겐 감사와 사랑, 자유와 평화를 주는 웃음이 있으니까요."

자신을 진심으로 받아들여 주고 자신의 말에 함께 아파하며 공감하는 이가 있다는 것은 깊은 마음의 상처를 치유하고 삶의 새로운 의미를 찾게 해 준다. 고통을 함께 나누고 동행해 줄 사람이 있다면 자신의 회복뿐만 아니라 곧바로 다른 상처받은 사람을 치유해 주는 사람으로 거듭나게 된다.

하하웃음행복센터의 공동체원들은 위로라는 아름다운 보석을 마음속에 지니고 살고 있다. 그래서 지독한 소외감에서 뛰쳐나와 상처 입은 치유자로 다시 태어나는 아름다운 삶을 살아가고 있다.

상처 입은 치유자들의 모임, 하하웃음행복센터에서는 열정적인 웃음과 함께 감사의 눈물이 넘쳐 흐르고 있다.

분노의 노예

친구 둘이 오랜만에 음식점에 갔다. 꽤 유명하고 오래된 음식점이었다. 친구 중 한 사람이 불평하기 시작했다. 그날따라 음식이 짜고 마음에 들지 않았다. 거기에다 눈을 부릅뜬 것 같은 식당 지배인의 표정이 마치 자신을 무시하는 듯한 인상을 받았다는 것이다.

식사가 끝나고 나올 때 카운터에서 주인에게 이야기했지만 주인은 대수롭지 않다는 표정이었고 그냥 고개만 끄덕이는데 더 화가 났다. 식당을 나와서 걸어가는데도 분이 풀리지 않았다.

"장사를 하려면 친절해야지, 그 식당 주인의 태도가 저게 뭔가?"

다른 친구가 아무렇지도 않다는 듯 대꾸했다.

"저 식당 주인은 항상 저렇다네."

화난 친구가 다시 물었다

"그래? 그런데도 자네는 화가 안 나는가?"

다른 친구가 웃으며 대답했다.

“화가 나지. 하지만 그 식당주인의 태도 때문에 내 기분이 좌지우지 될 필요는 없지 않은가?”

살다 보면 화나는 일이 어찌 없겠는가? 직장에서 동료들과 분쟁이 생길 수도 있고, 운전하다 무례하게 끼어드는 차 때문에 화가 날 수도 있다.

어제는 좁은 골목길을 나가는데 평소와는 달리 차들이 줄서서 못 나가고 있었다. 뒤차는 학원 운송차량이었는데 계속 경적을 울려대고 있는데도 차들은 꼼짝 않고 서 있었다. 화가 난 한 운전자가 내려 맨 앞 차에 다가가 핏대를 올리며 삿대질을 하고 있었다.

차가 서서 안 간 이유는 골목 끝에서 차로 이동하며 통닭을 파는 이에게 통닭 두 마리를 사기 위해 길을 막고 서 있었던 것이다. 어이없고 화도 났다. 그 차는 가 버리고 통닭 파는 이에게 화를 내려고 하였지만 그냥 가기로 했다. 그 사람 때문에 내 감정이 좌지우지 되어서는 안 된다는 생각이 퍼뜩 떠올랐기 때문이다.

분노는 독약과 같아서 한번 작용하기 시작하면 이성을 마비시켜 사람을 날뛰게 만든다. 사회에 큰 문제를 일으키는 많은 사건들이 이 분노를 참지 못해 일어나는 것이다. 분노를 폭발시킨 결과는 어떨까? 남도 나도 다 큰 손해를 입는 피해자가 될 뿐이다.

미국 남북전쟁 당시 국방장관 에드윈 스탠턴Edwin M. Stanton이 링컨 대통령을 찾아와서 분노에 찬 목소리로 이야기했다.

“어느 장군이 저에 대해 아주 모욕적인 말을 퍼트리고 다닙니다. 글쎄 제가 몇몇 사람만 편애하고 있다고 비난하며 다닙니다.”

그러자 링컨 대통령이 스탠턴에게 그 장군을 비판하는 편지를 써 보라고 권했다. 스탠턴은 편지지에 가득 신랄하게 그 장군을 비난하는 글을 썼고 그것을 링컨에게 보여 줬다. 링컨은 다 읽고 나서 고개를 끄덕이며 참 잘 썼다고 칭찬을 했다. 그가 편지를 보내려고 봉투에 넣으려 할 때 링컨 대통령은 그를 말리고 나섰다.

"괜히 분쟁을 일으킬 필요가 없지요. 그 편지는 저 벽난로에 던져 태우세요."

스탠턴은 도저히 이해를 할 수 없다는 듯 되물었다.

"대체 그 이유가 무엇입니까?"

링컨은 차분한 어조로 대답했다.

"화가 났을 때 그 감정을 가슴에 쌓아두는 것은 자신에게 매우 해롭소. 그렇다고 다른 사람에게 분풀이를 하는 것은 분노의 노예가 되는 것이오. 그리할 경우 더 큰 문제가 발생하고 더 많은 사람이 다치게 됩니다."

"그러면 어찌해야 합니까?"

"내가 편지를 쓰게 한 이유는 편지를 쓰면서 분노를 발산하라는 것이오. 난로에 던지라고 한 것은 편지를 태우면서 자연스럽게 감정을 정리하라는 뜻이었소."

분노는 날이 잘 선 검과도 같다. 잘 다루면 생산적이고 새로운 삶의 원동력이 될 수 있지만 잘못 다루면 이성과 지혜를 빼앗아가는 광풍이 될 수도 있다. 분노를 절제하지 못한다면 가장 큰 손해를 보게 되는 사람은 자기 자신이다.

모든 모욕, 비난, 실패는 언젠가는 반드시 연기처럼 사라지고 만다.

조금만 더 넓은 마음을 가져 평상심을 잃거나 분노에 사로잡혀 자신을 해치는 일이 없어야 할 것이다.

하하웃음행복센터에서는 웃어서 버리는 웃음을 자주 한다. 모든 모욕과 비난과 실패를 웃어서 버리는 훈련이다. 이렇게 웃어서 버리면 빠른 시간 안에 고통이 지나감을 깨닫게 된다. 그리고 그 모욕과 비난과 실패가 자신의 인생에서 가장 귀한 밑거름이 되는 경우가 더 많은 것이다. 모든 것은 다 지나간다.

순간을 참지 못해 분노가 치밀어 올라올 때 하늘 향해 앙천대소로 웃어서 날려 버리자. 아니면 그 상대를 향해 권총대소로 손가락 총을 사정없이 쏘면서 웃어 버리자. 탕! 탕! 탕! 하! 하하하하…….

분노의 노예가 되어 자기 마음의 평안과 행복을 빼앗겨서는 안 된다.

18

아브라카다브라

'아브라카다브라'는 고대 히브리어로 "말한 대로 이루어진다"라는 뜻이다. 이 고대어가 수천 년의 세월을 뛰어넘어 현대까지 살아 있는 것을 보면 "말한 대로 이루어진다"는 과히 틀린 말이 아닌 것 같다.

반복되는 언어는 주술처럼 뇌의 잠재의식을 자극해서 의식보다 더 큰 힘으로 상상을 현실화시킨다는 것이 연구자들이 내린 결론이다.

『입버릇 이론』을 만든 작가이자 뇌 과학자 사토 도미오의 이론에 의하면 "뇌의 대부분은 의식보다 잠재의식의 영역이다. 말은 잠재의식을 자극하고 각인된다. 인간의 뇌는 상상과 현실을 구별하지 못한다. 상상만으로도 운동 효과를 낼 수 있고 상상만으로 학습능력을 높일 수 있다. 잠재의식 속에 각인된 말은 그대로 실현되어 성공률을 높인다."

프랑스 심리학자 에밀 쿠에도 이에 동조한다.

"입버릇처럼 계속 자신을 향해 말을 하는 것은 자율신경계에 자동적으로 입력되며 인간의 몸은 입력된 그대로 실현하려 한다."

실제로 이런 이론을 생활 속에 실현한 사람도 있다. 빌게이츠는 아침마다 거울을 보며 "오늘은 왠지 좋은 일이 생길 것 같다", "난 무엇이든지 할 수 있다"라는 주문을 외웠고 이는 현실로 나타나 세계 최고의 갑부로 또 세계 최고의 소프트웨어 전문가로 태어나게 된 것이다.

2002년 월드컵에서 대한민국 국민은 모두 꿈은 이루어진다고 외쳤고 그전에는 결코 상상하지도 못했던 4강 신화를 이루어 냈다. 이렇듯 긍정적인 말을 사용하는 것이 승리자의 언어이다.

우리의 머릿속에는 누구나 두 마리의 개를 기르고 있다. 부정적인 감정을 대표하는 검은 개와 긍정적인 감정을 대표하는 흰 개를 기르고 있다. 매일매일 이 두 마리의 개는 우리의 사고방식과 행동을 지배하려고 맹렬히 다투면서 경쟁을 하고 있다.

그런데 어떤 개가 승리할까? 내가 먹이를 주는 개가 힘도 더 세지고 다른 개를 이길 수 있는 것이다. 늘 흰 개가 이기도록 흰 개에게 먹이를 주고 검은 개는 굶겨서 힘을 못 쓰게 해야 한다. 매일매일 우리의 감정은 먹이를 더 많이 준 개에 의해 좌우될 것이다.

"나는 할 수 있다", "나는 소중하다", "오늘은 행복한 날이다", "나는 내가 좋다", "나는 안전하다", "나는 행복하다" 등등의 긍정적인 언어를 늘 자신에게 함으로써 흰 개를 강하게 키워 인생의 승리자가 되어야 한다.

"나는 할 수 없어", "나는 왜 불행할까?", "나는 왜 남보다 못할까?", "나는 노력해도 잘 안 되네", "나는 항상 재수가 없어" 등등의 검은 개를 키우는 말은 우리를 패배자로 만드는 지름길이 될 것이다.

그래서 우리는 늘 "할 수 있다"를 외치는 긍정적인 사람이 되어야 한다. 그리고 꿈꾸는 사람이 되어야 한다. 하다가 자신감을 잃어서도 안 된다. 검은 개에게 먹이를 주는 꼴이 되기 때문이다. 승리자의 습관은 늘 긍정적이고 희망적인 말을 자신에게 하는 것이다.

아브라카다브라를 현대 심리학적 언어로 표시하면 "자기 충족적 예언" 또는 "자기 달성 예언self Fulfilling Prophecy"이라고 할 수 있다.

그래서 에밀 쿠에는 매일 자신을 향해서 "나는 매일 모든 면에서 점점 더 좋아지고 있다"라는 주문을 외우라고 했다. 자신이 원하는 꿈이 이루어지는 것을 상상하면서 말이다.

웃음 치료에서도 이 아브라카다브라를 많이 이용하고 있다. 아침에 일어나서 "오늘은 최고로 행복한 날이다. 하하하하", "나는 잘된다. 하하하하", "나는 나를 사랑한다. 하하하하", "나는 행복하다. 하하하하", "나는 소중하다. 하하하하", "나는 할 수 있다. 하하하하", "나는 내가 좋다. 하하하하", "안 받아! 하하하하", "이것 또한 지나가리라. 하하하하", "나는 점점 더 좋아지고 있다. 하하하하" 등등 참으로 많은 아브라카다브라를 이용하고 있다.

그리고 이 반복되는 언어대로 변화가 일어나고 있는 것을 많은 이들이 경험하고 느끼고 있다. 그래서 나를 변화시켜 자신의 삶을 보다 건설적이고 상향의 방향으로 성장시키기도 하며 불면증, 우울증, 암, 뇌혈관 질환, 심혈관 질환, 당뇨 합병증, 자가면역 질환 등 각종 생활습관병으로부터 탈출하여 치유하기도 하고, 보다 행복한 삶으로 나아가게 하는 것이다.

여기서 중요한 것은 아무런 의미 없이 앵무새처럼 말만 반복하는 것보다 마음속으로 그렇게 꼭 될 것이다 라고 하는 믿음을 가지는 것이 훨씬 더 성공 효과가 높아진다는 것이다.

아브라카다브라는 이런 믿음으로 자신의 무의식 세계에 자기가 원하는 바를 이룰 수 있도록 명령을 내리는 것이다. 잠자리에 들기 전이나 아침에 깨서 바로 하는 것이 가장 효과가 좋다고 한다.

오늘부터 인생을 바꾸는 이 아브라카다브라를 내 삶에 적용해 나가보자. 자신에게 말할 때는 늘 웃음과 함께 주문을 외면 더욱 효과적 일 것이다.

"오늘은 최고로 행복한 날이다. 하하하하……."

"나는 매일 모든 면에서 점점 더 좋아지고 있다. 하하하하……."

"나는 안전하고 행복하다. 하하하하……."

"고쳐 주셔서 고맙습니다. 하하하하……."

제4부

웃음

| 체험담 |

웃음 덕분에 다시 찾은 삶

김 ○ 희(여, 63세)

미국 생활 11년을 청산하고 한국에 돌아왔다. 낯선 곳은 아닌데 모든 것이 낯설고 혼자 있던 남편은 옛날 그의 모습이 아니었다. 내가 달라진 것일까? 내가 알던 한국의 모습과는 너무 다른 모습으로 변했다. 친구들, 친척들, 한국 생활 모두가 적응할 수 없을 정도로 변해 있는 것에 정말 힘든 나날이었다.

그런 나에게 남편은 웃음치유교실을 권했다. 웃음치유교실에 나오면서부터 몇 개월의 악몽 같은 삶 속에서 탈출하게 되었다. 많은 분들의 활기차고 밝게 웃는 모습에서 나도 즐거웠고 제법 빨리 적응해 갔다.

워크숍에 동참하며 하루를 그들과 함께 보냈다. 새로운 것에 도전한 내가 자랑스러웠고, 용기도 생기고, 자신감도 생겼다.

원장님께서 건강에 대한 강의를 하실 때에는 정말 알지 못했던 것을 새삼 알게 되었고 그 말씀은 나에게 마음의 양식과 같고 희망 그 자체였다.

웃는다는 것이 이렇게 삶에 큰 변화를 준다는 것을 분명히 알았기에 웃음전도사가 되어 마음의 병, 육체의 병을 안고 있는 이들에게 꼭 전하고 싶다. 원장님께 감사드립니다.

소통과 미소

• • •

'에니멀 커뮤니케이터'라는 말을 들어본 적이 있는가?

말 그대로 동물과 대화가 가능한 사람이다. 경찰 출신 여성 하이디는 동물 구조 활동을 하다가 그들의 마음을 읽어 낼 수 있는 능력을 발견하였다. 그래서 동물과 대화로 교감하며 동물들의 고통을 치유해 주는 일을 업으로 삼게 된 것이다.

동물병원에 입원한 한 강아지는 모든 돌봄의 손길을 거부하고 벽만 보고 돌아누워 지내고 있었다. 동물병원 식구들이 정성을 다해 돌보았으나 소용이 없었다. 하이디는 그 강아지에게 조용히 다가가 머리에 손을 얹고 서로 교감을 나누다가 이렇게 강아지의 뜻을 전했다.

"그 동안 돌봐 주신 것에 감사드립니다. 하지만 더 이상 치료를 원하지 않습니다. 조용히 죽고 싶습니다."

모두들 그녀의 말에 공감을 표하고, 그 뜻이 강아지에게 전해지자 강아지는 돌아앉아 사람들의 손을 핥기 시작했고 보던 사람들은 눈물을 흘렸다.

하이디는 이 밖에도 사산의 아픔 때문에 경주마 훈련을 포기했던 암말과 동료의 죽음으로 먹는 것을 중지했던 강아지와 자신을 구박했던 엄마에 대해 적개심으로 공격했던 고양이 등과 교감을 한 후 마음을 읽고 치유를 한 경험이 있다.

동물들은 사람들로 인해 상처가 크지만 여전히 사람들에 대한 애정은 간직하고 있다고 한다. 그래서 그런 그들의 마음을 한 번만 읽어 주고 위로해 주는 것만으로도 엄청난 변화를 보인다고 한다. 소통과 교감의 위대한 힘이다. 식물들도 사람과의 교감은 에너지에 큰 영향을 미치며, 무생물인 물의 결정도 변화시킨다. 이 세상 모든 것에게 사람의 따듯한 마음으로 소통하는 일이 얼마나 중요한가를 보여 주는 일이다.

말을 못하는 동물과의 소통이 어렵다면 말을 하는 사람끼리의 소통은 쉬운가? 아니다. 말이 통하지 않는 사람 사이에서 문제는 훨씬 더 복잡하고 많아진다. 그래서 개인 간의 오해가 생기고, 부모와 자식 간에 원망이 생기고, 부부간의 불화가 생긴다. 사회 전반에 걸쳐 서로 상반된 주장이 팽팽히 맞서고, 여야 정치인들의 서로를 향한 공격이 난무하고, 남북 관계의 모든 일들이 60년 전이나 똑같은 적대적 위치로 돌아간다. 소통의 가장 큰 문제점은 상대방의 이야기를 들어주지 않고 자기 주장만 한다는 것이다.

유명한 데일 카네기는 인생의 50가지 법칙 중에 설득의 법칙을 이렇게 요약해 놓았다.

첫째는 상대방이 많이 이야기하게 만들라는 것이다. 혼자 수다스럽게 떠드는 것은 가장 좋지 못한 방법이며 상대를 말하게 해서 비밀을 털어놓게 해야 한다는 것이다.

둘째는 넓은 이해심을 가지고 참을성 있게 성의를 가지고 끝까지 들어주어야 한다는 것이다. 많은 이들이 이 점에서 실패를 하고 이 때문에 소통이 막힌다.

셋째는 자신의 성공을 될 수 있는 한 적게 이야기하라고 한다. 자신의 성공담을 함께 기뻐하며 들어줄 사람은 별로 없다.

넷째는 상대편을 내편으로 만들기 위해 친구가 이기게 하라는 것이다. 상대를 적으로 만드는 방법은 그를 이기면 된다.

인생은 짧다. 내가 아는 사람은 백 년 이내에 다 죽는다. 그리고 나는 잊혀진다. 자기 자랑이 아무리 많아 봤자 별것이 아니고, 또 자기 자랑을 늘어놓을 만큼 한가하고 긴 인생은 아니다. 우리 몸속 갑상선에서 요오드라는 물질을 50원어치만 뽑아내도 우리는 모두 백치가 된다고 한다. 자기가 똑똑하고 아무리 잘났어도 남에게 자랑할 만한 인생은 아니다. 겸손한 마음으로 상대를 존중해 주고 그의 말에 성의를 다해 경청해 주자. 이왕이면 미소를 지으면서 들어주자.

미소는 말보다 훨씬 더 웅변적인 것이다. 미소는 "나는 당신을 좋아한다. 당신 덕분에 나는 무척이나 즐겁고 당신을 만나게 되어서 기쁘다"라는 강력한 소통의 메시지를 전하는 것이다. 진심을 담은 미소는 소통과 교감의 왕도인 것이다.

인생이란 무엇인가?

한 학생이 늦잠을 자고 허둥지둥 일어나 열심히 학교로 뛰어가고 있었다. 한 어른이 그를 불러 세워 질문을 했다.

"너는 어디를 그렇게 뛰어가니?"

학생이 대답했다.

"학교에 늦어서 뛰어갑니다."

"학교에 가면 무엇을 하니?"

"공부를 열심히 하지요."

"공부를 다 하고 나면 무엇을 하니?"

"졸업을 합니다."

"졸업한 다음에는 무엇을 하니?"

"그 다음엔 좋은 직장을 가지요."

"그런 다음엔 무엇을 하니?"

"결혼하지요."

"그 다음엔 무엇을 하니?"

"아이 낳고 잘 길러서 결혼도 시키지요."

"그 다음엔 무엇을 하니?"

"직장에서 은퇴해서 텃밭에서 농사지으면서 조용한 전원생활을 할 겁니다."

"그 다음엔 무엇을 하니?"

"글쎄요, 뭐 그 다음엔 죽게 되겠지요."

"그래? 그렇다면 너는 지금 죽으려고 열심히 뛰어가고 있는 거구나!"

그 후 그 학생은 이 대화를 깊이 묵상하다가 인생의 큰 깨달음을 얻고 세속적인 야망을 버리게 되었다. 그리고 자신의 소명이 무엇인지 깨닫고 수도원으로 들어가 유명한 성인이 되었다.

사람들은 보통 인생의 목적을 성공에 둔다. 그 성공도 내용을 살펴보면 돈을 많이 버는 것, 출세해서 높은 자리에 앉는 것, 명예와 명성을 높이 얻는 것, 사람들의 인기를 많이 얻는 것이 성공이며 인생의 목적이라고 생각한다.

그러나 부와 권력, 명예, 인기 이런 것들이 우리 삶을 행복한 인생으로 보장해 주지 못하는 것은 자명하다. 이런 것들을 유지하려다 하루아침에 추락하고 자살로 인생을 끝내는 사람들을 우리는 많이 보아왔다. 그리고 부, 명예, 권력, 인기와 상관없이 가장 평범하게 자기 삶을 행복하게 꾸려 가는 사람도 많이 본다.

"인생이란 무엇일까?"

"인생은 어디서 왔다가 어디로 가는 걸까?"

이런 질문은 우리가 치열한 삶의 경쟁 속에서 살다 보면 문득문득 생각난다. 그러나 이것에 대한 정답은 속 시원하게 얻을 수 있는 것이 아니다. 왜냐하면 우리는 우리들 삶의 대본을 결코 볼 수 없고, 인생은 언제나 현재진행형이기 때문이다. 오늘도 내일도 계속 변화하며 성장해 가고 있기 때문이다. 비록 정답은 없지만 "나는 어디서 왔다가 어디로 가고 있는가?" "인생이란 무엇인가?"라는 질문은 빠르게 변화되는 이 세상에서 가끔씩 멈춰 서서 자신을 향해 물어야 한다. 그래야 돈과 명예, 권력, 인기 같은 성공을 향해 너무 가파르게 뛰어가는 자신을 바라볼 수 있고, 궤도 수정도 할 수 있다.

물론 우리가 성인처럼 되기 위해 이 질문을 하는 것은 아니다. 이 질문을 자주 함으로써 보다 소유 지향적 삶의 형태에서 존재 지향적 삶의 형태로 성장해 나갈 수 있기 때문이다.

치열한 삶의 경쟁에서 휴식하며 조용한 평안을 얻기 위해 이 질문은 종종 해야 한다. 힘들 때 웃으면 우리의 힘든 육체와 정신에 휴식을 주며 마음에 평안을 얻게 된다.

웃음은 소유 지향적 삶의 형태에서 존재 지향적인 삶의 형태로 나아갈 수 있게 한다. 그래서 우리가 웃는다는 것은 "인생이란 무엇인가?" "인생은 어디서 왔다가 어디로 가는가?" 하는 질문에 대해 간접적인 대답을 줄 수 있다. 하루 중 가장 힘들고 바쁜 시간에 틈틈이 짬을 내 웃어 보자. 그러면 인생은 나에게 이런 물음을 던질 것이다.

"내가 이 길로 달려가는 것이 정말 옳은 것인가?"

"내가 정말 의미 있는 삶을 살고 있는 것인가?"

“내가 정말 보람된 삶을 사는 것인가?”

“내가 정말 즐거운 삶을 살고 있는 것인가?”

그래서 “내가 정말 행복한 삶을 살고 있는 것인가?”

웃음은 우리에게 삶의 방향을 바꾸게 하는 신호탄이다.

1분 웃으면 인상이 변하고 매일 웃으면 인생이 변한다.

누가 “인생이란 무엇인가?”, “인생은 어디서 왔다가 어디로 가는가?”라고 묻는다면 그냥 말 없이 웃음으로 대답하자.

개인 심리 발달과 웃음

1920년 인도의 숲속에서 동물처럼 살아가는 여자아이 두 명이 발견되었다. 한 명은 발견 당시 7세쯤 되어 보였고 이름은 카말라라 지어졌고 그 후 10년을 더 살다 죽었다. 다른 한 명은 2세쯤 되었고 이름은 아말라라고 붙였는데 1년이 안 되어 사망하였다.

두 아이는 모두 늑대에게서 길러진 것으로 판단되었으며 그래서 늑대소녀라는 이름이 붙여졌다. 둘 다 신체 발육 형태가 일반인들과는 매우 달라 팔이 무릎 밑까지 내려올 정도로 길었으며, 엄지발가락과 손목 근육이 매우 발달했고 골반이 평평했다. 등뼈는 부드러웠으나 허리나 무릎 관절은 수축되어 유연성이 전혀 없었다.

카말라는 옷을 입혀 주면 모두 찢어 놓아 옷을 입힐 수가 없었다. 낮에는 어두운 곳을 찾아 잠을 자고 밤에는 방에서 나와 늑대처럼 울부짖으며 숲으로 도망가려고 했다. 빛과 불, 물을 무서워하고 고기는 반드시 날 것으로 바닥에 던져 주어야 먹었다. 채소는 절대 먹지 않고 손을 사용하지 않은 채 날카로운 치아로만 고기를 뜯어먹었으며 양쪽 귀를 자기 마음대로 움직였다. 후각이 발달해 멀리서 나는 냄새에도 예민한 반응을 보였다.

카말라의 지적 수준은 6개월 된 영아 수준이었고 그 후 4년 동안이나 체계적인 훈련을 시켰지만 겨우 6개 단어를 배웠다. 발견된 지 6년 후에 겨우 직립을 할 수 있게 되었고, 7년 후에는 약 40~50개 단어를 말할 수 있었다. 10년 후 즉 17세 정도되었을 때 카말라는 3~4세의 유아적 지적 수준이 되었다.

영국의 본머스라는 지역에서 오나시스라는 여자아이가 아들을 낳은 뒤 7년 동안 다락방에 감금한 사건이 있었다. 당시 고등학교 2학년이던 오나시스는 남자친구와의 실수로 임신을 한 후 시골의 한적한 마을로 숨어 들어가 몰래 아들을 낳았다.

그 후 7년 동안 생존에 필요한 음식물만 주어졌을 뿐 외부와의 접촉은 금지되었다. 이 아이가 발견되었을 때 나이는 7세였고 이름은 로지로 지어져 있었다. 그러나 로지는 말도 할 줄 모르고 걷지도 못했고, 감정이 매우 메말라 웃거나 우는 일도 없이 멍한 눈으로 허공만 응시하였다. 주위에 있는 사물에 관해서 전혀 관심을 가지지 않았다. 로지가 하루빨리 사회에 적응하도록 여러 심리학자들이 특별한 훈련을 실시했지만 5년 후 죽을 때까지 로지가 습득한 것이라고는 단어 몇 마디에 불과했고 문장을 말하지는 못했다. 그 밖에 손 씻는 법, 이 닦는 법, 옷 입는 법, 공놀이 등을 배웠고, 걷기는 했지만 침팬지 같이 폼이 엉성했다. 열두 살의 나이로 세상을 떠날 때 로지의 지능 수준은 2~3세

정도 수준이었다.

중국에서는 돼지 소녀 사건이 있었다. 중국 랴오닝 성에서는 정신지체 중증 장애인 어머니와 청각장애인 아버지 사이에 왕센펑이라는 딸이 태어났다. 어머니는 아이를 돌볼 능력이 안 되고 아버지는 매일 일을 하러 나갔기 때문에 왕센펑은 오랫동안 그냥 방치되었다.

아버지가 우유를 챙겨 놓고 가면 그 젖을 먹고 자라 조금씩 기어다닐 수 있었을 때 왕센펑은 돼지우리 새끼들 사이로 떨어지게 되었다. 왕센펑은 새끼 돼지들처럼 어미 돼지의 젖을 빨았으며 어미 돼지도 이를 받아 주었다. 왕센펑은 새끼 돼지들 틈에서 같이 놀기도 하고 낮잠도 자고 하였다.

밤에 들어온 아버지가 돼지우리에서 잠자는 아이를 원래 자리로 데려다 놓았지만 다음 날이 되면 왕센펑은 계속 돼지우리에서 돼지들과 함께 생활하고 그들의 소리를 배우고, 행동을 그대로 따라 하게 되었다. 사람들이 왕센펑을 발견했을 때는 이미 열한 살의 소녀였고 신체 발육도 어느 정도 정상에 가까웠지만 그녀는 네 발로 기어 다니고 돼지들의 등을 긁어 주고 배가 부르면 꼭 돼지들 곁에서 코를 골고 잤다.

브라질에서도 3세 된 남자아이가 돼지우리에서 발견됐는데 제대로 눈을 뜨지 못하고 기어 다니며 돼지처럼 꿀꿀거리고 울기만 했다.

이와 같은 사례들을 보면 사회가 인간 심리 발달에 얼마나 중요한 역할을 하는가 잘 보여 준다. 인간은 고도로 사회화된 존재이기 때문에 집단에서 완전히 벗어난 상태에서 영유아기를 보내면 인간의 고유 특성이나 지식이나 재능이 전혀 발달될 수 없다. 뇌가 있지만 사고를 할 수 없고, 입은 있지만 말을 할 수 없고, 신경은 있지만 동물적 반응밖에 할 수 없다. 그래서 인간이 발달단계에서 격리된다면 영원히 인류 세계로 들어오는 일은 불가능하게 된다.

위의 사례들은 사회생활이 개인의 심리 발달에 결정적인 역할을 한다는 것을 보여 주는 증거이다. 영유아 때 아기의 심리 발달을 위해 가장 많이 하는 것이 웃으며 접촉하는 일이다. 이때 아이들을 많이 웃게 하면 심리 발달이 왕성해지고 지식과 재능, 행위규범 등이 매우 활발하게 되어 사회생활에 적응하는 과정이 빨라진다.

영유아 때부터 많이 웃는 아이로 만드는 것이 영재교육의 시작이다. 아인슈타인도 자신의 천재성은 어릴 때 많이 웃었기 때문이라고 했다. 영재성이나 천재성을 위해서가 아니라 사회에 잘 적응하기 위해서라도 웃음은 필수적이다. 웃지 못하기 때문에 사회에 적응하지 못해 사회화에 실패하는 아이들이 점점 많아지고 있다.

유아기에 개인의 심리 발달이 가장 빠르며 특히 0~4세까지가 가장 중요한 시기라고 한다. 이때 아이들이 가장 많이 웃는데 이는 이 시기에 가장 많은 지적 능력이 이루어진다. 일반적으로 4세 이전에 지적 능력의 반 이상이 이루어지며, 16~21세 정도에 완성이 된다. 아이를 천재나 영재로 키우기 위해서는 4세 이전에 많이 웃도록 해야 한다.

방그레, 벙그레, 빙그레

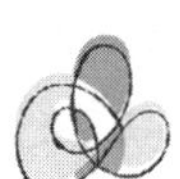

일본 요코하마에서 출발하여 부산을 거쳐 타이베이를 경유하여 필리핀 해협을 순항하던 동아시아 크루즈선이 좌초되어 바닷속으로 가라앉게 되었다. 워낙 급하게 좌초되었고 근처에 지나던 구조선이 없어 대부분의 승객과 선체는 바닷속으로 가라앉았다.

구명정 한 척만 겨우 떴는데 정원은 9명이었고 그 구명정에 올라탄 사람은 모두 12명이었다. 3명은 내려야 했다. 구명정은 무게 때문에 점점 가라앉고 서로들 바닷속으로 뛰어들기를 바라고 있지만 선뜻 나서는 사람이 없어 눈치만 보고 있었다. 그때 한 사람이 용감하게 나서서 이렇게 말했다.

"저는 프랑스 사람입니다. 우리나라 사람들은 예술을 중시합니다. 살아도 예술, 죽어도 예술, 제가 제일 먼저 희생하겠습니다"하며 구명정 맨 앞에서 멋지게 다이빙해서 검푸른 바닷속으로 사라졌다. 하지만 아직도 두 명이 더 내려야 했다. 서로들 눈치만 보고 있을 때 드디어 또 한 사람이 나타났다.

"저는 미국 사람입니다. 세계 최강, 미국의 자존심을 가지고 제가 여러분을 위해 희생하겠습니다."

그리고 미국 국가 '성조기여, 영원하라'를 부른 후 멋지게 다이빙해서 바닷속으로 사라졌다.

이제 드디어 한 명만 더 내리면 모두 살 수 있는데 서로 눈치만 볼 뿐 나서는 사람이 없었다. 얼마간 침묵이 흐른 뒤 드디어 마지막 사람이 나타났다. 그는 자랑스럽게도 대한민국 사람이었다.

"대한 독립 만세!"

그는 힘차게 외쳤다. 그리고는 곧바로 옆에 있던 일본 사람을 번쩍 들어 검푸른 바닷속으로 집어넣어 버렸다.

해마다 3·1절과 8·15 광복절이 생각나면 하는 유머이다. 이 유머를 이야기할 때마다 많은 이들이 속으로 통쾌함을 느끼는 것 같다. 요즘 일본이 점점 더 우경화되고 노골적인 침략의 야욕을 나타내는 듯해서 마음이 편치 않다.

일본 정부 각료들이 단체로 전범 위패가 있는 야스쿠니 신사를 참배하는가 하면 의회 의원들도 대거 참배를 하고 과거 침략사에 대한 정부 각료들의 반성문들을 모두 뜯어고치겠다고 한다. 교과서에도 독도를 자기들 땅이라고 고쳐놓고 군국주의시대 침략 전쟁을 침략이 아니고 진출이라고 괴변을 늘어놓기 시작했다.

물론 침체된 경기를 살리고 국민을 선동시켜 높은 지지율을 이끌어 내어서 계속 집권을 하기 위한 전략이라고 하더라도 전쟁 피해 당사국에서 보면 도가 지나치고 이웃에 대한 예의나 배려가 너무 없는 듯하다. 강압적 엔저 정책으로 우리나라 기업의 수출길마저 막고 있으니 일본 정부의 행태는 어두운 현실을 더욱 갑갑하게 하고 있다. 이대로 가다가는 일본의 고립은 점점 더 가속화되고 동아시아에서 왕따 당하는 섬나라로 전락할 수도 있다는 생각이 든다.

지금까지도 철저한 반성과 전쟁 피해의 보상을 위해 노력하는 독일과 비교할 때 너무나 얄밉고 뻔뻔스러움에 울화가 치밀어 오르기도 한다. 이런 연유로 일본으로 여행을 계획했다가 마음이 불편해서 중국으로 여행지를 바꾸었다. 이웃사촌이 아니라 이웃 웬수 나라다.

마음이 불편할수록 더 많이 웃어야 한다. 그래야 불편함을 잊고 행복한 마음으로 바뀔 수 있다. 저들이 아무리 독도를 자기네 땅이라고 우기고 침략 전쟁을 자신들 입장에서 보면 침략이 아니라고 궤변을 늘어놓아도 여유 있게 웃으며 대처하자.

그것 때문에 흥분하고 난리 법석을 떨게 되면 저들의 작전에 말리고 말 것이다. 요란하게 짖어대는 개에게서 관심을 돌리고 내가 걸어갈 길만 또박또박 걸어가면 될 것이다.

속상한 것은 웃어서 버리자. 웃어 버려~!

도산 안창호 선생의 민족의 자긍심을 잃지 않기 위해 캠페인을 벌였던 웃음 운동이 다시 필요한 시대가 된 것 같다. 삼천리 방방곡곡마다 "어린이는 방그레, 어른들은 벙그레, 노인들은 빙그레."

인간의 뇌는 바보인가?

강연회에서 한참 강의에 열중하던 강사가 청중 가운데 한 사람을 지목하여 일으켜 세우고는 이렇게 말했다.

"내가 지금부터 당신에게 하는 말은 모두 거짓말입니다. 당신은 매력적이고 건강하시군요. 매사에 긍정적이고 책임감도 있군요. 리더십도 있고, 유머 감각도 좋고, 특히 웃는 모습이 백만 불짜리입니다. 그래서 사람들로부터 인기도 좋고 직장에서 신뢰도 얻고 있군요."

이렇게 칭찬을 한 다음 그 청중에게 느낌을 물어보았다.

"기분이 좋아요"라고 청중은 대답했다.

강사가 다시 말했다.

"처음에 나는 거짓말을 하겠다고 했는데도 기분이 좋은가요?"

"네."

인간의 뇌는 현실과 언어를 구별하지 못한다.

진짜라고 믿고 칭찬받은 사람과 거짓인 줄 알면서 칭찬받은 뇌를 FMRI(기능성 자기공명 장치)로 촬영한 결과 양자 모두 뇌에서 활성화하는 부위가 동일하다는 사실이 확인되었다. 이것은 정신의학 분야에서 보편적으로 인정되고 있다. 그래서 이런 심리를 상업적으로 판매에 많이 응용하기도 한다.

1995년 뉴욕대 심리학과 존 바그 교수팀은 피실험자들을 모집하여 단어들을 뒤죽박죽 섞어 놓고 하나의 문장으로 만드는 실험을 하였다.

A그룹은 "사람, 피부, 주름진, 탄력성이 없는…" 등의 노인과 관련된 단어들을 문장으로 만들게 하였고, B그룹은 "사람, 피부, 부드러운, 탄력성 있는…" 등의 젊은이들과 관련된 단어를 문장으로 만들게 하였다. 그리고 실험실 문을 열고 나가 엘리베이터까지 7.5m 거리를 가는데 걸리는 시간을 측정하였는데 B그룹은 7.3초인데 반해 A그룹은 8.3초가 걸렸다.

A그룹, B그룹 피실험자들은 모두 젊은 대학생들이었지만 A그룹 피실험자들의 뇌는 노인들에 관련된 단어들을 조합해 문장을 만드는 실험을 하다 보니 "지금은 노인과 관계된 상황"이라는 판단을 내리고 무의식적으로 걸음이 느려진 것이다.

뇌는 현실과 관계없이 언어에 반응한 것이다. 또 다른 실험에서는 "무례한, 공격적인, 침입하다…" 등의 단어로, 다른 그룹은 "공손한, 양보하는, 안정적인…" 등의 단어로 문장을 완성하는 실험을 한 후 인내심을 평가하였는데 '무례한' 등의 단어를 접한 팀이 훨씬 더 참을성이 적었다는 실험 결과도 있다.

인간의 뇌는 현실과 언어의 차이를 구별하지 않고 동일하게 작용하는 실험 결과이다. 다시 말해서 우리의 뇌는 현실과 언어, 단어, 생각을 구별하지 못하기 때문에 우리는 늘 긍정, 희망, 칭찬, 감사, 사랑의 언어와 좋은 생각을 더 많이 하고 살아야 한다.

뇌가 그대로 인식하고 받아들이도록 하는 것이다. 그래서 필자는 아침에 일어나자마자 "오늘은 내 생에 최고로 행복한 날이다"라고 계속 중얼거리며 웃는다. 그러면 뇌에 그대로 각인되어 행복한 하루를 보낼 수 있는 비결이 된다.

억지로 웃어도 우리 뇌는 진짜로 웃는 것으로 간주하고 행복 호르몬들을 생산하게 된다. 그리고 억지 웃음만으로도 면역력이 똑같이 상승한다.

일본의 디카도베라는 미국 시카고대학에서 심리학, 운동 생리학 등을 공부했고 그 후 건강학, 영양학 학위를 취득했고 1991년 일본 긴장완화협회를 설립해서 긴장완화 운동을 전개하고 있다. 그녀는 『웃으면 면역력이 좋아진다』라는 저서에서 다음과 같이 기술하고 있다.

"인간은 웃기고 재미있을 때 웃는다. 그때 뇌 속에서 생리적인 변화가 일어나며 그것이 운동신경에서 근육으로 옮겨가고 그 결과 얼굴 전체 근육이 크게 움직여 웃음이라는 표정을 낳는다. 그런데 먼저 웃는 표정을 만들고 눈과 뺨 주변의 근육만이라도 움직이면 그 움직임을 뇌가 인지하여 '지금은 즐거운 때다' 라고 판단하며 그 뒤로 기분과 감정이 따라온다."

웃는 얼굴은 즐거운 마음을 통해 표정근이 움직이며 만들어진다. 반대로 웃는 얼굴을 먼저 만들면 표정근이 움직이고 그것을 즐거움으로 뇌는 인식한다. 이것이 억지 웃음이라도 진짜 웃음과 똑같은 효과가 나타나는 이유이다.

이것을 심리학 용어로 '안면 피드백 효과' 라고 부른다. 한마디로 웃는 얼굴을 만들면 뇌도 웃는다는 것이다. 이 웃는 얼굴은 전염성이 있어 한 사람 한 사람의 환자들에게 힘을 주고 투병생활에 도움이 된다.

우리 뇌는 현실과 언어를 구분하지 못하고 실제 웃음과 억지 웃음을 구별하지 못하는 것이 얼마나 다행인지 모른다. 우리 인간의 뇌는 바보이기 때문에 인간이 심한 스트레스 가운데서도 말과 생각을 잘 선택하면 살아갈 수 있다. 그래서 삶에 대한 우리의 자세도 자명한 결론에 이르게 한다. 긍정과 희망, 칭찬과 용서, 감사와 사랑, 축복과 평화의 말과 생각을 늘 하며 살아야 한다는 것이다.

그리고 환우들은 특히 웃음과 치유를 늘 말하고 생각하고 실천해야 한다.

스토리텔러

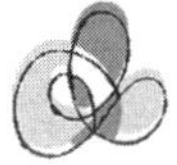

김연아의 멋진 스케이팅 안무 곡으로《세헤라자데》가 세인의 관심을 끈 적이 있다. 러시아의 림스키 코르사코프가 작곡한 교향곡 모음곡으로 『아라비안 나이트』에 나오는 이야기들을 사실적인 묘사 수법으로 그려 낸 작품이다.

아라비안 나이트는 아라비아 설화문학의 보고로써 오랜 기간 여러 사람들에 의해 구전되고 집필된 것인데 세헤라자데는 그 방대한 이야기 중에 첫 부분에 해당된다. 샤푸리 야르 왕은 왕비 때문에 폭군으로 변해 밤마다 처녀들을 불러들여 동침한 후에는 이튿날 죽여 버리는 일을 반복했다. 그렇게 함으로써 여자들에 대한 증오심을 나타냈다.

어느 날 대신의 딸 세헤라자데가 불려들어갔다. 세헤라자데는 많은 이야기를 알고 있어서 이 비정하고 잔혹한 왕에게 이야기로 즐거움을 안겨줌으로써 죽음을 모면해 나갈 계획을 세웠다.

그녀는 원래 대단한 독서광으로 각국 왕들의 전설이나 민족 역사에 정통해 있었다. 그리고 이야기를 재미있게 풀어가는 재주가 뛰어나 샤푸리 야르 왕의 마음을 사로잡았다. 왕은 그녀의 다음 이야기를 듣기 위해 다음 날 저녁을 기다리게 되었다.

이렇게 해서 이야기는 천일 밤을 계속하게 되었다. 땅 위의 모든 여자들을 미워하고 저주하던 왕도 세헤라자데의 이야기 때문에 그녀를 사랑하게 되었고 왕비로 맞아들여 훌륭한 성군으로 다시 태어나게 된다는 스토리이다. 그래서 『천일야화』라고도 부르게 된 것이다.

아라비안 나이트에서 뿐만 아니라 현대 사회에서도 스토리는 대단한 힘이 되고 자신의 강력한 무기가 될 수 있다. 과거의 역사적 스토리가 현재의 한 도시와 나라를 관광으로 먹고 살게 하기도 한다.

현대의 많은 기업들이 스토리에 의존해 기업을 알리기도 하며 자신만의 스토리를 개발해 기업을 성장시켜 가기도 한다.

1999년 덴마크의 코펜하겐 미래학 연구센터에서는 정보화 사회 이후의 사회를 '드림 소사이어티' 로 규정했다. 이 센터의 보고서 서문에는 이렇게 기록되어 있다.

"인류는 수렵시대, 농경시대, 산업화시대를 거쳐 정보화시대로 들어섰다. 그러나 우리는 그 사회에 완전히 적응하기도 전에 새로운 사회로 옮겨가고 있다. 컴퓨터와 인터넷으로 대변되는 정보화 사회의 태양은 벌써 석양이 되고 있는 것이다. 새로 오는 다른 형태의 사회를 우리는 '드림 소사이어티' 라고 부를 것이다. 이 시대는 신화와 꿈, 스토리를 바탕으로 시장을 형성하는 새로운 사회이다. 이젠 모든 상품이 이성이 아니라 감성에 호소하는 세대를 맞이한 것이다."

미래학자 다니엘 핑크는 이런 시대를 '하이 소사이어티' 라고 표현했다. 드림 소사이어티에서는 이야기가 핵심적 가치가 될 것이다. 기업이 생존하기 위해서, 시장에서 승리하기 위해서 스토리를 낳아야 한다. 소비자들은 상품 그 자체를 사는 것이 아니라 상품에 얽힌 이야기를 사게 되는 것이다. 그래서 정보화 사회 이후 오는 드림 소사이어티를 살아가는 최상의 방법은 이야기꾼Story teller이 되는 것이다.

하하웃음행복센터에서 많은 이들이 공통적으로 질문하는 것이 있다. 강의를 잘 하려면 무엇이 제일 중요한가? 라는 질문이다. 물론 필자 자신이 훌륭한 강사라고 자부하지는 못하지만 그러나 확실한 방법은 알고 있다. 바로 이야기로 이끌어가라고 말해 준다. 나의 이야기, 당신의 이야기, 우리들의 이야기를 멋지게 구성해서 감동을 주는 스토리로 전달한다면 누구나 명강사가 될 수 있다고 말해 준다.

미래는 이야기를 바탕으로 성공하는 사회가 될 것이다. 이야기를 만드는 능력이 성공의 능력이 된다. 꿈과 감성으로 표현되는 드림 소사이어티에서는 감성의 이야기를 만드는 능력이 성공의 능력이 된다. 드림 소사이어티에서는 감성을 바탕으로 꿈을 얹어 잘 포장된 상품이 이야기이기 때문이다. 그래서 수많은 기업들이 유명한 스포츠 스타나 등산가, 예술가들을 등장시키는 데 많은 돈을 투자함으로써 이야기를 사고 있다. 해리포터 같은 소설이나 스필버그 같은 영화인이 이를 잘 말해 주고 있다.

지금까지는 조직력만으로도 성공이 가능했지만 드림 소사이어티에서는 상대방의 마음을 이야기의 힘으로 움직일 수 있는 리더가 성공을 이끌 수 있다.

소비자들의 공감을 얻어내는 데도 이야기를 사용한다. 물건을 팔 때 상품과 함께 이야기를 팔아야 한다. 결국 이야기의 힘이 시장을 제패할 것이다.

21세기 들어 세계는 급격히 감성의 사회로 진화하고 있다. 그래서 꿈과 상상력이 풍부한 사람과 기업이 시장을 빠르게 점유해 나간다. 꿈과 상상력이 풍부한 스토리텔러를 필요로 하는 세상이 된 것이다.

드림 소사이어티의 주인공이 되기 위해서는 창조적 스토리텔러가 되어야 한다. 상품에 이야기까지 곁들여질 때 강력한 성공을 가져오듯 우리가 나누는 웃음도 스토리가 담긴 웃음이라면 더욱 강력한 효과를 발휘할 수 있다.

나만이 가지는 스토리를 담은 웃음은 나만의 유일한 경쟁력이다. 다른 이들을 감동시킬 수 있다. 누구든지 삶의 스토리는 다 있다. 그 스토리를 잘 재구성해서 다른 이들의 마음을 움직일 수 있는 멋진 상품으로 내놓을 수 있다.

하하웃음행복센터에서 웃음을 배우고 달라진 삶의 이야기를 듣노라면 한 사람 한 사람 너무나 귀하고 감동이 넘치는 스토리를 갖고 있다.

필자가 할 일은 그것을 다시 잘 구성해서 함께 나누는 스토리로 만드는 것이다. 삶을 사랑하고, 자신을 사랑하고, 이웃과 자연을 사랑하게 하는 보석의 원석 같은 감동의 스토리를 잘 갈고 닦아 진정한 보석으로 만들어 주는 것이다.

첫인상

이명박 전 대통령이 국민들에게 호소한 라디오 연설에서 여름철 휴가를 국내에서 보내면 내수 경제가 활성화될 수 있다고 역설하였다. 온 국민이 하루씩만 국내 여행을 늘리면 지역 경제에 2조 원의 경제 효과가 있고 일자리가 4만여 개 생긴다는 것이다.

그러면서 국내 좋은 여행지 중 농어촌 체험 마을 네 곳을 콕 찍었는데 그중에 하나가 경남 남해의 해바리 마을이다. 이 해바리 마을은 다른 농어촌 체험 마을의 세대당 수입보다 다섯 배나 많다. 그 이유는 동네 어르신들의 활약이 큰 성과를 거두었기 때문이다. 즉 동네 인구의 반이 넘는 어르신들이 웃기 운동을 시작한 후 변화된 것이다. 동네 어르신들은 밝은 낯으로 외지 손님들을 맞이한다.

늘 환하게 웃으며 손을 흔들어 주고 또 웃으며 인사를 먼저 건넨다. 웃으며 친절하게 안내를 하고 마치 자기 가족처럼 웃으며 반긴다.

도시인들의 고향에 대한 향수를 이곳 마을에서 제대로 감싸 안아 주기 때문에 불편을 감수하더라도 입소문으로 많은 이들이 찾아오는 것이다. 동네 어르신들은 내 마을에 나도 도움이 된다는 자부심으로 정말 열심히 웃고 친절을 다한다. 웃음이 마을을 뒤바꿔 놓았다.

'세상에 이렇게 친절한 마을이 있구나!' 하며 손님들은 이 마을 첫인상에 감탄하고 고마워한다고 한다.

H양은 명문대를 졸업하고 외모도 괜찮은 부잣집 딸이다. 그러나 20번 이상 선을 보아도 잘 이루어지지 않았다. 약간 키가 작았지만 그것 때문은 아니었다. 남자를 만날 때 너무 긴장한 나머지 입술이 자주 떨리고 이를 안 보이게 하기 위해 이를 악물었는데 이런 표정이 상대방으로 하여 매우 부담을 주고 불안정하게 보였던 것이다.

H양은 다른 사람의 조언에 의해 입술 주위의 구륜근을 풀어 주고 입꼬리를 약간 올리며 웃는 연습을 열심히 해서 첫인상을 좋게 하였다. 그리고는 바로 결혼에 성공하게 되었다.

우리의 삶에서 처음에 대한 인상과 의미는 각별하다. 첫사랑, 첫 만남, 첫 경험……. 그중에서도 첫인상은 사람들의 의식과 판단에 매우 중요한 영향을 미친다. 첫인상은 그 사람의 사회적 관계에서 매우 중요한 경쟁력이 되기도 하고 나아가 그 사람의 운명을 바꾸어 놓기도 한다. 그래서 첫인상은 매우 중요하다. 그런데 이 첫인상은 엄청나게 빠른 속도로 결정된다.

한 연구기관의 실험에 따르면 한 사람이 다른 사람에 대한 첫인상에 대한 감지는 1,000분의 32초에 일어나고 3초 안에 첫인상이 결정된다고 한다. 즉 시각적인 첫인상과 청각적인 첫인상으로 그 사람에 대한 평가가 이루어지는데 매우 순간적이며 이 순간적인 첫인상이 마지막 인상으로 연결되는 것이 대부분이다.

이 순간 포착으로 이루어진 첫인상은 변명의 여지가 없다는 문제가 있다. 마음속의 느낌이며 즉시 설명을 해 줄 수 있는 사안이 아니기 때문이다. 매우 짧은 시간에 머릿속에 각인되어지기 때문에 변명이나 지워버릴 수 있는 기회가 없다.

캘리포니아대학의 심리학 교수인 알버트 메르비안은 사람과 사람 사이에 서로 인지하는 방법을 실험하여 메르비안 법칙이라는 것을 발표했다. 내용은 시각적인 효과가 55%의 영향을 미치고, 청각적인 효과가 38%이며, 언어의 내용은 7%만이 한 사람의 첫인상에 영향을 미친다는 것이다. 비언어적 요소가 93%나 차지한다.

첫인상에 대한 가장 중요한 요소는 얼굴 표정, 태도, 몸짓, 의상 등이고 다음이 음색, 발음, 진위성 등이다. 어느 음성학자는 음계 중에서 '솔' 음이 매우 듣기 좋은 톤이며, 솔음으로 맑은 목소리를 내도록 연습하라고 권유한다.

점점 청년실업의 정도는 높아가고 각종 오디션이 봇물을 이루는 세대에서 첫인상은 점점 더 그 가치가 높아지고 있다. 그래서 면접을 위한 학원도 생겨나고 각종 성형수술이나 피부 마사지, 음성 교정 등의 새로운 사업이 등장하고 호황을 맞고 있다. 첫인상을 좋게 하려는 노력은 처절한 전쟁을 연상시키는 듯하다. 그러나 무엇보다 첫인상을 좋게 하는 KEY는 웃음이다.

웃음은 친밀감과 환영과 호의를 전달해 준다. 그리고 상대방에게 신뢰와 긍정의 반응을 일으킨다. 웃는 인상을 가진 사람은 취업도 잘되고 하는 일도 잘 풀린다.

좋은 인상이란 웃음을 가진 얼굴이다. 내가 웃으면 상대방도 웃게 된다. 보통 사람의 얼굴 근육은 80개 정도라고 한다.

이 중에서 웃을 때 직접 움직이는 근육은 약 20개 정도이고 부차적 반응으로 움직이는 근육까지 40개 정도의 근육이 움직인다고 한다.

주로 입 주위의 구륜근, 눈 주위의 안륜근, 입술에서 광대뼈까지의 근육들이 이에 속한다. 이 웃음 근육들은 매일매일 훈련에 의해 자연스럽게 움직여질 수 있다.

아침마다 첫인상을 좋게 하는 웃음을 연습을 해 보자. 거울 앞에 서서 윗니가 보이도록 입을 열고 입꼬리를 위로 올리며 눈이 작아지게 움직이며 웃어 보자. 첫인상을 바꾸면 성공이 따라온다. 행복이 찾아온다.

웃음을 상실한 사람들

어린 딸이 있는 젊은 엄마에게 어느 날 갑자기 안면마비 증세가 찾아왔다. 얼굴의 절반이 마비된 것이다. 오른쪽 신경은 살아 있었지만 왼쪽 신경은 완전히 무감각해졌다. 웃으려고 해도 오른쪽 입꼬리만 올라가고 왼쪽 입꼬리는 올라가지 않았다. 오른쪽 눈은 깜빡일 수 있는데 왼쪽 눈은 깜빡일 수 없게 되었다. 그가 웃게 되면 자신의 의도와는 상관없이 다른 이들에게 꼭 비웃는 것처럼 보였다.

그러나 진짜 슬픈 일은 그의 딸에게서 엄마로 인정받지 못하는 것이었다.

"아줌마는 진짜 우리 엄마가 아니에요. 진짜 우리 엄마는 어디 갔어요?"

안면마비는 대개 다른 신체적 증상을 동반하지는 않지만 인간관계에 있어서는 심각한 지장을 초래한다. 이 아이의 엄마처럼 어린 딸의 이런 변화는 단순한 인간관계 상실을 넘어 존재의 상실까지 겪게 한다. 무표정한 얼굴은 상대방에게 심각한 개인적 감정으로 받아들여진다. 웃지 않는 사람은 나에게 관심이 없거나 나를 전혀 이해하지 않는 사람으로 받아들여지게 되는 것이다.

파킨슨병에 걸리면 손, 발, 몸이 떨리는 증세와 어눌한 말씨 등의 증세가 동반되며 안면마비 증상도 함께 나타난다. 얼굴 근육이 제 기능을 하지 못해 웃거나 찡그리지 못하고 얼굴 근육을 빨리 움직이지 못하게 된다. 나비 증세는 길수록 심해지는데 이때 무표정한 현상을 '파킨슨 가면' 이라고 부른다. 이렇게 되면 감정, 생각, 개성을 나타내는 우리 몸의 능력은 현저히 떨어진다. 파킨슨병에 걸린 것을 알고 있어도 그가 파킨슨 가면을 의도적으로 짓고 있다고 오해하는 경우가 대부분이다. 파킨슨병을 앓고 있는 환자의 배우자들조차도 아무런 표정을 보이지 않는 환자를 보면서 좌절할 때가 많다. 이런 환자들은 감정이 나타나지 않는 굳은 얼굴 때문에 다른 사람들로부터 '나를 무시하고 있구나' 라는 오해를 받는다.

파킨슨병 환자들은 자신이 아무리 긍정적인 메시지를 전달하려고 해도 그것을 받아들이는 상대방은 중립적이거나 부정적인 메시지로 인식하는 경우가 대부분이다. 환자들은 자신이 웃으면서 긍정적으로 대답했다고 하지만 이런 감정들이 전혀 표출되지 않는 것이다. 웃음이 사라지면서 그들의 소통이 끊어져 버리고 인간관계가 날아가 버리게 된다.

어린아이들에게서도 웃음이 사라지는 경우가 있다. 뫼비우스 증후군을 앓고 있는 아이들은 웃을 수 있는 능력을 완전히 상실하게 된다.

이런 아이들을 뫼비안Moebian이라고 부른다. 뫼비안들은 물론 자신이 불행하지만 부모들 역시 웃음이 사라지게 된다. 아기의 웃음을 보지 못한 부모들은 아이가 자라면서 또래아이들에게 받을 고통, 냉대, 성장해서 사회에 나가 받을 차별을 생각하며 근심, 걱정의 표정이 떠나지 않기 때문이다.

최근에 환자의 넓적다리에서 신경 근육조직을 잘라내 볼 주변에 이식하는 수술을 함으로써 턱에 가늘게 실룩거리는 움직임을 만들어 내기도 하였다. 완벽한 웃음은 아니지만 웃음과 비슷한 감정의 표현을 한다는 사실만으로도 환자나 환자의 가족들은 기적이라고 여기며 기뻐하고 있다.

자폐아들도 사교적 웃음이나 얼굴 표정이 거의 없이 불규칙한 표정을 짓고 사람들과 눈 맞춤을 하지 않는다. 주변 사물에 관심을 가지지 않고 자기 세계에만 빠져 있는 아이들을 보고 1943년 레오 카너가 질병으로 간주하여 '자폐autistic aloneness'라는 용어를 처음 만들어 냈다. 자폐아들은 사물의 객관적인 특성에는 주의를 기울이지만 인간의 얼굴에 나타나는 정서적 특징들은 무시한다는 연구결과가 있다.

자폐아와 정상아들에게 사람들의 사진을 나누어 주고 자신이 원하는 대로 사진을 분류해 보라고 하였다. 정상아들은 사진을 얼굴 표정에 따라 분류했다. 웃는 사람은 웃는 사람끼리, 슬퍼 보이는 사람은 슬퍼 보이는 사람끼리 모았다. 그러나 자폐아들은 얼굴 표정은 무시하고 사람들이 쓰고 있는 모자에 따라 분류하였던 것이다.

이렇게 웃음이 사라진 안면마비, 파킨슨병, 뫼비우스 증후군, 자폐성 장애는 모두 주변 사람들에게 상당히 어려운 도전을 주게 된다. 그리고 그 얼굴 표정이 사회적 관계에 단절을 가져온다. 신체적 결함으로 웃지 못한다는 것을 알아도 인간은 표정에 의지하여 많은 판단과 결론을 내리기 때문에 인간관계 상실은 필연적으로 오게 된다. 웃음은 사회 속에서 서로의 인간관계를 유지하는 능력이다. 웃을 수 있는 사람은 너무나 행복한 사람이다. 웃을 수 있는 한 감사해야 한다.

오늘도 한바탕 웃고 자신 있게 나아가자.

노블레스 오블리주

•
•
•

1374년 어느 날 영국의 도버 시와 가장 가까운 프랑스의 항구도시 칼레는 공포의 음침한 기운이 엄습했다. 100년 전쟁 끝에 칼레를 정복한 잉글랜드의 왕 에드워드 3세가 영국에 끝까지 저항한 칼레 시민 모두를 학살하기로 결정한 것이다. 겁에 질린 칼레 시민들은 광장에 모였다. 정복자의 자비를 구하기 위한 집회였다.

"왕이시여, 우리를 긍휼히 여기소서. 자비를 베풀어 주소서!"

젖먹이 유아를 안고 있는 여인네들과 노인들부터 무릎을 꿇고 대성통곡하며 탄원의 목소리를 냈다. 젊은이들과 장년들은 고개를 떨궜다. 군중을 바라보던 에드워드 3세의 눈동자와 눈 주위 근육이 미세하게 떨렸다. 한참을 물끄러미 바라보며 생각에 잠겼던 영국 왕이 이렇게 명령했다.

"너희들 소원을 들어주겠다. 그렇지만 너희들을 대표해서 속죄할 6

명의 시민을 내 앞에서 지금 결정하여라. 내가 그들을 처형하는 대신 시민들의 안전을 보장하겠다."

왕의 명령에 광장에 운집한 군중들은 술렁이기 시작했다. 시민들은 한편으로는 기뻤지만 한편으로는 과연 누구를 선택해서 목숨을 내놓아야 하는지 혼란에 빠졌다.

"제비를 뽑아서 결정합시다."

"자식 없는 노인들 중에서 선택해야 합니다."

"죄수들 중에서 6명을 뽑읍시다."

한참 논쟁이 진행될 때 칼레의 대부호 외스타슈 드 생 피에르가 군중들 사이에서 걸어 나왔다.

"저는 시민들의 도움으로 누구보다 많은 혜택을 입고 살아왔습니다. 이런 제가 시민들을 대신해 희생당하는 것은 은혜를 갚는 일입니다."

많은 군중들 입에서 탄식의 목소리가 흘러나왔다. 뒤를 이어 고위 관료들과 법률가, 상인 등 귀족 5명이 걸어 나왔다. 군중들 눈에서는 눈물이 흘러내렸다. 드디어 6명의 희생자가 정해졌다. 이들은 서로를 위로하며 조국과 시민을 위해 희생양이 되는 자신들의 위대한 결단을 서로 칭찬해 주었다.

에드워드 3세가 이들을 처형하려 할 때 임신 중이었던 왕비 필리파가 급한 전갈을 보내왔다. 이들을 처형하게 되면 태아에게 좋지 않을 것이라는 불길한 계시를 받았으며 이들의 처형을 사면해 주었으면 좋겠다는 전갈이었다. 영국 왕은 이들의 처형을 취소했다.

로댕의 조각 작품 《칼레의 시민》은 최후를 기다리는 이 6명의 용감한 시민을 주제로 한 작품이다.

칼레 시는 1884년 이들 6인의 조각상을 당대 유명한 조각가 로댕에게 의뢰하였고 로댕은 11년간 심혈을 기울여 조각상을 완성하였다. 처음 이 조각상을 본 시민들은 매우 실망하였다. 당당한 영웅의 모습을 머릿속에 그렸지만 막상 조각상은 죽음의 공포에 떠는 너무나 평범한 인간적인 모습이었기 때문이다. 이에 대해 로댕은 두려움과 공포를 느끼지만 자신을 희생하려는 그 모습이 진정한 영웅이라고 말했다. 이 조각상은 백년전쟁의 최대 격전지였던 칼레 시 바닷가에 세워졌고 다시 12개가 복제되어 12개국으로 보내 전시하게 되었다.

우리나라에도 1995년 서울 로댕 갤러리에 이 작품을 소장해 놓았다. 이 스토리는 역사적인 사실에 근거한 픽션으로 문학 작품이나 연극의 대본으로 창작된 것이라고도 한다.

그렇지만 이러한 이야기 때문에 '노블레스 오블리주' 라는 유명한 말이 남아 모든 시대를 관통하면서 사회 지도층 인사들에게 경각심을 불어넣고 있다. 명예(노블레스)만큼이나 의무(오블리주)를 다해야 한다는 뜻으로 지도층의 솔선수범을 말하며 높은 도덕성을 요구하는 좋은 뜻을 품고 있는 것이다.

이 노블레스 오블리주는 특히 미국인들 중 무려 50년간이나 뉴욕시의 수돗물 값을 책임지고 있는 록펠러가나 앤드루 카네기, 포드 등의 과거 부호들의 뒤를 이어 빌 게이츠, 테드 터너, 워런 버핏 등으로 이어져 오고 있다.

현재 미국에 5만 6천 개의 재단이 이런 사회적 활동을 하고 있다고 한다. 이런 미국 부호들의 기부와 자선은 미국이라는 자본주의 사회의 높은 불평등과 불신의 골을 메워 주고 통합하며 갈등의 요소들을 낮추는 사회적 기능을 해오고 있다.

우리나라도 백 리 안에 굶는 이가 없게 하라는 신념으로 사회복지 운동을 실천한 경주 최부잣집이나 조선 정조 때 흉년으로 굶주리던 제주도 사람들을 위해 전 재산으로 쌀을 사서 분배한 거상 김만덕, 막대한 재산을 독립운동과 동포교육 등에 사용하고 1920년 안중근 의사의 이등박문 저격사건 배후 인물로 일본 헌병대에 체포되어 재판도 없이 총살당한 최재형, 모든 재산을 사회에 환원한 유일한 등등의 인물들이 노블레스 오블리주를 실현한 역사적 사례이다.

우리나라 재벌가나 당, 정, 청의 실세들의 군 면제 비율이 일반 서민들의 10배 이상이나 된다고 국감을 통해 밝혀졌다고 한다. 그러나 언제 이 나라가 바로 될는지 하고 걱정과 염려에만 싸여 있으면 아무것도 이룰 수 없다. 우리 같은 일반 서민들에게 노블레스 오블리주 같은 거창한 말이 언감생심일지라도 우리들도 사회에 아주 훌륭한 기부를 할 수 있다.

바로 웃음의 기부인 것이다. 이것은 나 자신을 위한 행복의 선택이며 사회를 건강하고 사랑 가득한 공동체로 만드는 매우 중요한 일이다. 그러기 위해서는 나부터 웃음의 부자가 되어야 한다. 나부터 웃으면서 밝은 사회를 만드는 데 노력하자.

웃음의 바이러스는 많이 퍼질수록 좋다.

뒤센 미소

우리가 미래의 일을 알 수 있다면 우리 인생은 엄청나게 달라질 것이다. 어떤 구체적인 일어날 사건을 알 수는 없어도 미래에 내가 행복하고 만족한 삶을 살 것인가, 아니면 불행하고 후회 많은 삶을 살 것인가 만을 알아도 자신의 인생은 많이 달라질 수 있다.

그런데 그 사람의 미소만 보면 그 사람이 30년 후에 행복하고 성공한 인생을 살지 아니면 불행하고 실패한 인생을 살지 가늠할 수 있다는 연구 결과가 있다.

UC버클리대 심리학과 교수 대커 켈트너와 그의 연구팀이 이러한 연구를 한 그 주인공들이다. 켈트너 교수는 1960년 캘리포니아에 있는 밀스여자대학의 졸업앨범 사진 111명의 미소를 분석해서 진짜 미소인 뒤센 미소와 가짜 미소로 구분했다.

진짜 미소인 뒤센 미소는 눈 주위의 안륜근이 움직여서 눈이 좀 작아지고 눈가에 주름살이 잡히는 미소이다. 이런 현상을 가장 먼저 발견한 프랑스 신경해부학자의 이름을 따서 붙여진 이름이다.

그리고 이 여성들의 삶의 행복도를 27세, 42세, 52세까지 30년간 추적 조사했다. 그 결과 20세 때 뒤셴 미소를 지었던 여성은 그 뒤 30년에 걸친 일상생활에서 불안이나 두려움, 슬픔이나 고통, 절망 같은 스트레스를 훨씬 덜 받고 더 좋은 인간관계나 결혼생활을 누렸으며 52세 때 지난 삶을 돌이켜보았을 때 훨씬 더 성취감이 크고 성공한 인생을 살고 있다는 것으로 나타났다.

켈트너 교수의 이야기를 들어본다.

"얼굴의 미묘한 움직임 속에는 그 사람의 인자한 성품이 드러납니다. 특히 눈은 영혼의 샘이라고 할 수 있는데요. 눈가의 주름 근육은 억지로 속일 수가 없기 때문입니다. 눈에서 따뜻한 미소가 나온다면 그걸 본 사람은 '이 사람이 나와 협력하기를 바라고 있구나' 라고 생각할 것입니다. 그래서 좋은 인간관계를 누릴 수 있게 됩니다. 또한 미소는 불안과 고통을 완화해 주는데 스트레스와 관계된 심혈관에 영향을 미치기 때문이라고 생각합니다."

뒤셴 미소를 확인하려면 눈가에 주름이 생기고 뺨이 위로 올라가며 눈꺼풀이 내려가서 눈이 작아지는 모양이 보여야 한다. 해부학적으로 눈 둘레근과 광대근이 함께 움직여야 하는 것이다.

켈트너 교수는 졸업앨범 속 여성 111명의 미소가 얼마나 뒤셴 미소에 가까운지 판독해서 0에서 10까지 점수를 매겼다. 그리고 앞에 언급한 나이에 우편으로 설문조사를 해서 자료를 확보했다.

이 자료엔 스트레스의 정도, 성격, 원만한 결혼생활 여부, 스스로 생각하는 삶의 행복도 등이 포함되어 있었다.

둘의 상관관계를 분석한 결과 미소가 가져다주는 삶의 차이는 뚜렷했다. 뒤센 미소를 짓고 있었던 이들이 삶의 만족도, 인간관계 원만도, 부부관계 행복도 등에서 훨씬 더 성공적인 인생을 살고 있었다는 것이다.

2001년에 발표된 이 논문은 여성의 삶에 대한 가장 긴 시간 동안 이루어진 추적 연구로 꼽히며 지금까지 다른 논문에 410회 이상 인용되었다. 그는 이런 뒤센 미소를 짓고 있는 사람들이 다른 사람을 보살피는 착한 마음과 친절하고 동정심을 발휘하는 데도 더 적극적이며 능동적이라고 한다.

다윈을 비롯한 진화학자들의 연구 결과를 보더라도 친절하고 동정심이 많은 이들이 성공하는 삶을 살기에 용이하다는 것이다.

켈트너 교수의 이야기를 계속 들어본다.

"동정심이 인체 내의 어떤 부분을 통해서 유전되고 있습니다. 이를테면 얼굴 근육 등을 관장하는 뇌신경인 미주신경이나 자궁 수축 호르몬이라고 하는 옥시토신에서 친절의 유전적 요인이 들어 있다는 것은 많은 경우에 발견되고 있습니다. 이 친절한 사람들이 생존력이 높아진다는 것입니다. 친절한 사람들은 인간관계에 있어 매력적이고 그 때문에 더 좋은 사람들을 만나고 더 좋은 파트너를 구할 수 있습니다. 친절한 사람들은 낯선 사람들로부터 신뢰를 더 얻을 수 있으며 그로 인해 더 쉽게 자원을 구하고 권력을 가질 수 있습니다. 그래서 얼굴 근육에서 뒤센 미소를 늘 짓는 사람들이 더욱 행복하고 대인관계가 원만하며 인생에서 성공할 확률이 훨씬 더 높아지는 것입니다."

그는 더 나아가 다음과 같이 강조한다.

"우리 사회는 친절이나 동정심이 가진 가치에 대해서는 제대로 가르치지 않습니다. '어떻게 하면 보상을 받을 수 있나'는 가르치지만 '어떻게 하면 누군가에게 보상할 수 있나'에 대해서는 가르치지 않습니다. 저는 동정심과 친절을 더 활성화해야 한다고 생각합니다. 만약 의사와 간호사가 환자를 아끼고 그들의 처지를 진정 가엾게 여긴다면 그들은 환자들의 이름을 외울 것이고 환자들과 눈을 맞추고 친절한 마음으로 설명할 것입니다. 그리고 뒤셴 미소를 그들에게 보낼 것입니다. 환자들은 그것만으로도 커다란 혜택을 볼 수 있습니다. 인류가 친절을 지침으로 삼고 그것을 현실 세계에 적용한다면 이 사회의 생산성은 분명 지금보다 많이 올라갈 것입니다."

우리 사회를 착하게 만드는 비결은 동정심과 친절이고 뒤셴 미소를 이웃들과 함께 나누는 일인 것이다. 착한 마음씨를 가진 사람들이 웃음이 많고 열정적이고, 감동, 겸손, 존중의 마음을 가질 수 있다.

뒤셴 미소가 자신을 바꾸고 이웃을 바꾸고 세상을 바꿀 수 있다. 그래서 달라이라마는 "세계 평화를 진정으로 원한다면 당장 옆에 있는 이에게 미소부터 보내라"고 이야기했다.

웃자! 웃는 자가 행복하고 이웃과 사이가 좋고 친구 관계가 원만하고 인생에서 성공할 수 있는 확률이 훨씬 높아진다.

웃음 친구를 만들자

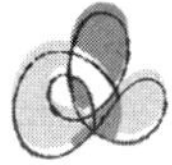

1992년 잭 캘리라는 신문기자가 소말리아 내전을 취재하고 있었다. 기자 일행이 어느 마을에 들어섰을 때, 그 마을 사람들은 모두 죽어 있었다. 마을 어귀에서 눈을 제대로 뜨지 못하고 죽어 가는 소년을 그들은 발견했다.

소년은 물끄러미 아무 감정도 없이 기자들을 쳐다보았다. 기자 일행 중 한 사람이 사과를 꺼내 그 소년에게 주었다. 그러나 사과 한 개 무게가 무거워 그 소년은 사과를 놓치고 말았다. 기자는 그 사과를 반으로 쪼개 그에게 주었다. 그 소년은 사과를 받아들고 힘겹게 일어났다. 그리고 비틀거리며 어디로 걸어가기 시작했다. 기자 일행은 그 소년의 뒤를 쫓아갔다. 뒤에서 따라가는지도 의식하지 못하며 소년은 어느 후미진 곳에 도착했다.

그곳에는 그 소년보다 어린 아이가 죽은 듯이 누워 있었다. 소년은 그 아이를 무릎에 누이고 사과를 입으로 베어 곱게 씹어서는 누운 아이의 입에 넣어 주었고 삼키라고 턱을 올렸다 내렸다 하며 안간힘을 다해 그 사과를 먹이는 것이었다. 그 어린아이는 그 소년의 동생이었다. 기자 일행은 그 소년이 보름째 먹을 것이 있으면 그렇게 동생에게 가져다 먹인 것을 알게 되었다. 그대로 둘 수 없어 기자 일행은 그들을 난민캠프에 데려다주었다.

얼마 후에 끝내 형은 죽었다. 그러나 동생은 살아남았다. 자신의 몸도 가누지 못해 쓰러져가는 형이 자신의 고통을 무릅쓰고 동생을 구하기 위한 사랑의 노력에 숙연해질 수밖에 없다.

그에게는 동생을 살리기 위한 사랑이라는 의미 있는 노력 때문에 자신의 고통을 이겨 내지 않았나 싶다. 나의 고통이 누군가에게 사랑이 되고 존재가 되고 생명이 되고 의미가 될 때 오히려 나의 고통은 감사와 행복으로 바뀔 수 있으리라. 우리의 삶이 고통과 희생을 통해 아름다워질 수 있음을 보여 주는 사건이었다.

얼마 전 부산에서 숨진 지 5년이 지난 한 할머니가 백골 시신으로 발견된 사건이 있었다. 이 건물 위층에 사는 모자는 경찰에게 되물었다.

"1층에 누가 살았습니까? 우리는 빈 방인 줄 알았는데……."

이 할머니는 조사 결과 2남 1녀의 자녀를 두었는데 세 자녀 모두 다 시체 인수를 거부했다고 한다. 할머니는 남편과 결혼 후 16년을 살다가 이혼하였고 그 후로는 홀로 독거생활을 하였으며, 14년 전에 이 집으로 이사 온 후 보증금 600만 원에 월세 10만 원씩 내고 살았다고 한다. 5년간 월세를 내지 않았지만 집주인은 보증금에서 제하면 된다고 생각하며 대수롭지 않게 생각했다. 보증금이 바닥나자 집주인은 집을 방문했고 문이 잠겨 열리지 않아 경찰에 신고해서 5년 만에 백골로 발견된 것이다.

큰아들은 개인 사정을 이유로 시체 인수를 거부했고 둘째는 30년 전 헤어져서 아무런 정도 없으며 이미 모자 관계 아니라고 거부했으며 딸은 어머니 얼굴도 기억이 나지 않고 이미 남이라고 하며 한사코 시체 인수를 거부해 결국은 무연고 처리되었다.

2011년 보건복지부가 실시한 노인실태 조사에 따르면 65세 이상 노인 중에서 열 명 중 두 명이 혼자 살고 있으며 혼자 사는 노인 중 혼자 사는 기간이 5년 미만 25%, 10~20년이 31%였다. 그리고 혼자 사는 노인 중 86%가 여성이었다. 자연히 이들은 지켜보는 사람 없이 외롭게 고독사할 위험이 크다. 이들 중 많은 이들이 경제적 상황 등 현실의 파도에 떠밀려 이렇게 되었다고 한다.

소말리아 소년과 백골이 된 한국의 할머니를 비교해 보면서 관심과 사랑이 메말라 버린 우리의 현실이 매우 슬프게 느껴진다. 이웃과의 소통이 단절되어 외롭게 고독사로 이어지지 않도록 서로 서로가 관심과 배려와 사랑을 적극적으로 나타내야 할 때인 것 같다. 관심과 배려 속에 소통을 잘 하기 위해서는 웃는 일부터 시작해야 한다.

이웃과 나와의 가장 가까운 거리는 웃음이고 이웃과 나를 연결하는 다리는 웃음인 것이다. 웃음 운동은 우리 사회에서 노년의 외로움을 이겨 내고 고독사를 막아주는 가장 건설적인 방법이다.

웃자! 웃자! 웃자! 하루에 한 번 이상 전화나 만나서 웃을 수 있는 웃음 친구들을 만들면 우리 사회는 새로운 희망이 싹틀 것이다.

상상 훈련

한 달 만에 골프 라운딩을 함께하는 친구들이 있었다. 그중 한 친구는 한 달 동안 인도어와 스크린 연습장에서 열심히 운동 연습을 했다고 한다. 다른 한 친구는 시간이 없어 연습을 못했지만 시간 날 때마다 머릿속으로 코스마다 멋지고 정확하게 치는 상상을 하며 심리요법을 사용했다고 한다. 결과는 상상으로 연습한 친구가 더 잘 맞았다. 이에 대한 실험이 여러 번 있었다.

러시아에서는 상상과 신체 능력 간의 상관관계를 깊이 연구한 예를 소개했다. 러시아의 세계 정상급 운동선수들을 네 그룹으로 나누었다.

첫 번째 그룹은 연습시간의 100%를 온전히 훈련에만 전념시켰다. 두 번째 그룹은 75%의 시간을 훈련시키고 25%의 시간은 그들이 운동에서 바라는 성과를 그대로 성취하는 상상을 하도록 하였다. 세 번째 그룹은 그 비율을 50:50으로 했고, 네 번째 그룹은 25:75로 시간 비율을 나누어 훈련과 상상을 하도록 시켰다.

1980년 뉴욕의 레이크 프레시드에서 벌어진 동계올림픽에서 놀라운 결과가 나타났다. 제일 뛰어난 경기력을 나타낸 그룹은 네 번째 그룹이었고, 다음이 세 번째 그룹, 두 번째 그룹, 제일 성적을 발휘 못한 그룹은 첫 번째로 모든 시간을 연습에만 전력했던 그룹이었다.

이들의 사례를 연구했던 스포츠 연구가 가필드 박사는 러시아 선수들이 훈련 프로그램에서 상상의 시간에 고도의 심상화 기법을 활용했으며 선수들의 정신적 이미지가 근육 신경 임펄스를 만들어 내는 과정에서 선도적 역할을 하였다고 결론지었다. 이런 심상 훈련은 복잡한 기계를 조립한다든지, 무용의 춤사위를 안무한다든지, 운동경기에서 최상의 경기 모습을 상상하며 구체적인 훈련에 적용하고 있다.

호주에서도 비슷한 연구 결과가 있다. 농구 선수들을 세 그룹으로 나누어서 자유투 능력을 시험했다.

첫 번째 그룹은 하루 20분 동안 자유투 연습을 하게 했다. 두 번째 그룹은 연습을 하지 않고 그대로 있었으며, 세 번째 그룹은 완벽하게 골을 넣는 장면을 하루 20분 동안 상상하도록 하였다. 결과는 첫 번째 그룹은 24%의 실력 향상을 보였고, 두 번째 그룹은 전혀 실력 향상이 되지 않았으며, 세 번째 그룹은 23%의 실력 향상을 나타냈다. 상상 속의 심상 훈련만으로도 실제 연습과 같은 효과를 나타낸 것이다.

이스라엘에서는 군인들을 대상으로 실험한 결과가 있다. 이스라엘 군인들에게 모두 같이 40km를 행군하도록 하면서 각 그룹에게 다른 정보를 주었다. A그룹에게는 30km를 행군한다고 알려주고 30km를 다 간 후 다시 10km를 더 가게 하였다. B그룹에게는 60km를 행군한다고 알려주고 실제로는 40km만 행군시켰다. 그리고 그들의 혈액 속에 나타나는 스트레스 호르몬의 수치를 조사하였는데 B그룹에 비해 A그룹의 군인들이 훨씬 더 높은 스트레스 호르몬의 수치를 나타냈다. 실제로 행군한 거리는 40km로 똑같았으나 거리와는 상관없이 그들의 상상했던 내용에 좌우되었던 것이다. 그들의 신체는 현실에 반응하는 것이 아니라 그들이 상상하는 것에 따라 반응이 달라진 것이다.

이런 심리를 이용한 상상 훈련은 모든 스포츠 종목에 적용되고 있다. 양궁, 골프, 리듬체조, 스피드·피겨 스케이팅, 역도, 레슬링, 유도, 태권도, 핸드볼, 축구, 배구, 농구, 마라톤, 하키, 각종 육상 필드경기, 수영 등 모든 스포츠 종목에서 심상 훈련 접목이 시도되고 있고 괄목할 만한 성장을 이루고 있다.

우리가 살아가면서 기쁘고 즐거운 일을 상상하는 것만으로도 스트레스 호르몬은 줄어든다. 여기에 웃음을 웃게 되면 스트레스 호르몬은 훨씬 더 줄어들게 된다. 그리고 좋은 호르몬들이 많이 생겨난다. 운동효과도 대단하다. 3분 웃는 것만으로도 3분 조깅 효과보다 더 많은 열량이 소비된다.

내가 생각했던 꿈이 이루어지는 것은 상상 훈련으로도 가능하다. 그러나 이제는 모든 스포츠 선수들에게 상상 훈련과 더불어 웃음과 행복을 도입할 차례이다.

웃음과 행복을 도입하면 자신의 한계를 뛰어넘는 기록들이 나올 것이다. 스포츠에서 뛰어난 기록을 남긴 선수들은 자신의 행복을 위해 뛴 선수들이었다. 웃으면 행복하고 뛰어난 기량을 발휘할 수 있다.

넉넉한 마음

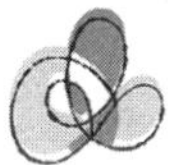

현명한 스승이 젊은이를 제자로 받아들였다. 그런데 제자는 모든 일에 불만이 많아 늘 투덜대며 불평 속에 지냈다.

어느 날 아침 스승은 제자를 불러 소금 한 줌을 가져오라고 한 후 그 소금을 사발 속 물에 털어 넣게 했다. 그리고 제자에게 마시라고 했다. 그러자 제자는 잔뜩 얼굴을 찌푸리며 그 물을 억지로 마셨다.

스승은 물었다.

"물맛이 어떠냐?"

"너무 짭니다."

스승은 다시 소금 한 줌을 가져오라 했고 둘은 근처 호수로 갔다. 그리고는 소금을 쥔 제자의 손을 호숫물에 담그고 휘휘 저으라 하였다. 잠시 뒤 스승은 호수의 물을 떠서 제자에게 마시게 했다.

"맛이 어떠냐?"

"시원합니다."

"소금 맛이 느껴지느냐?"

"아니요."

그러자 스승이 말했다.

"인생의 고통은 한 주먹의 소금과 같지만 짠 맛의 정도는 그 고통을 담는 그릇에 따라 달라지는 법이다. 지금 네가 고통 속에 있다면 사발이 되지 말고 스스로 호수가 되어라."

그는 세 살에 아버지를 여의고 몹시 가난하여 학교 문턱에도 가보지 못했다. 열 살에 양복점에 들어가 심부름을 하였다. 그는 열심히 일하여 인정을 받아 양복 짓는 일로 생계를 유지했고 결혼 후에야 읽고 쓰는 법을 배울 수 있었다.

그 후 그는 정치에 뛰어들어 그의 정직성과 성실함을 바탕으로 주지사 상원의원이 된 후 16대 미국 대통령 에이브러햄 링컨을 보좌하는 부통령이 되었다. 링컨 대통령이 암살된 후 그는 미국의 17대 대통령이 되었다. 그의 이름은 앤드루 존슨이다. 그 후 대통령 선거에 출마해서 선거 유세 때 그는 상대편으로부터 맹렬히 비난을 받았다.

"한 나라를 이끌어가는 대통령이 초등학교도 나오지 못했다니… 이게 말이 됩니까?"

그러자 존슨은 웃으며 침착하게 대답했고 이 대답은 지금까지의 선거 유세의 판세를 뒤집었다.

"여러분, 저는 세계를 이끌어가는 예수 그리스도가 초등학교를 다녔다는 말을 지금까지 들어본 적이 없습니다."

우리는 긍정적인 생각 없이 어느 한 순간도 행복해질 수 없다. 긍정은 세상을 넉넉하고 행복하게 바라보는 창인 것이다. 많은 것을 소유하고 있어도 마음이 넉넉하지 못한 이들도 있고 가진 것이 없어도 마음이 넉넉한 사람들이 있다. 긍정적인 태도로 사느냐 부정적인 태도로 사느냐가 행복을 좌우하는 것이다.

초등학교도 나오지 못했지만 열등감에 시달리지 않고 오히려 긍정적 삶으로 대통령에 오른 앤드루 존슨은 우리 삶에 시사하는 바가 크다. 자신의 약점을 유머로 이용할 줄 아는 넉넉한 마음은 우리가 살아가는데 참으로 좋은 인성이 된다.

웃음은 조급하고 좁은 마음을 넉넉하고 넓게 만들어 준다. 그래서 웬만한 비난과 공격을 품어 주고 마음의 고통을 감소시켜 준다. 성격이 조급하고 상대방 비난에 참지 못하고 분해하며 세상의 고통을 홀로 지고 가는 듯 어쩔 줄 몰라 하는 사람이라면 특히 웃음을 생활화하자. 현대라는 각박한 시대를 탓하지 말고 나의 마음을 넉넉히 하는데 초점을 맞추어 보자.

늘 웃어 버리고, 웃어 넘기는 습관을 기르면 내 마음을 호수처럼 넓혀 가게 될 수 있으리라. 그러면 상대방의 비난도 넉넉하게 받아들일 수 있을 것이다. 웃음은 우리 마음을 호수로 만들 수 있다.

미래 리더의 자격

"자신이 얼마나 돈을 벌 수 있을지 생각하지 마세요. 자신이 하는 일에 행복할 수 있다면 당신은 이미 성공한 것입니다. 열정을 가지고 일하고 있다면 지금 이미 성공한 것입니다. 자신이 원하지 않는데 단순히 돈을 많이 받을 수 있다는 이유로 다른 사람의 권한 대로 일하고 있다면 항상 불만족스러운 삶을 살아가게 되겠죠. 돈은 벌지 모르지만 행복하지는 않을 겁니다. 그리고 자신이 행복하지 않다면 돈도 벌 수 없어요."

아우디를 대표하는 세계 자동차 산업 디자인의 거장 피어 슈라이어가 우리나라 젊은이들을 보고 한 말이다. 일을 통해 행복을 찾고 자신을 브랜드로 키워야 하는 꿈과 열정을 가진 젊은이들이 우리나라는 장래 희망 1위가 공무원이라는 조사 결과를 듣고 한 충고이다.

그는 아우디를 떠나 한국에 왔다. 그리고 현대기아자동차 회사 사장으로 근무하며 세계 시장을 향한 그의 디자인 철학을 접목했다. 그의 덕분인지 기아자동차의 국내 시장 점유율이 최초로 30%를 넘어섰고 그가 디자인한 K시리즈는 이제 기아차의 대표적 브랜드가 되었다.

"8년 전에 기아자동차는 잘 알려진 회사가 아니었죠. 그런데 제가 기아에 들어온 이유는 무에서 유를 창조하고 싶었습니다. 새로운 브랜드를 창조하고 싶었죠. 독일에서 일할 때도 저는 한국이 자동차 산업의 중심이 될 거라 생각했어요. 그리고 이곳에 와서 또 다른 세계를 찾았죠. 도전이었지만 기회이기도 했어요. 한국 기업에 들어온다는 건 저에게는 큰 모험이었고 아직도 그렇습니다. 그렇지만 저는 이 모험을 즐기고 있어요."

무한한 가능성으로 가득 찬 세상에서 나라는 존재는 둘도 없는 독특한 브랜드이다. 세상에는 2만 가지나 되는 직업이 있다. 그러나 자신이 알고 있는 직업을 써 보라고 하면 100가지도 쓰지 못할 것이다. 그리고 일자리는 시시각각 변해 가고 있다. 오늘도 내일도 새로운 직업들이 계속해서 속출할 것이다. 그래서 사람 개개인의 가능성은 무한하다. 나의 가치를 발견하고 노력할 때 자신의 브랜드는 커지고 발전할 것이다.

박근혜 정부가 들어서며 창조경제를 강조하면서 미래창조과학부라는 부서도 새로 만들었다. 그러나 대부분의 우수한 인재들이 법조계나 의료계로 몰리고 하나같이 대기업에만 줄을 서며, 청년들 직업 선호도 1위로 공무원이 되려는 풍토에서는 결코 창조적 일자리들은 늘어나지 않을 것이다.

취직을 위해 2~3년간 스펙을 쌓기 위해 휴학을 하고 그 스펙 중에

69.2%가 토익시험 등 영어 점수가 높은 비중을 차지하는 한 우리나라의 미래는 결코 밝다고 할 수는 없다. 스펙이 아닌 아이디어 소통과 논리와 철학 그리고 미래를 향한 강한 꿈을 자신의 브랜드로 찾으려는 젊은이들이 넘쳐 날 때 우리나라 미래는 밝아질 것이다.

미래학자 다니엘 핑크는 미래 사회를 이끄는 리더로서 가져야 할 덕목으로 디자인, 조화, 공감, 이야기, 놀이, 의미 등 6가지를 꼽았다. 성적으로 줄 세우는 우리나라 학교 경쟁에서 별로 중요시 되는 덕목들이 아니다. 미래의 인재상은 잘 놀 줄 아는 사람들이 리더로 적합할 것이다. 잘 놀고 친구 간 소통 잘 하고 모든 것에 호기심으로 꽉 찬 젊은이들이 미래를 책임질 것이다. 결코 공무원으로 생활에 안주만 하려는 생각을 가진 젊은이들로 넘치는 나라에서는 미래가 없다.

창조력을 높이는 방법으로 웃음이 좋은 역할을 한다. 놀이로써 많은 웃음을 웃게 하면 미래 사회 리더로서의 좋은 품격들이 형성된다. 아이들을 놀게 하자. 아이들을 웃게 하자. 청소년들을 놀게 하자. 청소년들을 웃게 하자. 그들이 웃으면 나라의 미래는 밝아진다.

창조적인 리더로 앞으로 우리나라를 반석 위에 올려놓기 위해 학교마다 잘 놀기 운동과 잘 웃기 운동을 펴야 할 것 같다.

평정심

박근혜 대통령은 자신이 닮고 싶은 롤 모델로 영국의 엘리자베스 1세 여왕을 언급했다. 유럽을 지배하고 있던 스페인의 무적함대를 격파하고 영국을 해가 지지 않는 나라로 번영시킨 불세출의 여걸이다. 그녀는 런던탑에 갇혀 옥살이를 하는 등 많은 고초를 겪은 후 여왕이 된 인물이다.

그녀는 여왕에 등극한 후 스페인의 황제 펠레페 2세에게 정면 도전하지 않았다. 그러기에는 스페인의 무적함대가 너무나 강했기 때문이다. 유럽의 막강한 세력을 과시하던 스페인의 황제는 당시 프로테스탄트들의 반항이 계속되자 구교도의 수호자를 자처하며 신교를 쓸어버리려는 계획을 세웠고 그 계획의 일환으로 영국과 전쟁을 해야 했다.

위기의 상황에서 영국의 엘리자베스 1세는 정면 도전을 하지 않고 치밀하게 스페인의 약점을 공격하기 시작했다.

우선 엘리자베스 1세는 해적 출신인 프랜시스 드레이크를 비밀리에 중용하여 스페인의 무역선들을 나포하게 하였다. 작지만 정확한 정보와 기동성 있는 해군을 운용하며 신대륙에서 들여오는 보물선들을 포획하였던 것이다.

당시 무적함대 아르마다를 운영하느라 막대한 예산을 소비하고 있던 스페인은 경제적으로 매우 불안정한 상태였다. 매우 많은 비용을 이탈리아 은행가들로부터 빌려 쓰고 있었으며 신대륙에서 가져오는 보물로 이를 변제하고 있었던 것을 정확히 노린 공격이었다. 그래서 보물선 한 척이 포획될 때마다 재정난은 심해지고 대출금 액수는 늘어나고 펠레페 2세의 마음은 초조해지기 시작했다.

결국 조급해진 스페인 황제는 준비 없이 다급히 무적함대를 움직였고 결국 영국 함대에게 패하고 말았다. 스페인의 약점인 재정구조를 계속 공략해서 얻어 낸 전략적 승리였다. 결론적으로 무적함대는 대서양에서 펠레페 2세의 조급증 때문에 그 종말을 고하게 된 것이다.

무슨 일에든지 조급하거나 초조해지면 실패하기 쉬워진다. 특히 전쟁의 지휘관은 평정심을 잃게 되면 패하기 쉽다. 이순신 장군이 13척의 배로 수백 척의 적군을 물리친 것은 평정심이 있었기 때문이다.

박근혜 대통령 임기 초반기에 북한은 연일 남한 불바다 이야기를 토해 내며 핵실험과 미사일을 쏘아 댔다. 그러나 박근혜 정부는 평정심을 잃지 않고 뚝심 있게 한반도 신뢰프로세스를 정책 기조로 밀고 나갔다. 북한은 이에 질세라 남북한 교류 마지막 카드인 개성공단 철수라는 최강수를 두었다.

이에 대해 박근혜 정부는 초지일관 한반도 신뢰프로세스를 주장하며 냉정하게 원칙을 고수했다. 북한은 명분을 찾으려고 애쓰다 결국 대화의 문 안으로 들어오게 되었고 개성공단 강제적 폐쇄의 재발 방지를 약속하고 정상화 수순을 밟게 되었다. 박근혜 정부의 일관된 평정심과 냉철함이 북한으로 하여금 태도의 변화를 이끌어 낸 것이다.

하하웃음행복센터에서는 많은 스트레스를 웃음으로 물리치고 평정심을 빨리 찾을 수 있도록 여러 가지 웃음을 개발해서 보급하고 있다. 웃음 자체가 가장 큰 심호흡이기 때문에 흥분 상태나 심한 위축 상태에서 빨리 평정심을 찾을 수 있는 좋은 도구이지만 여기에 안 받아 웃음, 괜찮아 웃음, 잘 될 거야 웃음, 그래서 우짤낀데 웃음, 지나가리라 웃음, 고쳐 주셔서 고맙습니다 웃음 등등 삶 속에서 스트레스 받는 일이 생길 때마다 그때그때 대처해 나갈 수 있는 웃음을 보급하고 실습하고 있는 것이다. 그래서 평정심을 쉽게 되찾고 회복과 치유의 삶을 살아가게 되는 것이다.

한 나라의 운명을 좌우하는 전쟁에서 지휘관의 평정심, 민족 간의 기 싸움과 협상에서 지도자의 평정심, 한 개인이 삶 속에서 받는 긴장과 스트레스로부터 평정심은 웃음에서 나오도록 유도하는 것이 가장 쉽다.

일단 한번 웃어 보자. 15초면 근심 걱정 불안하던 마음이 평안해짐을 느낄 것이다. 웃자! 웃자! 안 받아! 우하하하.

웃음 공명 효과

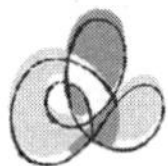

2007년 9월 필자는 고양시 한 연수원에서 웃음 강의를 하고 있었다. 약 150여 명 정도 인원이 거의 밀폐되어 있는 강의실에서 열심히 웃음 실습을 병행하며 강의에 빠져들고 있었다. 모두 박장대소, 파안대소, 요절복통, 포복절도로 웃는 순간, 가로 세로 약 3m씩이나 되는 고정된 강화유리 벽이 "꽝!"하며 깨지는 것이었다. 옆에 있던 이들이 급히 피하였다. 유리는 다행히 무너져 내리지 않고 산산이 금이 간 채로 깨어져 버렸다.

2011년 서울 광진구 한강변에 있는 39층짜리 테크노마트 건물이 뒤흔들리기 시작했다. 진열장에 놓여 있던 물건들이 떨어져 깨지고 사람들이 비명을 지르며 대피하였다. "지진이 일어난 것일까?", "아니면 테러일까?", "아니면 건물이 무너지는 걸까?" 공포에 질린 이들이 대피 방송을 들으며 계단으로 내려왔고 신고를 받고 출동한 경찰차들, 소방

차들, 수천 명의 구경꾼들로 건물 밖에도 아수라장이 되었다. 경찰은 관계 전문가들과 함께 3일간 출입을 통제하고 정밀 진단에 들어갔다.

무엇이 39층 빌딩을 뒤흔들었을까? 조사에 의하면 건물의 진동수는 2.7헤르츠였다. 특별한 원인을 찾을 수 없었다. 그날 바람의 진동수는 1헤르츠, 지하철 진동수는 2헤르츠, 2.7헤르츠와 맞는 것이 없었다. 그렇다고 폭발이나 흔들림에 의한 건물의 손상도 없었다.

얼마 후 다시 한 번 진동의 소란을 겪고 나서 그 원인을 찾을 수 있었다. 12층 피트니스센터에서 새로온 강사가 수강생들에게 시킨 집단 뜀뛰기 때문이었다. 집단 뜀뛰기의 진동수가 정확히 1초에 2.7번이었던 것이다. 사고 2주 후 대한건축학회 전문가들이 모인 자리에서 12층 수강생 23명에게 사고 당시처럼 집단 뜀뛰기를 해 보도록 하자 건물은 다시 상층부부터 흔들리기 시작하였고 즉시 중단하였다.

1831년 영국 기병부대 병사들이 열을 맞추어 맨체스터 근교의 현수교 브로톤 다리를 행진하고 있었다. 평소 훈련받은 대로 군가에 발을 맞추어 걸었다. 그때 조금씩 진동하며 움직이던 다리가 걷잡을 수 없이 요동치더니 마침내 폭삭 무너지고 말았다.

영국 정부 조사 결과 다리의 진동수와 병사들의 군가 진동수가 맞아떨어져 진동수의 공명효과로 순간 다리의 움직임은 급속도로 증폭되기 시작하였고 종래에는 무너진 것으로 결론을 내렸다. 그 후로 영국 군에서는 새로운 규정이 생겼다.

"다리 위에서 행진할 때나 터널을 행진할 때는 절대로 발맞추어 걷지도 말고 군가도 부르지 말 것!"

1850년 프랑스에서는 더 큰 참사가 벌어졌다. 478명의 병사들이 발을 맞춰 앙제 다리를 건너다가 다리가 흔들리기 시작하며 현수교 케이블이 끊어져 226명이나 강 아래로 떨어져 죽는 사고가 발생했다.

1940년 11월 미국 워싱턴 주 타코마 해협에 건설된 타코마 다리가 순식간에 무너져 내리는 장면은 동영상을 통해 많이 본 너무나 유명한 장면이다. 초속 60m 강풍에도 버틸 수 있도록 설계된 다리가 그날 초속 19m의 미풍에 무너져 내린 것이다. 바람이 다리의 얇은 상판에 부딪히며 와류현상을 초래했고 여기서 생겨난 진동수와 다리의 고유 진동수가 일치하며 공진현상이 일어나며 점점 큰 진동이 발생하였고, 결국 진동을 견디지 못하고 무너져 내린 것이다. 진동수가 맞을 때 공명효과는 엄청난 순간적 에너지를 만들어 낸다.

하하웃음행복센터에서는 월요일마다 웃음의 공명효과로 엄청난 에너지를 생산하고 있다. 아직까지 구체적이며 심도 있는 연구가 진행되고 있지 않지만 에너지 의학의 파동 치료 효과를 함께 경험하는 것이다. 100명이 훨씬 넘는 회원들이 함께 교실이 떠나갈 듯 열심히 웃을 때 내면의 에너지들이 강한 파동으로 분출되고 이 파동들이 공명효과를 일으켜 각종 삶의 상처들과 생활습관병들을 치유하는 것이다.

웃음이 면역학적으로나 심리학적, 정신의학적, 유전학적 치유 효과에 대해서는 많은 연구가 진행되고 결과도 나타나고 있지만 에너지 의학의 파동 치유에 대해서는 앞으로 많은 연구가 필요한 부분이 될 것이다. 아직 이론은 확립되어 있지 않지만 결과는 우리가 이미 활용하고 있다. 이 웃음의 공명효과로 사람이 다치는 일이나 설마 건물 무너지는 일은 없을 것이다. 왜냐하면 경험상 또 뜨거운 열기로 창문을 꼭 열고 웃음교실을 진행하기 때문이다.

레이건의 리더십

2011년 갤럽여론조사에서 "미국인들이 가장 위대하게 생각하는 대통령은 누구인가?"에 대해 조사하였다.

1위는 워싱턴 대통령도 아니고, 링컨 대통령도, 케네디 대통령도, 루즈벨트 대통령도 아니었다. 1위는 레이건 대통령으로 19%의 지지율을 얻었고 2위는 링컨 대통령으로 14%의 지지를 얻었다.

미국 국민들은 왜 레이건 대통령을 미국 역사상 가장 위대한 대통령으로 생각하고 있는 것일까? 로널드 레이건은 1911년 일리노이 주 탬피코에서 태어났다. 1937년에 할리우드의 영화배우로 데뷔하였고, 33대 캘리포니아 주지사를 거쳐 미국 제40대 대통령을 지냈다. 2004년 94세의 나이로 세상을 떠난 인물이다.

레이건은 위대한 소통자로 불릴 만큼 국민과의 소통을 잘 이루어 냈고, 구소련 붕괴에 결정적인 영향을 미친 미국 지도자였다.

그는 국민에게 따뜻함과 여유와 웃음을 나누어 준 정감 있는 위대한 소통자였다. 그러나 84세 때부터 뇌세포가 손상되는 알츠하이머(노인성 치매) 발병 후 이를 당당히 공표하였을 때 미국 국민들은 진심으로 슬퍼했고 캘리포니아에서 병마와 싸우며 말년을 보냈다.

그의 젊은 시절은 별로 특출하지 못했다. 유레카대학을 졸업한 후 라디오 방송국의 아나운서로 사회생활을 시작했으나 별로 두각을 나타내지 못했고 영화기획사에 발탁돼 50여 편의 영화에 출연했지만 만년 2류 영화배우에 머물렀다.

그런데 그의 자질은 엉뚱한 데서 나타났다. 노조위원장이 되면서부터 두각을 나타내기 시작한 것이다. 1947년 미국 노동총연맹 산하 영화배우협회 회장에 선출되어 공산주의 성향의 인물들을 모두 축출하며 능력을 인정받고 공화당 당원이 되었다.

1964년 공화당 대통령 후보였던 베리 골드워터의 연설문을 작성하며 정계에 주목을 받기 시작했으며 1966년 캘리포니아 주지사에 당선돼 지도자의 길을 걸으며 대권의 꿈을 꾸기 시작했다. 1980년 세 번 도전 끝에 공화당 대통령 후보가 되었고 강력한 미국을 주장하며 당시 대통령 지미 카터를 누르고 제40대 대통령에 당선되었다.

그 후 1984년에는 민주당 먼데일 후보를 누르고 재선에 성공하였다. 재임 중 레이거노믹스를 주장하며 강력한 미국을 바탕으로 구소련의 개혁과 개방을 이끌어 내 공산주의 체제를 해체시키는 데 결정적 역할을 하였고 핵전력 폐기 조약도 이끌어 내 세계 평화에 이바지하였다.

그가 세계 정상회담을 할 때는 냉전의 시기라 긴장이 팽팽한 가운데 회의가 열렸지만 그는 늘 싱글벙글 웃으며 회의를 진행하였다.

그의 보좌진들이 나중에 싱글벙글 웃는 이유를 물었다. 그는 긴장된 마음을 가라앉히기 위해 각국 정상들이 모두 빨간 내복을 입고 앉아 있다고 상상하며 솔직하고 가식 없는 의견을 주고받기 위해 노력했다고 하였다.

1984년 대선을 위한 TV토론에서 그는 젊은 민주당 후보 먼데일을 만났다. 먼데일 후보는 74세가 되는 레이건이 건강에 문제가 있을 수 있고 국정을 운영하기에 너무 늙었다는 것을 알리기 위해 레이건에게 이렇게 질문했다.

"당신의 나이에 대해 어떻게 생각하십니까?"

레이건은 망설임 없이 맞받아쳤다.

"나는 이번 선거에서 나이를 문제 삼을 생각이 전혀 없습니다."

먼데일이 다시 물었다.

"그게 무슨 말이죠?"

레이건이 주저하지 않고 바로 대답했다.

"당신이 너무 젊고 경험이 없다는 사실을 정치적 목적으로 이용하지 않겠다는 뜻입니다."

시청자들은 폭소했고 먼데일마저도 멋쩍은 웃음으로 물러났다. 레이건의 고령을 물고 늘어지려다 자신의 경험 없음만을 부각시키고 패배한 TV토론이었다.

나는 나이가 좀 들었지만 건강하다는 투로 응수했으면 불리할 수밖에 없었던 토론이었다. 그는 대통령이 된 후 대중연설을 하게 되었다. 그는 단상에 올라 힘차게 외쳤다.

"여러분, 나를 대통령으로 선택해 준 국민 여러분은 정말 탁월하십니다. 나는 이 나라 대통령이 될 만한 아홉 가지 재능을 가지고 있습니다. 첫째, 나는 한번 들은 것은 절대 잊어버리지 않는 탁월한 기억력이 있습니다. 둘째, 에… 또… 둘째, 또… 그게 뭐였더라?"

청중들은 박장대소하며 배꼽을 쥐고 마음의 문을 열었다. 독선을 보이는 연설보다 이렇게 허를 찌르는 유머 정치로 사람들 마음을 사로잡았던 것이다. 그의 전력을 문제 삼아 "배우가 어떻게 대통령이 될 수 있느냐?"는 질문엔 "대통령이 어떻게 배우가 안 될 수가 있는가?"라고 응수해 폭소를 끌어내기도 했다.

이제 대선이 본격적으로 치러지기 시작했다. 경직되고 소통 부재에 자신들의 방어에만 급급한 후보 말고 레이건처럼 자신의 결점들을 유머로 승화시켜 국민들 마음을 훈훈하고 즐겁게 해 줄 수 있는 대선 후보를 바라는 건 아직 무리일까?

국민들 앞에서 억지로 웃는 표정만 지을 게 아니라 생활 속에서도 늘 웃음이 살아 있고 유머를 즐길 줄 아는 대통령이 나왔으면 한다.

천천히 삽시다

강 대리는 누구보다 열심히 사는 친구이다. 그의 하루는 빈틈없이 꽉 짜인 스케줄대로 숨 돌릴 시간 없이 바쁘게 흘러갔다. 어떤 때는 식사도 제대로 할 수 없을 정도로 바빠서 끼니를 거를 때도 있고 삼각김밥이나 햄버거로 때울 때도 있다.

얼마나 바쁜지 몸이 하나인 것이 원망스러울 지경이다. 어쩌다 쉴 시간이 생겨도 강 대리의 머릿속은 더욱 바쁘게 움직였다. 아침에 했던 회의 내용을 되씹어 보고 오늘 저녁 접대할 상대방에 대해 미리 준비하고 내일 방문할 상대방 회사에서 만날 사람들과 미팅에 대해 고민하느라고 쉬어도 쉬는 것 같지 않았다.

강 대리의 생활은 여느 회사원들과 마찬가지로 잘 돌아가는 것처럼 보였지만 사실은 극도로 혼란스러웠고 언제까지 이런 생활을 견딜 수 있을지 겁이 날 때도 많았다. 그리고 장차 미래에 대한 확실한 보장이 없는 것도 큰 스트레스였다.

어느 날 회사일로 거래처 회사 사람들을 접대를 하다가 그만 계단에서 굴러 떨어져 다리를 크게 다치고 수술을 받게 되었다. 그리고 입원해 있는 동안 자기 자신을 돌이켜보았다. 결국 자기 자신을 잊어버리고 살았다는 반성과 함께 앞으로는 자신을 위해 좀 더 많은 시간을 투자하기로 결심했다.

강 대리는 몇 가지 일을 포기하고 스케줄을 조정해서 자신만의 쉬는 시간을 많이 가지게 되었다. 쉬는 시간이 늘어나자 강 대리의 삶에 변화가 생기기 시작했다. 괜한 잡생각과 고민으로 시간을 낭비하거나 스트레스 받는 일이 많이 사라졌고 쉬는 시간을 늘렸는데도 예전과 똑같은 업무 성과를 올렸다. 그리고 자신과 마음 맞는 친구들과 더욱 자주 어울리면서 한결 여유도 생기고 전에는 미처 알지 못했던 행복도 느끼게 된 것이다.

가끔은 바쁜 걸음을 멈추고 자신을 둘러싼 세상을 바라보는 습관이 필요하다. 봄에 피는 꽃, 여름에 쏟아지는 비와 시원한 바람, 가을에 빛나는 달과 별, 겨울에 대지를 덮는 하얀 눈을 보며 시간 따라 피어나는 수많은 야생화와 시절에 따라 피어나는 나뭇잎과 열매들에게 눈길이 머물면 우리가 행복해진다. 이런 자연의 변화 모습은 인생이 우리에게 베푸는 최고의 축복이다.

스스로 생활의 리듬을 적당히 늦추고, 쉼을 즐기며, 인생의 멋진 성취를 맛보고 찾아내는 삶은 걸음을 멈추고 세상의 자연이 나에게 보내는 소리를 듣고 보며 깨닫는 것이다.

한 수도승이 천천히 길을 걷고 있는데 젊은 사람이 바쁜 걸음으로 그의 곁을 빠르게 지나갔다.

수도승은 젊은이를 불러 세우고 물었다.

"이보게 젊은이, 무슨 급한 일이라도 있는가?"

젊은이가 못마땅한 듯한 표정으로 말했다.

"나는 아주 바빠요. 삶을 따라잡아야만 해요."

"아니 삶이 앞에 있는지 뒤에 있는지 어찌 안단 말인가?"

수도승이 계속해서 말을 이었다.

"자네는 무조건 앞으로 달려갈 줄만 알지, 멈춰 서서 주위를 둘러볼 줄은 모르는구먼."

"시간이 없다구요."

"그래도 잠시 걸음을 멈추고 스스로에게 물어보게나. 삶은 과연 어디에 있는가?"

수도승이 숨을 돌린 뒤 다시 말을 이었다.

"어쩌면 삶은 저기 자네 뒤에서 힘들게 자네를 쫓아오고 있을지도 모르네. 자네가 빨리 달리면 달릴수록 삶과 자네와의 거리는 점점 더 벌어진다네. 삶과 가까워지는 것이 아니라 더 벌어지고 있다는 말일세."

인생은 돌아오지 않는 편도여행이다. 이 편도여행을 비행기나 고속열차를 타고 달려가면 긴 여행의 끝에 느끼는 감정은 잠깐의 속도 쾌감은 느낄지 모르지만 과정 속에서 아무것도 발견하기 힘들다.

천천히 두 발로 걷거나 자전거를 타고 산을 넘고 물을 건너가면서 꽃과 새를 보고, 나무와 곤충을 발견하고, 흐르는 시냇물에 발도 담그고, 나뭇잎을 스치는 바람 소리에도 귀를 기울여야 한다.

이런 것들이 인생을 있는 그대로 즐길 줄 아는 것이다.

양재천을 걷다 보면 운동에 몰두하는 많은 이들이 주위에 신경을 안 쓰고 달리거나 빠른 걸음으로 스쳐 지나간다. 곳곳에 "천천히 걸으면서 주위를 즐겨 보세요"라고 팻말이라도 세웠으면 좋겠다. 그리고 아무리 바빠도 웃을 여유를 가져야 한다.

열심히 웃다 보면 마음의 여유도 생기고 주위에 관심도 가지게 되어 있다. 그래서 삶을 진정 아름답게 살아내고 삶과 진정한 소통을 하게 된다.

오늘도 웃는 하루 되길 바란다. 그래서 좀더 여유 있고 천천히 걸어가며 우리 삶에 주어진 축복들을 발견하고 마음껏 누리시기를…….

부록

체험담

1. 하하웃음행복교실에 오게 된 동기

지○숙(여, 59세)

4년 전 남편의 술주정으로 마음에 상처와 스트레스에 시달려왔다. 많은 고민을 하며 이렇게 계속 살아가야 할지 고민하고 괴로워하며 지냈다. 마음에 분노도 생겼다.

이러던 중 불면증이 찾아와서 계속 잠을 못 자니 몸도 마음도 지쳐만 갔다. 정신과 병원에서 약을 처방받아 먹은 후부터 잠을 조금씩 자기 시작했다.

의사 선생님은 약을 줄이려면 걷기 운동을 해야 한다고 했다. 이렇게 주저앉아 쓰러질 수는 없었다.

계속 저녁에 걷기 운동을 하던 중 우연히 하하웃음행복교실 회원을 만나게 되었다. 웃다 보니 행복해지더라는 얘기였다. 용기를 내서 그 다음 월요일에 하하웃음행복교실 문을 두드렸다.

원장님 말씀을 지속해서 듣다 보니 웃음이 주는 몸과 마음의 건강에 대해 이해하게 되었으며 꾸준히 웃음으로 생활하도록 노력하였다. 지금은 약도 거의 줄였다. 삶의 태도도 바뀌었다.

가족과 이웃 어른들, 친구들, 아이들 모두에게 밝고 환한 미소를 띠며 웃음 전도사가 되어가고 있다.

원장님, 감사합니다.

2. 하하웃음행복센터를 만나고 나서

오○옥

5년도 더 지난 것 같다. 의정부시에서 여성 정치 지도자 강의 중에 원장님의 강의가 있었다. 열정으로 가득 찬 원장님 강의에 기가 충만하고 항상 열정적인 나는 정말 신나게 따라 웃었다. 웃음 강의는 처음이었다. 그러나 그 기억은 나의 뇌리에 깊이 남았다.

그리고 2년이란 세월이 흘렀다. 2013년 10월 남편이 뇌경색으로 쓰러졌다. 나는 미아동에서 의정부로 이사를 왔다. 요양병원이 의정부에 있었다. 남편의 병은 쉽게 낫는 병이 아니다. 나는 정말 우울했다. 건강 상태도 점점 안 좋아졌다. 그때 열정적으로 강의를 하셨던 원장님 생각이 났다.

"그곳이라면 새로운 에너지를 얻을 수 있을 거야."

하하웃음행복센터를 찾아갔다. 몹시 우울하고 안 좋은 상태였지만 그곳에서 열심히 웃으며 내면의 치유가 일어났다. 웃다 보니 긍정과 희망의 마음으로 바뀌었다.

"인생 뭐 별거더냐. 마음먹기에 달렸지…" 하고 마음을 추슬렀다. 그리고 새로운 일을 시작하려고 준비했다. 봉사하며 살기로 한 것이다. 웃음 자격증도 취득하고 레크리에이션도 배우고 하나님께 기도하며 열심히 살려고 한다.

원장님과 총무님이 하는 대로 차근차근 배워서 멋진 웃음 강사가 되려고 한다.

3. 제2의 인생은 웃음으로

지○만(남, 60세)

고등학교 때까지 시골에서 어렵게 살다 보니 나의 성격은 전형적인 A형으로 소심하고 내성적인 샌님이며 긍정적인 부분보다는 부정적인 이미지가 조금 더 많았던 것 같았다.

실업계 고등학교 3학년 2학기 현장 실습으로 취업하고, 27세에 양주 군청에 근무를 시작하며 많은 것이 변하였고 나름 긍정적인 마인드로 모든 분야에 여러 가지로 감사하며 잘 지내왔다. 그러나 2014년 12월 34년간의 공직을 마무리하고 10개월을 쉬다 보니 성격이 조금씩 부정적으로 변해가는 것 같았다.

2015년 하하웃음행복센터에 첫발을 들여놓을 때는 단순히 웃는 곳이란 생각으로 왔다. 그런데 두 달간의 강의와 두 차례의 숲속웃음치유교실, 그리고 18기 웃음치유사 연수과정을 거치면서 웃음과 새로운 삶에 대해 많은 것을 배웠고, 새로운 각오와 다짐을 하게 되었다.

95세 노인의 수기를 들었다. 65세에 정년퇴직을 하고, 지금까지 고생했으니 쉬면서 살기로 했다. 그렇게 30년간 인생을 덤으로 잘 살았다. 그런데 95세 생일 때 후회의 눈물을 흘렸다. 인생 후반부 3분의 1을 허송세월로 보낸 것이다. 그래서 95세 나이에 평소에 하고 싶었던 어학 공부를 시작했다고 한다. 그 이유는 단 한 가지, "10년 후 맞이하게 될 105번째 생일날에 후회하지 않기 위해서"라고 하였다.

내 나이 60세, 앞으로 인생 100세 시대를 준비한다면 40년의 긴 시간이다. 오래 사는 것이 중요한 것이 아니라 근심 걱정 없이 건강하고 즐겁고 행복하게 사는 방법을 찾아야 한다. 행복의 필수 조건인 웃음을 잃지 않고 긍정적인 자세로 살자. 현대병에 대비하여 적절한 운동을 하며 스트레스를 잘 다스리고 낙천적으로 살아가는 방법을 선택해야 한다.

미국의 심리학자 윌리암 제임스는 "사람은 행복해서 웃는 것이 아니라 웃어서 행복하다"고 했듯이 행복의 비결은 웃음이다.

헤겔이 "행복의 문을 여는 손잡이는 마음의 안쪽에 달려 있다"는 이야기처럼 자신만이 행복의 문을 열 수 있다. 행복은 남이 만들어 주는 것이 아니라 나 자신이 만들며 선택해야 한다. 갖지 못한 것에 대한 불만보다는 갖고 있는 것에 만족을 느끼며, 주위의 소외된 곳을 살피며 살아야 하겠다.

우리는 늙어가는 것이 아니라 조금씩 익어 간다는 노래 가사 말처럼 나이를 하나둘 먹으면서 버릴 것은 빨리 버리고 웃음으로 행복을 채워 가는 방법을 터득하여야 하겠다.

인생에 정답은 없으나 현답과 명답은 있듯이 그동안 배운 웃음과 삶의 지혜들을 혼자만 알 것이 아니라 여러 질병으로 힘들고, 어렵고, 절망감에 빠진 주위 사람에게 웃음은 부작용이 없는 만병통치약임을 알리고 전해야겠다.

생활 속에서 웃음을 실천할 수 있는 방법을 소개하고 행복에 이르는 5가지 요소인 웃, 감, 봉, 재, 소(웃으며, 감사하며, 봉사하며, 재미있게, 소박하게)를 실천하며 행복하고 보람 있게 살아 갈 수 있기를 나 자신에게 기대한다.

4. 웃음 전도사가 되었어요

박 ○ 임(여, 56세)

같은 사무실 직원을 통해 하하웃음행복센터를 알게 되었고 처음에는 자격증을 취득하기 위한 생각으로 찾아왔지만 이제는 마음이 바뀌었다. 물론 자격증도 따야 하겠지만 이곳에 와서 많은 체험을 했다.

나름 성격이 활발하고 명랑하다고 생각했는데 내 마음속에는 우울증이 자리잡고 있었던 것 같다. 사람들에게 다 말할 수 없는 많은 상처들을 받아왔다. 그래서 관절도 많이 아프고 불면증도 심해서 정말 잠을 못 잘 때가 많았다.

처음 하하웃음행복센터에 갔던 날 억지로 따라 웃고, 명상 시간에 나를 돌아보며 많이 울었다. 평소에는 잘 웃는 편인데도 처음에 웃는다는 것이 쑥스럽고 잘 안 되었다. 하지만 이제는 확실히 웃음이 좋다는 것을 알게 되었다.

처음 하하웃음행복교실을 다녀오던 날 잠을 꽤 많이 잤다. 그 다음번 그곳에 다녀오던 날도 계속 잠을 잘 자서 신기했다. 다녀온 다음 날 아침에 원장님 웃으시는 모습을 떠올리면 자꾸 웃음이 나왔다.

하하웃음행복교실에서 강의를 듣고 내 마음은 점점 긍정적으로 변해가고 있었다.

요양원에 가면 프로그램 시간에도 어르신들에게 더욱 적극적으로 웃음을 권하고 함께 웃고 더 자신 있게 어르신들의 마음을 이끌어 낼 수 있게 되었다. 어르신들도 박장대소로 매우 즐거워하시는 모습을 볼 때 더 자신감이 생긴다. 그리고 누구를 만나든지 웃음이 좋다는 것을 알리고 싶어서 대화를 하다가 "많이 웃으세요"라는 말을 하게 된다. 내가 이런 말을 할 수 있다니……. 나 자신에게 더 감사하다.

비가 부슬부슬 내리던 어느 날 심심해서 맥주 한 캔과 마른 고추 튀긴 것을 먹었다. 자다 보니 속이 아프고 소화도 안 되고 배가 아픈데 새벽이라 약을 살 수가 없어 곤경에 처했을 때 원장님이 하신 말씀이 생각나서 크게 웃을 수도 없고 해서 케겔 웃음과 무음대소로 소리 없이 막 웃었다. 한 30분 정도를 웃다 시간을 보니 새벽 2시 40분이었다. 그러고 보니 나 자신이 미쳤나 하고 또 자꾸 웃음이 나왔다. 그런데 정말 신기하게도 멀쩡하게 괜찮아졌다.

그래서 아! 정말 웃음이 좋구나 하는 것을 또 깨달았다. 이런 실제 경험 때문에 요양원에서 어르신들께도 웃음이 좋다는 걸 자신 있게 더 권하고 만나는 사람들에게도 웃음과 마음을 비우고 살기를 적극 권하게 되었다.

오늘만 생각하며 웃으며 살기로 했다. 원장님 감사합니다.

5. 웃음이 뭐기에

김 ○ 연(여, 51세)

간호학원 등록을 하기 위해 처음 들렀을 때 들려오던 괴성에 가까운 웃음소리…. 도대체 이곳이 뭐하는 곳이야?

월요일에는 웃음 치유 강의가 있다는 것을 나중에 알게 되었다. 워낙 강한 이미지로 다가온 터라 궁금하긴 하였지만 바로 잊혀졌다.

학원 개학 후 어느 월요일, 최○○ 선생님의 사랑의 강요가 시작되었다. 웃음치유교실에 올라가 들으라는 것이었다. 처음 웃음소리를 들었을 때는 호감이 살짝 가긴 했는데 제의를 받고 나니 왜 선생님은 "하필 나야." 그리고 내색을 하지 않은 채 2~3주가 흘렀다.

어느 월요일 사무실에 들렀을 때 나를 보는 순간 또 한 번 가보기를 권했다. 잊고 있었는데 지나치게 거부하기도 그렇고 해서 "딱 한 번이라도 올라갔다 와야겠다" 하고 그날 가게 되었다.

거기까지 가는 것만큼 함께 웃는 것조차도 만만치 않았다. 그러나 처음 간 날부터 이곳에 무엇인가 있다는 느낌을 받았고 그 후로 자연적으로 웃음에 빠져들게 되었다.

웃음 치료 후 남편의 호응이 좋아졌다. 전에 비해 남편을 대하는 나의 태도가 바뀌었기 때문이란다. 무슨 일이든 시시콜콜 관여하여 잔소리하며 비위를 거스르게 하더니 말씨, 표정, 태도가 확실히 달라졌다는 것이다.

그후로는 웃음 치료 출석을 확인까지 한다. "고마워요", "미안해요."

달라진 나의 모습에 남편의 칭찬이 만발한다.

내 안이 가지런하게 정리된 그런 기분이 들었다. 그런 모습으로 타인을 대하니 충돌이 일어나지 않는다. 불쾌할 이유가 없는 것이니까.

전에는 상대방이 먼저 잘못된 마음으로 다가오니 서로 불편하기 십상이었는데 웃고 난 후 내면이 평온하니 자칫하면 마음 상할 수 있는 일에도 안정을 바로 찾는 나 자신을 보며 순간순간 자주 놀란다.

강권해 주신 최 선생님께 감사한 마음이다. 웃음 치유를 하고 집으로 돌아가면 그 파동은 온 가족은 물론 나와 관계하는 모든 이들에게까지 긍정적 영향을 미치니 감사할 수밖에 없고 매일 행복하다.

내면의 소리를 들을 수 있도록 통로를 만들어 주신 원장님께 감사를 드린다. 아울러 잘 해 나가는 나 자신에게도 무한한 신뢰의 박수를 보낸다.

6. 나만의 멋진 삶으로

임○숙(여, 45세)

어린 시절, 나는 아버지의 폭력과 어머니의 갑작스러운 죽음으로 어린 동생들과 함께 슬픈 학창시절을 보냈다. 꿈도 없고, 희망도 없고, 늘 슬프고, 우울하고, 외로웠다.

20대 초반에 나에게 찾아온 신경성 위염, 피부병, 방광염, 좌골 신경통은 직장생활을 제대로 할 수 없을 정도로 나를 괴롭혔다.

무엇 하나 희망이라고는 찾아볼 수가 없었다. 도피처럼 결혼을 하고 보니 삶은 더욱더 만만치 않았고 힘겨웠다. 그래도 포기하지 않고 남의 도움 없이 닥치는 대로 열심히 살았다. 그러나 30대에 찾아온 허리 디스크는 직장생활도 할 수 없을 만큼 통증과 고통이 심했다.

나는 늘 불행하다고 생각했고 앞으로 살아갈 일도 걱정, 불안, 근심, 두려움으로 마음 편한 날이 별로 없었다.

또다시 찾아온 우울증은 나를 괴롭혔고 정신적으로 피폐하게 만들었다. 죽고 싶은 마음에 6개월 동안 문밖에도 나가지 않고 지낸 적도 있었다. 우울증은 참으로 무서운 병이란 걸 몸소 경험했다.

병원 치료와 모든 것을 내려놓고 다시금 용기를 내어 늦은 나이이지만 간호학원에 다니던 중 학원 4층에 원장님이 운영하시는 하하웃음행복센터에 관심이 갔고 강의를 듣게 되었다.

참으로 놀라운 변화가 일어났다. 강의를 들은 지 2주 만에 몸과 마음이 가벼워지고 평생 느껴보지 못 했던 행복감이 들기 시작했다.

아! 도대체 웃음으로 어떻게 많은 통증과 우울증 등 질병을 치료한단 말인가! 한편으로는 궁금증도 있었고 한편으로는 희망의 마음이 솟아났다.

어느 날 광릉수목원 근처에 있는 수련원에서 워크숍이 있다고 해서 참석하게 되었다. 맑은 공기, 푸른 자연에서 9시부터 4시까지의 웃음 치료 시간 동안은 너무도 신선한 충격이었다.

웃음 치유를 통해 삶을 지혜롭게 사는 방법과 자기 자신을 사랑하여야 한다는 내용의 원장님 강의에 그동안의 서러움이 북받쳐서 같이 참여한 사람들에게 미안할 정도로 눈물이 하염없이 흘러내렸다. 그리고 또 신나게 미친 듯이 웃었다. "그 시원함, 그 감동" 그날 집에 돌아와서 5년째 먹고 있던 약을 먹지 않고 집어 던졌다.

그래! 이제부터는 웃음과 긍정적인 마음으로 다시 희망을 가지고 나만의 멋진 인생을 살아보련다. 웃음을 만나고 내 인생은 감사로 바뀌었다. 감사합니다. "하하웃음행복센터!"

7. 남편이 더 좋아해요

김 O 자(여, 67세)

여기 하하웃음행복센터에 오게 된 것을 진심으로 너무 감사하게 생각하고 있다. 2013년 4월 척추협착 수술을 받았다. 12년 동안이나 허리가 아파서 고생을 하다가 수술을 하고는 허리에 쇠를 넣어서인지 내가 관리를 잘못해서인지? 계속 아파서 수면제를 먹어야 잠을 겨우 잘 수 있다.

그동안 하던 일과 봉사를 못하게 되니 나는 이제 아무 일도 할 수 없다는 생각에 우울증에 걸려 진통제, 우울증 약을 하루 3번씩 꼬박 먹어야 했다. 만만한 게 남편이라 짜증내고 신경질 부리며 남편을 못살게 굴며 살았다.

우연히 호스피스 봉사를 같이 하던 후배가 웃음 치료 봉사를 한다는 소리를 듣고 물어보고 도움 받아 하하웃음행복센터에 오게 되었다.

월요일마다 와서 열심히 웃고 원장 선생님의 강의를 들으면서 우리는 어떤 병이라도 치유할 수 있는 강력한 약(웃음)을 가지고 있다는 것이 마음에 와 닿았다.

아침에 일어나서 오늘은 내 인생의 최고의 날이라며 웃고, 밤에 자기 전에 나는 점점 더 좋아지고 있다고 말하며 웃으니 생각이 긍정적으로 바뀌면서 감사한 마음이 생겨났다.

"감사합니다. 감사합니다. 하하하하…… 하고 자주 웃으니까 몸도 덜 아프고 수면제 없이도 잠을 자게 되었다.

무엇보다 남편에게 신경질을 안 부리니까 남편이 더 좋아하면서 월요일엔 웃음행복센터에 어서 가라고 한다.

원장님과 총무님 봉사에 같이 다니면서 나이 많으신 어르신들이 환하게 웃으시는 모습이 행복해 보여서 너무 보기 좋았다. 그분들을 그렇게 행복하게 해드리는 원장님과 총무님이 정말 부러웠다.

보건소에서 하는 건강증진센터에 갔을 때 우울증을 앓으시는 노인분들이 열 분 정도 계시는데 과연 이분들이 웃으실 수 있을까 의문이 들었다.

그러나 그분들이 총무님 따라서 무용도 하고 밝게 웃으시면서 아주 즐거운 시간이었다고 진심으로 고마워하시는 모습을 보며 마음에 결심을 했다.

부족한 점이 많지만 원장님과 총무님에게 많이 배워서 원장님 말씀처럼 웃음에 희망을 걸고, 웃음희망 행복나눔을 실천하고 싶다.

이제 남은 소중한 시간들을 이곳에서 배워 봉사하는 모든 분들처럼 더 힘든 이들을 위해 봉사하고 싶다.

감사합니다. 하하하하.

8. 삶의 의미를 발견하고

노○연(여, 53세)

가정과 사회생활을 오랫동안 하며 몸도 마음도 지쳐 있었다. 특히 어깨 부위의 심한 통증으로 한방 치료를 받고 있었다. 치료 받는 중에 좋은 분을 만나서 웃음 치유에 대한 이야기를 듣게 되었다.

내가 많이 아프다는 것을 알고 그분들도 웃음 치료를 받고 아픈 곳이 많이 좋아졌다면서 한 번 같이 가 보자고 하여 하하웃음행복센터에 나갔다. 처음에는 웃음이 어깨 아픈 데 무슨 도움이 될 수 있을까 하고 반신반의하였고 별로 기대하지도 않았다. 그저 아프니까 한 번 다녀보자는 마음이었다.

그렇게 한번 두번 다니다 보니 나도 모르게 웃음 치유의 매력에 빠져들기 시작했다. 이렇게 좋은 것을 조금 더 일찍 알았더라면 얼마나 좋았을까 하는 생각이 들었다. 이것은 바로 나를 위해서 하나님께서 보내주신 것이라 생각하였고 지금부터라도 웃음 치유를 열심히 받고 배워서 앞으로 나도 어려운 이웃들에게 웃음으로 치유를 해 줄 수 있는 사람이 되어야겠다고 다짐하게 되었다.

하하웃음행복센터를 다니면서부터 어느새 마음이 편안해지고 그렇게 아팠던 어깨 통증도 아픈 줄 모를 정도로 좋아지고, 센터에 가는 날이 기다려지고, 그곳에 있는 시간만은 언제나 행복한 사람이 되어 있었다. 이제는 체험하고 열심히 공부하고 체험한 결과 어느덧 자격증을 소지할 수 있는 단계가 되어가고 있어 얼마나 가슴이 뿌듯한지 믿기지 않을 정도로 행복한 나날을 보내고 있다.

앞으로 받은 만큼 주변의 어려운 이웃들을 위해 내가 할 수 있는 역량과 범위 내에서 열심히 웃음 치유를 하고자 굳게 다짐해 본다. 이러한 나의 의지를 실천하기 위해서 최근에는 뜻이 맞는 선배님들과 함께 웃음 치유 봉사를 다니기 시작했다. 그곳에서 만나는 어르신들이나 몸이 불편한 사람들이 웃으면서 시름을 달래고 치유 받는 동안 너무 행복해 하는 모습을 늘 보게 된다. 그럴 때마다 정말 웃음 치유 공부를 잘 했다고 스스로를 대견해 하고 가슴 뿌듯한 마음을 간직해 본다. 다른 사람들에게 웃음을 통해 행복을 전해 줄 수 있다는 것에 대해 너무 행복감을 느낀다.

지금은 사회복지학과에 다니고 있다. 졸업 후에 사회봉사 활동을 할 생각인데 그때 육체적인 봉사도 좋지만 웃음 봉사를 하면 더 좋을 것이라는 생각이 든다. 그때 웃음 봉사를 하기 위해서는 더욱 더 열심히 웃음 공부를 해야겠다는 열정이 더 커지고 있다.

아픈 몸을 이끌고 하하웃음행복센터에 나갔던 내가 어느덧 나보다 더 어려운 이웃을 생각할 수 있다는 것에 나도 놀라고 있다. 이 모든 것이 이 센터가 내게 준 큰 선물이고 행복이기 때문에 나도 우리 사회의 어려운 계층을 위해 열심히 웃음 봉사를 할 것이다.

웃음 치유로 인해 나 자신이 행복한 사람으로 변해 있으며, 무엇보다도 삶의 의미를 발견하게 되어 기쁘다. 주변의 어려운 이웃을 먼저 생각할 수 있는 마음을 가질 수 있게 되어 더 큰 보람을 느끼면서 오랫동안 웃음 전도사가 되기를 희망해 본다.

9. 우울증이 어디 갔지?

김 ○ 자(여, 54세)

어느덧 54세, 내가 언제 이렇게 나이를 먹었나 하고 살아온 날을 뒤돌아본다. 너무나 잘못 살아온 인생은 아니었을까?

2002년도 6월에 시어머님이 돌아가시고 홀로 계신 시아버님을 모셨다. 정말 하루하루가 불안하고 초초한 생활 속에 살고 있었다.

그러던 어느 날 가슴이 답답하고 두근거리는 증상이 보여 강남 세브란스병원 심장내과를 찾았다. 진료를 받아봤지만 심장에는 아무 이상이 없으니 스트레스를 받지 말아야 된다며 약을 처방해 주었다. 약을 먹는 와중에도 종종 불안, 초조의 증상이 나타났다. 그러면서 알 수 없는 마음의 병으로 점점 우울해지는 것이었다.

내가 늘 하는 말이 "우울증 걸릴 일이 뭐가 있냐… 이 바쁜 세상에?"

그렇게 남들한테 큰소리를 쳤다. 그런데 바로 내게 우울증이 온 것이다. 정신과 상담을 했다. 우울증 약을 안 드시려면 항상 즐겁게 살아야 한다고 했다. 그런데 즐거운 일이었어야 즐겁게 살지. 뭐가 즐거울 수 있을까? 삶을 돌이켜 볼 때 나 자신이 비참한 생각밖에 안 들었다.

그러던 중 2013년 12월, 아는 언니를 만나 이야기를 했더니 웃음 치료를 받아보라고 권유를 했다. 과연 그런 게 효과가 있을까? 의심은 갔지만 용기를 내어 2014년 1월 6일 첫발을 디뎠다.

나는 왜 이렇게 웃음이 안 나오는지……. 다른 사람들은 저렇게 잘 웃고 있는데 웃음이 나오지 않았다.

그런데 시간이 흐르며 원장님께서 웃으시는 표정에 반해 그때부터 웃기 시작했다. 아, 바로 이것이구나! 한참을 웃고 났더니 온몸에 생기가 돌고 가슴이 딱 열리는 것 같았다.

몇 개월이 지났을까. 지금 변화되고 있는 자신을 발견했다. 우울증이 어디 갔지? 하루하루 좋아지고 있었다. 정말 믿어지지 않았다. 답답하던 가슴도 편안해지고 우울한 마음도 없어지고 나는 정말 믿을 수가 없었다. 과연 웃어서 이렇게 나의 몸이 달라질 수가 있단 말인가? 먹던 약을 끊어버렸다.

하루는 총무님께 먹던 약을 끊어도 되는지 여쭤봤다. 총무님 하시는 말씀이 원장님께서 약은 꾸준히 먹어야 된다고 하시며 자신이 임의대로 끊지 말라고 하셨단다. 그래서 약을 계속 먹으면서 하하웃음행복센터에도 계속 나오고 있다.

앞으로 시간이 주어지는 대로 봉사활동도 많이 하고 싶다. 매주 월요일 하하웃음행복센터 원장님을 뵐 수 있어서 행복하고 또, 총무님이 같이 있기에 너무 행복하다.

10. 아낌없이 주는 나무처럼

윤○원(여, 58세)

사람은 누구나 조금의 슬픔은 가지고 살아가고 있다고 생각한다. 나도 개인적으로 가장 가까운 사람의 갑작스런 죽음을 보고 나니 삶이 허무하고 무어라 표현할 수 없는 슬픔에 사로잡히게 되었다. 사람들과의 만남도 대화하는 것도 다 부질없고 다 쓸데없는 일로 생각되었다.

사소한 일에도 자꾸만 눈물이 나고 무어라고 표현할 수 없는 슬픔 속에 괴로운 시간을 보냈다. 무엇을 해도 즐겁지 않고 행복하지 않았다.

모든 일들이 죽음과 연관되어 생각되었고 죽음이라는 사실이 두려운 것 같으면서도 죽으면 끝인데 하는 생각과 죽으면 보고 싶은 사람들을 만날 수 있을 거라는 생각이 꼬리에 꼬리를 물면서 죽음이 두려워지지가 않았고 머릿속에 뒤엉켜 혼란으로 뒤범벅이 되는 생활이었던 것 같다.

그러던 어느 날 감기몸살로 동네 약국에서 약을 먹어도 호전이 되지 않아서 마들역 근처 '장○○ 내과'에 처방전을 받고 싶어 갔더니 지금 당장 큰 병원으로 가서 입원을 하라고 한다. "나는 감기몸살 때문에 처방전을 받고 싶어서 왔는데 왜 입원을 하느냐"고 했다. 그러니까 "한마디로 바로 지금 오늘 저녁에라도 쓰려져 죽을 수도 있다"고 하면서 그냥 보내면 입원 안 할 거 같다며 그곳 병원 사무장을 불러 나를 병원차에 태워 B병원 응급실에 입원을 시켰다.

확실하게 기억나지는 않지만 혈압이 85/48 정도였던 거 같고 체중도 48kg인가 했었다.

병원에 입원을 했어도 별일은 없었고 링거액 정도 맞았던 것 같은데 아마도 체력이 거의 다 소진되어서 그랬던 것 같다. 그러던 중 우연히 웃음 공부를 해 보라고 권하는 분이 있었다.

마음이 아프기 전에도 소리를 내서 웃어 본 적은 별로 없었던 것 같고 처음에는 적응하는 것조차 이상하고 회의감도 들었다.

사이비 종교 같은 묘한 생각도 들어 한동안은 방관자로 구경하는 사람으로 왔다갔다하다가 다른 사람이 웃는 모습을 보면서 조금씩 웃기도 하고 강의를 들으면서 꽁꽁 얼었던 마음이 풀리는 것을 느꼈다.

그러면서 차츰차츰 웃음 공부에 빠져들고 조금씩 웃다 보니 마음이 편안해지고 어느 순간부터인가 괴로움이 조금씩 사라지는 걸 느꼈다.

지금은 웃음이 생활이 되었다. 안방 TV 위에 써놓은 "내가 행복해야 주위 사람들이 행복할 수 있다"라는 글을 매일 읽으면서 하루를 시작하고 또 많이 웃다 보니 성격도 밝아지고 활발해지고 조금은 당당해졌다.

여러 사람들을 만나 함께 마음껏 웃고 강의를 듣고 나서 집에 돌아오는 월요일은 마음도 발걸음도 가볍고 즐겁다. 함께 마음으로 웃고 큰소리를 내어 웃다 보니 사소한 고민이나 괴로움은 마음먹기 달렸다는 생각이 들고 순간순간 훌훌 털어버릴 수 있는 지혜로움도 생겼다.

가족에게도 가까운 사람들에게도 누군가에게도… 지금은 웃음 치료에 관한 이야기가 자연스럽게 나온다. 웃음의 필요성을 얘기하고 권하게 된다. 무기력하던 삶이 조금은 열정적이고 건강해졌다.

동의보감에서 웃음은 보약보다 좋다는 말을 이해하게 되었다. 웃음 공부를 하고 난 후 소극적이고 다른 사람에게 전혀 관심이 없었던 내가 지금은 주위를 많이 돌아보게 되고 크고 작은 일에 관심을 갖게 되었다.

지금은 조금이라도 내 도움이 필요한 사람이나 마음이나 몸이 아프신 분, 그 누군가에게 힘이 될 수 있다면 아낌없이 주는 나무처럼, 원장님처럼 정신적으로 위안을 주고 행복을 주는 사람으로 살아가고자 한다.

11. 절망에서 희망으로

정○옥(여, 52세)

뒤돌아보면 풍족하지는 않았지만 부족함 없이 온 가족이 근면, 성실하게 열심히 살았다.

그러던 2012년 5월 공무원 생활하는 남편이 지인의 소개로 계획적으로 접근한 사기꾼에게 당해 모든 재산을 잃게 되었다. 그로 인해 아들은 다니던 대학교를 휴학을 하게 되고 공무원 시험 준비를 하고, 딸도 휴학하여 낮에는 간호학원, 저녁에는 10시까지 PC방 아르바이트를 했다. 나는 요양보호사로 일을 하면서 쉬는 날 재가 일(집으로 찾아가서 할머니를 돌보는 일)을 같이 해야만 했다. 사는 게 생각처럼 쉽지 않았지만 애들 앞에서 무너지는 모습을 보이기 싫었다.

힘들 때마다 한쪽 가슴에는 남편을 원망하는 마음은 어쩔 수 없었다. 항상 밝고 명랑한 성격이었던 나는 어느 날부터인가 모든 것이 귀찮고 의욕도 없고 보이지 않는 미래가 불안해 잠 못 이루는 날이 점점 더 많아졌다. 얼굴이 화끈거리고 가슴이 두근두근하는 갱년기 증상까지 오니 더 힘든 나날이었다.

순간 내가 나를 일으켜 세울 수 있는 무엇인가가 필요하다는 생각이 들었다. 우연히 벼룩시장 광고에서 웃음치료교실이라는 문구를 보고 내 발로 찾아갔다.

처음에는 낯설고 이상한 종교 단체가 아닌가 하고 의심을 했다. 그런데 원장님의 강의를 듣고 '아~! 이런 웃음이 나에게도 절실히 필요하구나' 라고 생각하게 되었고 나는 살기 위해 열심히 웃어야 했다. 절망 속에서 새로운 희망을 발견한 것이다.

처음에는 웃는 것이 어색하고 낯설었지만 한번 두번 가다 보니 조금씩 익숙해지고 내 얼굴 근육이 풀리면서 웃을 수 있는 여유가 생기기 시작했다. 워크숍을 함께하면서 여러 회원들의 경험담을 통해 희망이 없던 내게도 '아~ 하면 되는구나' 라는 것을 느꼈다.

지금은 쉬는 날에는 총무님과 유○자 강사님을 따라 노인정이나 요양원으로 봉사를 다닌다. 현장에서 여러 어르신들을 만나 웃음을 전하는 순간에는 기쁨으로 전하려고 노력하고 진심으로 행복한 웃음을 전하려고 노력한다. 불안, 초조, 근심, 걱정 모두 내려놓고 씩씩하게 열심히 살아간다.

원장님, 총무님, 유○자 님 감사드립니다.

12. 알코올 중독에서 웃어 보니...

원○문(남, 65세)

인간이 동물과 다른 점이 앞을 내다볼 줄 알고 좀 더 많이 생각할 줄 알고 행동할 수 있는 게 동물보다 나은 것이라 생각한다. 그런데 나는 지나온 날을 되돌아보니 게을러 일 안 하고, 좋은 것 먹고, 좋은 것 입고, 쓸 돈만 있으면 행복인 줄 알고 살아온 게 너무 한심하다는 생각이 든다. 또 앞날에 대한 대비를 못 하고 모든 것을 포기한 채 술을 방패로 삼고 이제껏 살아왔던 게 너무 후회스럽다.

사업이 망하면서부터 술에 빠져 식구를 돌보지 않은 세월이 13년 집안일은 모두 집사람에게 맡겨두었다. 그런 연유로 나는 장암 2기에 수술을 받게 되었고 간경화가 많이 진행되어서 항상 피로하고 식욕이 아주 없었다.

아내가 가장이 돼서 힘들게 살게 되고 나는 매일 술로 방탕 생활을 하니까 먼저 아내가 하하웃음행복센터에 나가서 위로를 받고 새로운 희망을 발견한 모양이다. 아내도 많은 변화를 겪으면서 새로운 일을 시작했다. 하하센터 총무님 따라서 봉사를 다니게 된 것이다.

어느 날 나에게 한 번만이라도 같이 나가자고 권유했다. 나는 꿈적도 안 했다. 시간이 지난 또 어느 날 아내가 봉사활동을 가면서 짐이 무겁다 하여 도와주러 같이 나왔다가 하하센터에 들르게 되었다.

잠깐 원장님 강의를 들었는데 내 마음에 와 닿는 게 있었다. 사지가 없는 닉 브이치치의 생에 대한 강의였다. 가슴이 너무 뭉클하면서 "아

~ 이래서 아내가 많이 밝아지고 봉사를 하는구나" 하고 조금이나마 이해하는 마음이 들었고 나 자신이 쑥스러운 생각이 들었다.

알코올로 인한 오랜 대인기피증이 나를 많이 괴롭혔지만 그래도 조금씩 아내랑 조○정 강사님과 같이 겨우내 봉사활동하는 데 따라 다녔다.

내가 평소에 좋아했던 악기를 들고 가서 소외된 분들과 더불어 마음과 마음을 나누다 보니 나를 괴롭혀 왔던 아주 심한 우울증세, 대인기피증도 치유를 받고 술도 아주 끊은 상태로 지금 생활하고 있다.

웃음을 시작하면서부터 피로가 쌓이지 않고 점심때만 되면 누워야 했는데 지금은 3시간 이상 봉사를 하다 보면 입맛이 아주 달고 소화가 잘되고 피로도 덜해 저녁때까지 버틸 수 있다. 더불어 잠은 머리만 대면 잠들고 아침이면 거뜬히 일어날 수 있다.

무슨 일을 만나든 나는 일단 웃는다. 그러면 희망과 긍정에 들어갈 여유가 한층 넓어짐을 느낀다. 미안했을 때도, 잘못했을 때도, 실수했을 때도, 어려운 말을 할 때도, 남에게 본의 아니게 피해를 주었을 때도, 웃음으로 대답해 줄 수 있으니까.

웃음이란 정말 명약이라는 것을 절실히 깨닫고 열심히 남을 보고 웃고, 나를 위해 웃고, 좀 더 나가서 여러 사람들과 공유하면서 사는 날까지 웃음 봉사를 해야 하겠다고 결심한다.

우리 하하웃음행복센터 원장님, 총무님께 깊은 감사를 드리면서….

행복합니다.

13. 원망만 하던 내가

이○전(여, 72세)

지금까지 살면서 별로 웃음이 없었다. 나에게 병이 든 것이 웃음이 없었기 때문에 찾아온 것 같다. 조그만 일에도 짜증을 잘 내고 남과 비교하면서 자신 없는 세상을 살아왔다.

모든 일이 풀리지 않으면 주위에 있는 사람 탓으로만 여겼다. 나는 다 잘 했는데……. 내가 하는 일은 모두 잘 한다고 생각했고 실패할 때는 제일 가까운 남편에게만 원망을 하며 못마땅한 생각을 갖고 미워하는 마음으로 살아왔다.

어느 날부터 몸은 점점 쇠약해지고 시름시름 아파져 왔다. 병원과 약에 의존하면서 하루하루 살아왔다. 갑상선과 가슴이 답답하여 또 병원을 찾았다.

심장 협심증, 고지혈증, 우울증까지 찾아왔다. 밖에 나가면 즐거운 척 행동을 하였지만 집에 들어오면 신경이 날카로워지고 짜증이 나곤 했다. 가정에는 웃음이 없고 매일 싸운 집같이 냉랭함만 감돌았다. 남편도 사업을 세 번이나 실패했기 때문에 지칠 때로 지쳐 있었고 나도 마주 앉아 대화가 하기 싫어서 밖으로만 다녔다.

그러던 중 하하웃음행복센터에 문을 두드렸다. 용기가 없어 간다고 하면서도 자신 있게 들어가지 못 했다. 어느 날 용기를 내서 갔더니 많은 사람들이 세상이 떠나갈 듯 웃고 있었다. 미친 사람들 아냐?

새로운 충격이었다. 웃음 치료를 받으면서 원망과 좌절과 미운 마음이 조금씩 달라지기 시작하였다.

밖으로만 다니던 내가 집에 있기를 즐거워하고 남편과 대화도 하면서 같이 식사도 하고 나 자신이 변화되어 가는 것을 느꼈다. 남편도 내가 변하는 것을 느끼는 것 같았다. 대화도 긍정적으로 하며 날카로운 목소리도 낮은 소리로 바뀌고 어떤 대화에도 웃음으로 답하면서 마음의 평안을 찾고 안정감에 들어섰다.

약을 먹어도 마음이 편하지 않았으나 지금은 너무 마음이 편해서 웃음이 명약이라는 것을 다시 한 번 느끼게 되었다. 생각하는 마음의 문이 넓어지고, 삶의 아름다움을 느끼며 모든 사물을 바라볼 때 긍정적으로 보는 눈으로 변해가고 있다.

원망만 하던 내가 먼저 변해야 세상이 변한다는 걸 원장님 강의를 들으며 깨달은 것이다. 웃음 치료를 받으면서 약을 조금씩 줄이는데 끊을 수 있기를 바라면서……. 나는 매일 아름답고 행복한 삶으로 들어가고 있다.

원장님 건강하시고 감사합니다.

14. 인생 2막

이○진(여, 60세)

인생 2막을 살고 있는 행복한 여자이다. 나는 지금 너무나 바쁘고 활기차게 꿈을 향해 달려가고 있다. 그래서 하나하나 목표를 이루며 살아가고 있다.

예전에는 열심히 돈을 벌면서 앞만 보고 살아왔는데 아들딸 시집, 장가 다 보내고 남들이 부러워할 즈음 나에게 커다란 시련이 찾아왔다. 건강검진 결과 유방암 1기 판정이 내려진 것이다. 그래서 항암 치료 12번에 방사선 33번을 하고도 5년 동안 약을 먹어야 한다기에 지금도 약을 먹고 있다.

지난 세월 동안 나 자신을 돌아보지 못한 것이 너무 야속하여 나 자신을 위해 주민센터마다 배움의 문을 두드렸다. 하지만 그래도 한편으로는 허전한 마음이 들었다. 마음의 상처들이 회복되지 않았기 때문이다.

하하웃음행복센터에 항상 가 보고 싶다는 생각을 했지만 여러 가지를 배우느라 갈 수가 없었는데 어느 날 무엇이 중요한지 머릿속으로 스쳐 가는 생각이 있었다. 그렇지 몸과 마음의 치유가 더 시급한 일이지. 용기를 갖고 이 센터의 문을 두드리게 되었다. 많은 사람들이 와서 건물이 떠나갈 듯 웃고 있었다. 찌르고, 간질이고, 포옹하고 하며 실컷 웃고 나니 너무나 기분이 좋고 마음이 뿌듯하고 속이 꽉 찬 느낌이 들었다.

돌아가는 발걸음이 가볍게 느껴지며 다음 주에도 꼭 가야겠다는 생각에 월요일이 기다려졌다.

특히 원장님의 건강과 인생에 대한 좋은 말씀과 총무님의 율동이 저에게는 너무나 힘이 되었다. 여러 가지 배우고 실컷 웃고 나니 나의 마음이 힐링이 되어 행복하고 건강해졌다. 그리고 하루하루를 무엇이든 열심히 배우며 살아가는 인생의 지혜가 생겼다. 웃음이 부작용 없는 최고의 명약임을 실천해 보니 알겠다.

아프고 힘든 사람들과 고통을 같이 나누며 봉사하며 살려고 한다. 웃음으로 인생 2막을 살고 있는 행복한 여자입니다.

원장님 감사합니다.

15. 스트레스 탈출하기

오○향(여, 58세)

앞으로 새로운 생활에 어떻게 적응해 나가며 살까? 오랜 해외생활로 한국 실정엔 어둡고 또 한국은 너무도 달라져 버렸는데…….

이제까지 틀에 박힌 생활에서 익숙지 않은 발을 내딛는 새로운 생활, 58년 굳어 있던 나의 몸과 생각들을 확 바꾸는 무언가가 있을까? 생각이 많아 잠이 오지 않았다.

남편과 함께 하하웃음행복센터를 소개 받았다. 이 센터를 방문, 치료를 받고, 책을 읽는 과정에서 "스트레스는 우리에게 일어나는 것이 아니라 우리 생각 속에서 생겨난다"는 사실에 놀라고 있었다. 나 자신이 스트레스를 받는 것이 아니라 스트레스는 나의 생각 속에서만 일어난다는 것에 혼동이 왔고 처음엔 이해를 못 했다.

일이나 사건 자체가 스트레스를 유발하지 않는다. 아니라고 생각했다. 나는 조용히 행복하게 살고 싶은데 일과 사건이 나를 괴롭힌다고 의심하지 않고 믿어 왔기 때문이다.

이런 생각들로 인해 나는 나의 에너지를 스트레스 해소에 다 쓰고 있었다. 나는 점점 기가 빠지면서 약해지기 시작했다. 근본적인 해결책을 모른 채 나의 내면의 소리는 늘 이렇게 외치고 있었다.

"나는 건강하게 살고 싶다!"

어쩌면 하나님은 예비하고 계셨는지도 모르겠다. 하하웃음행복센터에서 원장님을 만나 웃음을 배우고 좋으신 분들을 만나 함께 웃으면서 내 안에 있는 나쁜 기가 빠져나가는 걸 느꼈다.

문제는 세상의 일과 사건이 아니라 나의 생각이었던 것이다. 부정적 생각 벗어나기 3단계, 미소 영상을 벽에 크게 걸어 놓고, 읽고 웃기 시작했다.

감사합니다. 사랑합니다. ✠